LES SOPHISTES GRECS

ET LES

SOPHISTES CONTEMPORAINS

Paris. — Typographie de E. Plon et Cie, rue Garancière, 8.

LES SOPHISTES GRECS

ET LES

SOPHISTES CONTEMPORAINS

PAR

TH. FUNCK-BRENTANO

PROFESSEUR A L'ÉCOLE LIBRE DES SCIENCES POLITIQUES

I. LES SOPHISTES GRECS.

II. LES SOPHISTES CONTEMPORAINS ANGLAIS.

PARIS

E. PLON ET Cie, IMPRIMEURS-ÉDITEURS

RUE GARANCIÈRE, 10

1879

LES SOPHISTES GRECS

ET

LES SOPHISTES CONTEMPORAINS

INTRODUCTION

I

LES ORIGINES DE LA SOPHISTIQUE MODERNE

Nous jugeons les sophistes de l'antiquité d'après Platon et Aristote; ceux du moyen âge d'après Bacon, Descartes et Pascal. Cependant les écoles que formèrent les prédécesseurs de Platon ne furent pas des œuvres de pure mauvaise foi, comme le disciple de Socrate nous le fait entendre, et l'enseignement des scolastiques eut des raisons plus profondes que celles que Bacon et Pascal nous laissent entrevoir. Nous n'en avons pas moins accepté le jugement de ces grands penseurs, et, professant le même dédain, sans en avoir le même droit, nous avons négligé d'étudier les causes véritables de ces grandes écoles de sophistique; leurs origines sont demeurées obscures, leurs doctrines incompréhensibles.

Les sophistes de l'antiquité sont restés pour nous des hommes de mauvaise foi, ceux du moyen âge de faux philosophes égarés par d'aveugles croyances, et nous nous sommes imaginé naïvement qu'il suffisait de penser en toute conscience et en pleine liberté pour éviter leurs erreurs. Il en est résulté que nous sommes retombés, sans nous en douter, dans tous leurs égarements. Avec d'autres idées, nous avons commis les mêmes fautes; avec d'autres mots, nous avons recommencé les mêmes jeux d'esprit, et au nom d'autres principes nous nous sommes abandonnés aux mêmes illusions; les caractères les plus fermes, les esprits les plus sains y ont succombé. Nos écoles de philosophie, depuis Locke et Leibnitz, valent exactement celles qui succédèrent en Grèce à Parménide et à Héraclite, et elles n'ont pas plus de valeur scientifique que celles qui précédèrent Bacon et Descartes à la Renaissance. Leurs doctrines ne se donnent l'apparence de la science sérieuse qu'en se servant du sophisme sous toutes ses formes; leurs hypothèses ne nous font illusion que par la tournure savante des phrases; leurs prétendus principes ne nous entraînent que par les passions que soulèvent les principes contraires. Encore si ces déplorables habitudes restaient confinées dans le cercle des spéculations philosophiques! mais chaque jour elles se répandent davantage, et notre puissance d'investigation s'affaiblit dans toutes les autres branches des connaissances humaines. Les maladies les plus dangereuses sont celles dont nous ne ressentons pas les symptômes; elles nous consument en pleine illusion.

Nous en sommes arrivés à accorder le titre pompeux de doctrine philosophique à la première élucubration venue, pourvu qu'elle ait pour objet Dieu, la matière, l'âme ou l'humanité, comme les enfants s'imaginent que les voyages de Jules Verne sont de la science pure. Il n'y a point de signe plus grave de notre affaissement intellectuel.

Un monde sépare la vraie philosophie du rêve philosophique. Celui-ci ne se fonde jamais que sur des notions abstraites mal digérées, sur des systèmes mal compris, et ne répond qu'à des aspirations confuses. Les affirmations les plus évidentes de la raison s'y mêlent aux caprices les plus extravagants de l'imagination; le fait isolé s'y tranforme en preuve générale, les préférences en arguments; les hypothèses prennent la valeur de réalités, les réalités deviennent des ombres; sans lien et sans enchaînement, tout y est vague et indécis. C'est un roman sans caractères, un drame sans passions, qui n'a le plus souvent qu'un mérite, celui de la nouveauté, ou moins encore, celui de la forme.

Si le premier rêve métaphysique venu prend à nos yeux l'importance d'une œuvre philosophique, l'erreur cependant est involontaire. Nos prétendus philosophes sont aussi sincères que leurs admirateurs sont de bonne foi. L'ignorance des origines des anciennes écoles de sophistique n'explique point une perturbation aussi profonde de la pensée moderne; et si l'antiquité, si le moyen âge nous présentent des époques qui eurent les mêmes caractères de confusion et de trouble, ce n'est pas dans un accident, c'est dans la nature même de la philosophie qu'il faut en chercher les raisons.

II

LE PRINCIPE DE LA PHILOSOPHIE

Il y a des esprits réfractaires à la philosophie, comme il y en a qui le sont aux mathématiques. Elle leur apparaît comme une espèce d'alchimie mentale ; l'analyse de leur propre pensée les effraye. D'autres, plus vigoureux et plus capables de suivre les spéculations philosophiques, admirent les grandes vues de leurs auteurs, et partagent leurs convictions. Les uns et les autres s'abandonnent à la même illusion : ils s'imaginent que l'objet de la philosophie, c'est l'explication de la nature et de l'origine des choses ; les premiers sont rebutés par les hautes abstractions, les seconds les prennent pour la vérité même ; ils méconnaissent également la raison première de toute doctrine philosophique : la science des lois de la pensée acquise par les fondateurs de ces doctrines. Supprimez l'induction de Platon, enlevez les principes premiers nécessaires des genres du système d'Aristote, niez la recherche des idées simples de Descartes, et leur enseignement n'est plus qu'une suite de belles et de vastes hypothèses. On s'en prend à la philosophie, on lui reproche de n'être point une science, et l'on ne veut point voir qu'en cherchant la science dans la philosophie, on néglige précisément ce qui seul en fait une science : la connaissance des lois de notre intelligence.

La connaissance des lois de la pensée est une science véritable, susceptible d'expérience et de démonstration.

Elle a progressé à travers les siècles, et sans cesse l'expérience l'a développée ou l'a rectifiée. Je vois, je sens, je juge, je compare mes jugements; ce sont des faits dont chacun dispose en maître. Malheureusement les découvertes de cette science sont les plus rares et les plus difficiles de toutes, si aisée qu'en paraisse l'expérience. Chacune de nos idées diffère de l'autre, aucun de nos jugements ne se ressemble; ils se présentent à nous obscurcis par nos passions, sous le voile des mots, avec les habitudes et les préjugés de l'éducation. Quand nous prétendons en faire l'analyse, tous nos jugements s'enchaînent, toutes nos facultés se complètent, tous nos principes se supposent mutuellement; et quand nous voulons soumettre un fait intellectuel à l'expérience, il n'existe déjà plus; ce n'est que par souvenir que nous pouvons le rappeler; nous ne possédons pas de pensée de notre pensée. Aussi ne nous rendons-nous compte que d'une manière fort obscure de ce que c'est que cette science des lois de notre pensée, que nous appelons la méthode en philosophie. Tantôt nous désignons par ce terme la manière propre à chaque philosophe de coordonner ses idées en recherchant la vérité; tantôt c'est pour nous l'exposé des principes et des règles générales qu'il croit nécessaire de suivre pour y parvenir; et nous donnons de préférence le nom de méthode raisonnée, scientifique à cette dernière, tandis que la première nous apparaît comme une méthode instinctive et purement personnelle. Autre chose est penser, autre chose est connaître sa pensée. La méthode instinctive, c'est la pensée dans son activité entière et spontanée, et comme telle la cause première, le principe véritable de toutes les doctrines; la méthode raisonnée n'en est jamais qu'un reflet plus ou moins incomplet. Les analyses minutieuses des conditions de la certitude et du jugement, que nous trouvons chez tous les grands philosophes, ne sont guère qu'un compte rendu fort imparfait de leur pensée. Le principe réel, la cause vivante de leur doctrine n'est pas la méthode qu'ils nous exposent; c'est leur génie.

III

DU GÉNIE DES GRANDS PHILOSOPHES

Si ignorants que nous soyons des lois de notre pensée, nos idées propres ne nous en paraissent pas moins admirablement certaines et claires ; nous leur obéissons sans hésitation ; elles forment nos opinions, nous dictent nos volontés ; mais les idées, les opinions, les volontés diffèrent d'un homme à un autre, et au sein du progrès social elles se sont multipliées à l'infini, entrainant avec elles des oppositions et des contradictions sans nombre. C'est dans ce monde effrayant de mobilité, qui change avec les instants, qui se modifie avec les générations, et qui constitue la vie intellectuelle des peuples, qu'apparaissent à certains moments des hommes qui cherchent la vérité de plus haut. Ils voient les hésitations des uns, les illusions des autres, les prétentions de tous, percent de leurs vues profondes les préjugés qui aveuglent, les passions qui entrainent, les confusions qui égarent, s'élèvent d'analyse en analyse, d'induction en induction, et, pesant d'une main l'inconnu, de l'autre la science, ils arrivent à fixer leur pensée et à trouver un contre-poids à leurs incertitudes Calmes dans leur puissance, assurés de l'équilibre et de l'harmonie, ils nous révèlent ainsi la formule la plus parfaite, les règles les plus générales et les plus élémentaires de vérité et de certitude qu'il soit donné à l'intelligence humaine de découvrir en ce moment. Cette formule, ces règles, ils les appliquent ensuite à tous les grands problèmes : aux questions sur l'origine et la nature de l'univers, à la cause des choses, au rôle de chaque être, aux actes des hommes, aux mobiles de leurs passions, aux destinées des peuples et de l'humanité, et ils créent leur doctrine dans son gigantesque ensemble. A travers ces données innombrables, leur pensée avance sans hésiter, sans dévier ; les règles qu'ils ont découvertes leur servent de mesure dans leurs recherches des vérités dernières, et la grandeur de leurs vues est non moins admirable que leur puissance de synthèse. Leur doctrine reste certainement incomplète, dans les mêmes proportions que leur science de la méthode est insuffisante ; mais les formules qu'ils en ont données n'en sont pas moins, comme les découvertes des grands astronomes et des grands physiciens, l'expression parfaite de leur force d'analyse et d'induction, ainsi que de la science qu'ils possédaient. Tel est le rôle des grands penseurs ; leur essor est tellement vaste, leur vol tellement rapide que nous ne pouvons le suivre.

Quand nous admirons les découvertes de Kepler et de Newton, nous ne songeons pas à leur demander qu'ils nous révèlent tous les secrets de la physique et de l'astronomie. Pourquoi donc exigeons-nous des Aristote et des Descartes qu'ils nous dévoilent la vérité dernière sur la nature et l'origine des choses ? — Dans l'étude de la physique et de l'astronomie, nous trouvons en dehors de nous des faits constants et réguliers qui nous servent de soutien et nous permettent d'apprécier la grandeur du génie de ceux qui en ont découvert les lois. Nous ne trouvons ni la même régularité ni la même constance dans les phénomènes de notre intelligence ; ces phénomènes nous échappent, et par cela même nous ne savons pas juger la portée véritable du génie en philosophie. Tantôt nous acceptons les doctrines des grands penseurs comme des enfants, entraînés par l'éclat de l'une ou l'autre vérité ; tantôt nous refusons de les suivre à cause du caractère de telle ou telle conclusion. Dans les deux cas, nous ne nous décidons que parce que nous ne trouvons dans nos pensées incertaines ni guide ni soutien, comme en physique et en astronomie, qui nous permettent d'apprécier les découvertes des grands penseurs.

Des difficultés insurmontables : les caractères aussi bien que les bornes de notre intelligence, s'opposent donc à une étude complète des grands systèmes de la philosophie. Et pourtant, si nous en négligeons le moindre terme : les mobiles de la pensée de leurs auteurs, la méthode instinctive à laquelle ils obéirent, l'époque de leur apparition, les règles qu'ils ont formulées, la doctrine qu'ils établirent, nous méconnaissons les faits et nous faussons l'histoire. Impuissants alors à découvrir en eux la vérité, nous nous attachons aveuglément à l'un ou à l'autre des principes des grandes doctrines, et nous l'appliquons à notre tour à nos connaissances et à nos aspirations. Les déductions suivent notre induction première, nos raisonnements s'enchaînent, nos conclusions succèdent à nos prémisses ; nous croyons obéir à une logique rigoureuse, et nous ne voyons pas que chaque loi inconnue nous fait dévier, que la moindre notion exagérée qui se glisse dans nos raisonnements en fausse les rouages, que la plus petite préférence qui se mêle à nos conclusions en augmente l'évidence apparente, et les transforme en illusions. Les difficultés s'accroissent, les liens si légers de nos pensées se changent en lourdes chaînes, le sens des expressions se trouble, les phrases deviennent creuses, le champ de la science se rétrécit, la grande voie devient un sentier, le sentier se termine en cul-de-sac ou en labyrinthe. Alors les hommes de bon sens plaisantent des rêveries du faux philosophe, des tentatives infructueuses du chercheur de l'absolu. Ils ne savent point ce qu'il faut de travail, de réflexion et d'efforts pour parvenir à se rendre compte que l'on puisse se trouver égaré, quand on ne voit la lumière que dans la direction dans laquelle on est entré.

La philosophie est une science comme toutes les autres. Elle se développe de la même manière par des inductions et des expériences successives ; mais tandis que les inductions des autres sciences s'arrêtent à des données précises, se fixent à des expériences limitées, les inductions de la philosophie, qui expriment les rapports entre nos jugements et les caractères de la certitude, sont sans limites dans leurs expériences. La blancheur de cet objet tient à tous ses attributs, l'étendue de cet espace à tous les espaces, la durée de cet instant à l'éternité. La philosophie n'est la plus simple des sciences dans ses données premières que parce qu'elle est la plus vaste dans son objet. Ses découvertes sont à la fois les plus difficiles à faire et les plus difficiles à comprendre. Toutes les sciences que nous possédons, toutes celles que l'humanité pourra acquérir se concentrent en dernière analyse dans les quelques lois qui régissent notre pensée. La logique d'Aristote fut suivie de deux mille ans de tâtonnements; la recherche des idées simples de Descartes, de siècles d'efforts. Des générations de penseurs se succèdent à la tâche; des peuples disparaissent, d'autres se forment, d'autres penseurs reprennent et continuent la même œuvre. Ce n'est qu'en poursuivant les grandes doctrines jusque dans leurs conséquences les plus extrêmes, jusque dans leurs applications les plus excessives, avec une logique inflexible et une sincérité à toute épreuve, que leurs expériences s'achèvent et que nous découvrons les données nécessaires à de nouveaux progrès; tel est le sens de l'expérience philosophique. Elle est immédiate dans les règles élémentaires de la méthode; elle est lointaine et nous échappe pour l'ensemble des doctrines; elle est historique dans les transformations que les doctrines subissent dans la suite des temps. Les obscurités que nous rencontrons tiennent, d'un côté, aux difficultés que chacun éprouve à découvrir les lois de son intelligence, et, d'un autre, à notre impuissance de dominer les travaux et les découvertes des plus grands génies de l'humanité.

IV

DU CARACTÈRE DES SOPHISTES

C'est de l'expérience historique que dépendent en définitive tous les progrès de la philosophie. Cette expérience se fait de trois manières. Par des disciples croyants, esprits naïfs, qui acceptent aveuglément la parole du maître et transmettent leur admiration. Ils ne comprennent point la puissante pensée à laquelle ils prétendent obéir; les raisons fondamentales de la doctrine leur restent voilées; ils succombent sous le poids de l'ensemble et ne forment le plus souvent qu'une petite église qui se perd et disparait dans le progrès général.

Elle se fait en second lieu par des disciples vraiment philosophes. Ceux-ci saisissent la pensée entière du fondateur de la doctrine; ils procèdent comme lui à la fois des connaissances qu'ils possèdent des phénomènes du monde extérieur, et de ceux de leur intelligence; mais ils recherchent une certitude plus grande, des règles plus parfaites, et, s'élevant à leur tour d'induction en induction, ils développent le principe et transforment la doctrine. Ils ressentent la conscience pleine et entière de la réalité, ils voient les hommes tels qu'ils existent, les choses telles qu'elles sont, et nous font partager à chaque page de leur œuvre le sentiment profond de leur pensée lumineuse. Tels furent Locke, Spinosa, Leibnitz; ils modifièrent la doctrine cartésienne, chacun selon son caractère et ses connaissances. Si nous croyons trouver des contradictions dans leurs systèmes, la faute n'en est qu'à nous, qui ne savons pas les comprendre; la force et l'unité de leur pensée nous échappent. Les obscurités mêmes que nous y rencontrons ont leur raison dans la façon dont ils envisageaient les certitudes premières de leur pensée.

En troisième lieu, l'expérience des grandes doctrines se fait par les disciples sophistes. Leur tâche est de beaucoup la plus ingrate. Pour que l'expérience d'une doctrine s'achève, il faut qu'elle soit faite pour chaque idée, pour chaque affirmation, pour la moindre formule, pour toute hypothèse. Travail immense, continu; une doctrine reprise un siècle plus tard est interprétée par d'autres connaissances, d'autres sentiments; les besoins intellectuels ne sont plus les mêmes, le sens des mots a changé, les circonstances sont différentes. Travail aride, pénible; certains principes paraissent éclatants d'évidence, d'autres incompréhensibles, et leurs conséquences semblent tantôt irréfutables, tantôt pleines d'incertitudes. Pour parvenir à vaincre ces difficultés, à dissiper ces nuages, à combler ces lacunes, il faut se mouvoir en quelque sorte de bonne foi dans l'erreur, se méfier des illusions et se laisser entraîner par elles, affirmer et douter en même temps, être disciple et se révolter à chaque pas. Le sophiste ne cherche pas un principe nouveau, mais il prétend détruire les difficultés du principe qu'il admet; il n'ambitionne pas une solution nouvelle, mais il veut découvrir des raisons plus fortes pour la solution qu'il accepte. Il force la portée des preuves, s'en prend au sens des mots, analyse, scrute, subtilise les formes naturelles du raisonnement, combat les opinions contraires, trouve réponse à toutes les objections; les distinctions qu'il établit deviennent insaisissables, les arguments pour la cause qu'il défend, infinis; sa conscience instinctive de la vérité s'obscurcit, son sentiment de la réalité disparait. Nous rencontrerons dans l'étude des sophistes des affirmations étranges, des raisonnements insensés, des fautes de conception innombrables, des jeux de mots pris pour des lois intellectuelles. Mais nous verrons aussi que l'admirable puissance de la pensée humaine éclate jusque dans ces excès. La plupart des sophistes furent des esprits éminents; tous procédèrent des plus grandes découvertes, des plus admirables progrès accomplis dans la science de notre pensée, et ils les poursuivirent presque toujours avec une conviction profonde, souvent avec un enthousiasme entraînant. La réprobation les trouble aussi peu que le danger les arrête. Le principe admis doit être démontré dans toute sa gloire, les opinions opposées anéanties jusque dans leur source. Leur naïveté est parfois risible, leurs efforts sont toujours surprenants jusque dans les moyens les plus enfantins dont ils se servent pour établir la justice de leur cause. Comme des comètes jetées hors de leur route, ils continuent droit dans l'espace infini ; peu importe qu'ils se brisent dans leur course désordonnée, ils ont laissé une traînée de lumière.

Leurs doctrines s'étendent de maîtres à disciples, des écoles se forment, les oppositions augmentent, les contradictions s'accroissent. Ce qui est blanc pour les uns devient noir pour les autres ; ce qui est hors de doute pour ceux-ci est absurde pour ceux-là ; selon l'école, la vérité devient erreur, l'erreur vérité, jusqu'à ce qu'enfin, à force d'envisager les mêmes questions de points de vue opposés, la pensée en acquière une telle habitude qu'elle est conduite tout naturellement à croire que les opinions contraires sont également légitimes, que la thèse est aussi évidente que l'antithèse, la preuve aussi justifiée que la contre-preuve. Ainsi surgit dans les temps modernes l'antinomistique ; l'antiquité avait donné naissance à l'éristique, qui fut l'art de soutenir le pour et le contre indistinctement, et les docteurs du moyen âge devinrent célèbres par la faconde avec laquelle ils défendirent indifféremment thèse et antithèse. Les esprits acquirent aux trois époques la même souplesse, et se perdirent dans les mêmes excès. Du moment, cependant, que le pour et le contre se soutiennent du même droit, chaque idée devient vraie et fausse à la fois, toute certitude disparaît, la vérité est un leurre, les tentatives pour l'atteindre, une folie. Puissance terrible de la pensée qui portera les sophistes, à ces trois époques, à des égarements plus grands encore, et les précipitera dans des abîmes dont le dernier terme sera le nihilisme, à moins que les ténèbres d'un mysticisme insensé n'absorbent les suprêmes éclats de leur intelligence. C'est un spectacle émouvant comme celui d'une tragédie antique, que cette marche fatale de la pensée qui, dans sa soif ardente de la vérité, épuise une à une ses facultés les plus belles, tourne ses armes contre elle-même, et de fatigue, de désespoir, finit par le suicide.

V

LE RÔLE DES SOPHISTES

Dans l'origine, le mot sophiste signifiait maître de sagesse; les anciens en firent une injure; les modernes confondirent le sophiste avec l'esprit faux et le rêveur systématique.

Arrêté par quelques notions particulières qu'il généralise sans en voir les rapports; croyant tous les Français légers, parce que quelques-uns qu'il connaît le sont, ou les races blondes supérieures, parce qu'il a les cheveux de cette couleur, l'esprit faux est incapable de s'élever à l'intelligence des grandes doctrines. Fat et impuissant, tranchant dans ses affirmations, brillant parfois par le caractère original que son infirmité donne à la tournure de sa pensée, il peut avoir l'étoffe d'un homme d'esprit; il n'a point celle d'un sophiste. Le rêveur systématique a moins de consistance encore. S'il ne se perd point à chercher la quadrature du cercle ou le mouvement perpétuel, il tombe sur quelques analogies lointaines qui lui apparaissent comme des découvertes immenses, voit dans la communauté des femmes ou dans le partage des biens la panacée de tous les maux, veut concilier toutes les ambitions, satisfaire tous les intérêts, et trouve dans une formule le secret du bonheur universel. Tous les deux sont des infirmes de la pensée ; de quelle autre trempe est le sophiste! Esprit souple et délié, capable de suivre les abstractions les plus hautes en même temps que les observations les plus minutieuses, les généralités les plus vastes et les pensées les plus fines ; ouvert à toutes les sciences, travailleur infatigable ; mesuré toujours, sage souvent, il dispose en maître de ses facultés et de sa parole ; aucun détour ne le trompe, aucune subtilité ne l'arrête, aucune illusion ne l'égare, si ce n'est la sienne, et pour en découvrir la cause, ce n'est pas en lui qu'il faut la chercher, mais il faut remonter quelques siècles plus haut, chez l'un ou l'autre grand penseur qui fit un jour une découverte immortelle. Le sophiste porte la doctrine à tous ses extrêmes, mais il la développe aussi dans toutes ses directions, et partout où il rencontre des données suffisantes, il l'éclaire d'une lumière nouvelle.

Dans leurs luttes et leurs discussions entre elles, les écoles de sophistes portent leurs analyses sur tout un monde de questions qui auraient continué à dormir au fond de la conscience humaine, sans que rien ne fût venu réveiller les vérités qu'elles pouvaient contenir, ou troubler les préjugés qu'elles recélaient. Ces écoles travaillent le sens des mots et la langue, précisent la portée des termes, fondent la grammaire, la rhétorique, la philologie; pénètrent les règles de la morale et de l'esthétique; créent la critique littéraire et la critique historique; jettent les fondements de sciences nouvelles dans le domaine de la pensée, et ouvrent parfois des horizons plus vastes aux sciences de la nature. Les époques les plus brillantes de la spéculation philosophique se rattachent aux longs travaux des sophistes. Ils succèdent dans l'antiquité aux fondateurs de la philosophie, et préparent les découvertes de Platon et d'Aristote; ils surgissent au moyen âge après les grands docteurs de l'Église, et sont les précurseurs de Bacon, Descartes, Pascal; ils reparaissent dans les temps modernes, à la suite des grands disciples de Descartes. Nous présagent-ils une seconde renaissance de la philosophie ?

On peut faire l'histoire de la grande spéculation sans s'arrêter à leurs tentatives; on ne peut négliger de les étudier dans l'histoire particulière des peuples. Ils y jouèrent souvent un rôle plus important que les auteurs des plus célèbres doctrines; l'espèce de réprobation qui s'attache à leur nom ne provient que de l'action prépondérante qu'ils y ont toujours exercée. Ils ont étendu leurs systèmes à la morale, à l'histoire, à la politique, à l'ensemble des faits et des sciences. Les idées du bien et du mal sont bouleversées, les devoirs de la famille, les droits du citoyen, les obligations de l'État, la destinée du genre humain sont interprétés parfois avec un esprit de critique d'autant plus passionné qu'il est plus sincère. La morale traditionnelle est ébranlée dans ses fondements, les antiques croyances sont tournées en dérision, les devoirs des citoyens et de l'État sont disséqués, et à mesure que les systèmes nouveaux se développent, ils se répandent dans les classes éclairées, s'infiltrent dans les masses. Les jugements se troublent, la rectitude des impulsions s'évanouit, les liens intellectuels et moraux de la nation se relâchent, le mal prend les proportions d'une épidémie mentale. La désorganisation intellectuelle de la Grèce remonte à ses sophistes; ils ont, il est vrai, préparé la voie à Aristote et à Platon; mais tous deux restèrent sans succes-

seurs; la pensée de la Grèce avait été trop profondément altérée par les sophistes. Ceux du moyen âge préludent par leurs disputes aux révoltes et aux guerres de la Réforme. Si leur influence ne fut pas assez puissante pour empêcher le retour à des traditions plus saines, en revanche les sophistes de nos jours semblent avoir repris tout l'ascendant des sophistes de la Grèce. Leurs doctrines remplissent nos feuilles publiques, nos parlements en retentissent, nos historiens s'en inspirent, nos écoles et nos Universités les répètent sans en avoir conscience; elles décident de l'avenir de la jeunesse et de la renommée de nos savants; le peuple les interprète à sa manière et les met en action.

Ce serait cependant une erreur de croire que ce sont les sophistes qui détruisent l'esprit des nations. Il faudrait désespérer de l'avenir de la pensée humaine, si l'expérience de ses plus grands progrès devait entraîner des effets aussi désastreux. Lorsque des doctrines contraires ont surgi dans le développement de la spéculation philosophique, lorsque des principes inconciliables ont été formulés, ce n'est plus la vérité et la science qui décident du choix entre les doctrines, mais la diversité des goûts, de l'éducation, des tempéraments. Or, ces goûts, ces tempéraments, cette éducation ont leur origine dans les mœurs du moment. C'est aux mœurs privées et publiques qu'il faut remonter en dernier ressort pour découvrir les causes des écoles de sophistes. Quand les affections de la famille et de la patrie ont perdu leurs forces traditionnelles, quand les liens sociaux sont ébranlés, ce n'est plus que dans les doctrines philosophiques et dans leurs hautes abstractions que la pensée trouve un dernier refuge. Toutes les époques de sophistique correspondent à une désorganisation partielle ou totale des mœurs privées et publiques des nations, et les sophistes sont les victimes non-seulement de leur logique impitoyable, mais encore de la société qui les a élevés. Si Platon reproche aux rivaux de Socrate leur mauvaise foi, leurs subtilités dangereuses, leur soif de richesse et de renommée, et si l'on peut faire les mêmes reproches à quelques-uns des prétendus philosophes de nos jours qui font de la science un marchepied à leurs ambitions, c'est que le flot montant de la corruption a fini par envahir les régions de la pensée pure. L'action dominante que les sophistes exercent alors sur la pensée publique n'est plus qu'un juste retour, et s'ils achèvent la désorganisation de la société, c'est que cette société l'a mérité; d'autres générations profiteront des progrès qu'ils auront préparés.

VI

DE L'IMPORTANCE DE L'ÉTUDE DES SOPHISTES

De toutes les études philosophiques, la plus intéressante et la plus dramatique, à cause des passions qu'elle soulève, est certainement celle des sophistes. Mieux que l'histoire des grandes doctrines, elle nous apprend à connaître les ressorts secrets de notre pensée, et mieux que toutes les règles du monde, elle nous révèle la mesure de nos forces et la profondeur de nos égarements.

Toute sophistique, qu'elle porte comme dans l'antiquité le nom d'éristique, ou celui d'antinomistique comme dans les temps modernes, se réduit en dernière analyse à un simple jeu de l'esprit. Les fausses généralités de nos écoles de philosophie, les subtibilités des docteurs du moyen âge, les arguties des sophistes grecs reposent également sur une confusion systématique du sens abstrait ou absolu et du sens concret ou particulier des mots. Certes, cela paraîtra incompréhensible qu'un simple jeu sur le sens des mots puisse diviser les esprits, soulever les classes sociales, briser les institutions des peuples. Derrière le sens des mots il y a nos idées; derrière nos idées, nos passions, et quand le sens de l'expression est obscur, c'est que l'idée est douteuse, et les passions restent les seuls guides. Elles s'expriment par les mots, les mots les soulèvent, et la puissance des mots est d'autant plus dangereuse que leur sens est plus obscur et que les passions sont plus violentes. Quelles effroyables colères n'a pas soulevées de nos jours le seul mot de droits de l'homme? Les uns y voient les principes absolus de l'âme humaine, source de tout bien et de toute moralité; les autres l'interprètent du point de vue de leurs nécessités matérielles; les premiers l'entendent d'une façon abstraite et lui donnent une portée concrète; les autres l'entendent d'une façon concrète et lui donnent une portée abstraite, et toutes nos révolutions ont été insuffisantes pour nous en apprendre le véritable sens. L'abus du double sens des mots, ridicule et inoffensif chez les faux esprits, devient une arme souple et tranchante entre les mains des sophistes, et un moyen d'attaque et de défense terrible dans les mains populaires. Non-seulement la science, mais encore le bonheur des peuples tiennent plus qu'on ne pense à une langue bien faite.

Platon et Aristote nous ont appris le secret des sophistes; les grands penseurs de la Renaissance nous ont dévoilé les illusions des scolastiques; les fautes de nos sophistes ne nous échappent que parce que nous sommes entraînés par le

2.

même courant qui les emporte. Nous partageons leurs vices de raisonnement, nous tombons journellement dans les confusions qu'ils commettent; ils ne se distinguent de nous que parce qu'ils prétendent faire des systèmes de nos erreurs.

Nous nous attacherons de préférence dans cette étude au côté utile des sophistes; nous relèverons les vérités partielles de leurs doctrines qui ont porté quelques fruits dans le passé ou qui, dans le présent, offrent quelque avenir. Nous le ferons sans parti pris contre leurs écoles : comme toutes les oppositions systématiques, elles se valent; nous serons sans animosité contre les personnes; elles ignorent le rôle qu'elles jouent dans cette grande question. Mais nous n'oublierons pas que leurs doctrines appartiennent surtout à la morale; car c'est en morale, par le relâchement des mœurs privées et publiques, qui correspond à l'apparition des sophistes, ainsi que par l'action prépondérante qu'ils exercent à leur tour sur la désorganisation sociale, que l'influence néfaste des époques de sophistique éclate dans l'histoire.

LIVRE PREMIER

LES SOPHISTES GRECS

I

LES ATHÉNIENS A L'APPARITION DES SOPHISTES

« Il nous est impossible d'expliquer, dit Niebuhr, comment les Athéniens, après que leur pays avait été dévasté et leur cité incendiée, ont pu non-seulement réparer les désastres et reconstruire leur ville, mais accomplir des œuvres aussi gigantesques que les Longs-Murs. Imaginons-nous un pauvre peuple, ayant à peine pu sauver quelques objets faciles à transporter, qui revient dans une contrée formée pour la plus grande partie de collines arides et rocheuses, et qui nous apparaît aussitôt plus puissant que jamais! Il nous manque évidemment la connaissance des circonstances qui rendent ce fait intelligible[1]. » Le grand historien ne vit point que les causes de cette réorganisation si surprenante de la cité furent les mêmes qui firent qu'abandonnés de tous les Grecs, les Athéniens résistèrent seuls aux armées innom-

[1] *Alte Geschichte*, v. I, p. 419.

brables du grand roi, remportèrent des victoires immortelles, et ne relevèrent leurs murs incendiés que pour inaugurer le siècle de Périclès : un patriotisme ardent, qui embrassait la cause de tous les Grecs et ne mesurait pas le danger ; un besoin d'union qui alla jusqu'à l'ostracisme d'un Aristide pour mettre fin à la division des partis [1] ; une conscience de la solidarité qui confondait toutes les volontés en une seule, celle de Thémistocle; une discipline sociale qui mettait tous les citoyens à leur place naturelle sans rivalités jalouses, sans ambitions malsaines : tels les Athéniens combattirent à Marathon, à Salamine, à Platée, tels ils vinrent reconstruire leur cité. Elle s'était conservée tout organisée dans leur entente commune, dans leur connaissance intime les uns des autres, leur dévouement réciproque, leur respect et leur considération mutuels; chaque citoyen n'eut qu'à retrouver son champ et à remettre sa maison en état de l'abriter pour que la république fût aussi puissante et aussi bien ordonnée qu'auparavant. Le butin pris sur les Perses, la flotte restée intacte, les secours des villes sauvées et des citoyens étrangers en relation d'hospitalité avec les grandes familles athéniennes suppléèrent certainement à la détresse du moment ; mais sans l'esprit public et les fortes traditions sociales du peuple, Athènes ne se serait jamais relevée de ses ruines.

Après le mouvement timocratique consacré par les lois de Solon, les grandes familles des Eupatrides s'étaient fondues dans la première des nouvelles classes, mais en conservant la simplicité de mœurs des temps antiq s [2], et si leur auto-

[1] Niebuhr, *Alte Geschichte*, v. I, p. 400.
[2] Cf. Plutarq., *V. de Périclès*. Thucid., II, 37.

rité politique s'était éteinte, le peuple leur garda un respect et une considération parfois touchants jusque dans les moments les plus tristes de son histoire. Les antiques *phratries* et les *gentes* avaient disparu dans la division du peuple en *dèmes ;* mais le souvenir de la descendance commune continuait à unir les citoyens dans les fêtes et dans les deuils publics. L'Aréopage avait perdu son autorité judiciaire ; des tribunaux de cinq cents juges désignés parmi les six mille *héliastes* décidaient des différends entre les citoyens ; mais l'Aréopage conserva jusqu'à sa fin son autorité morale et donnait l'exemple de la mesure et de la sagesse. Enfin, dans les dangers et dans les fatigues si héroïquement supportés durant la guerre, les dernières distinctions des classes s'étaient effacées, et, après la victoire, la constitution athénienne devint franchement démocratique. Cette démocratie ne fut pas la souveraineté de la populace ; ce fut la souveraineté du peuple établie sans secousse, sans brusque transition, par un progrès régulier, naturel. Le peuple nommait ses stratéges, envoyait ses plénipotentiaires, recevait les ambassadeurs, décidait de la paix et de la guerre, se faisait rendre les comptes par ses magistrats, et ne s'en soumettait pas moins avec une déférence extrême à ses archontes choisis au sort; il exigeait une enquête sévère sur leur valeur morale, et, maître souverain, resta l'esclave de ses lois et de ses traditions. Il avait acquis la plénitude de l'autorité politique et judiciaire en conservant les grands liens moraux qui forment la puissance des cités et des États; ce fut le secret du génie d'Athènes.

Les femmes, les enfants, les vieillards travaillèrent aux Longs-Murs ; la ville sortit comme par enchantement de ses cendres. Le fils de Miltiade continue les victoires de son père, et, à la tête de la flotte, porte l'autorité d'Athènes du Pont-Euxin aux frontières de la Syrie. Mille villes deviennent les unes sujettes, les autres tributaires volontaires ou alliées spontanées. Un trésor immense est mis de côté pour les heures de danger. Périclès est nommé stratége, et comme lui toute la riche bourgeoisie d'Athènes, les Lachès, les Nicias, les Callias arment les trirèmes, encouragent les arts, favorisent les lettres. De son côté, le peuple, fortement attaché à ses croyances et à ses légendes héroïques, laisse dans son respect de la liberté individuelle la plus grande latitude d'interprétation à ses poëtes, à ses artistes, et acquiert, au sein de ses goûts si simples, ce sentiment exquis de la justesse de l'expression qui a reçu pour toujours le nom d'atticisme. Sophocle et Euripide font vibrer dans leurs drames les profondes émotions qui l'agitent ; Phidias abandonne la polychromie barbare des statues, taille dans le marbre, l'ébène et l'ivoire les grandes figures de ses croyances religieuses ; les proportions si pures du Parthénon et des Propylées reflètent le caractère harmonieux et simple de ses instincts. Le siècle de Périclès, les travaux gigantesques de la restauration de la cité, les victoires de Marathon et de Salamine s'expliquent mutuellement.

Ce qui peut seul nous faire comprendre le peuple athénien, c'est la merveilleuse simplicité de ses mœurs et de sa pensée, ainsi que son remarquable développement historique et social. Soldats braves entre tous, les plus intrépides à l'assaut des villes, et les premiers marins de la Grèce [1], les mêmes hommes sont encore les juges respectés non-seulement de leurs propres différends, mais encore des villes tri-

[1] Cf. Thucyd ; I, 102, 121, III, 18.

butaires, et, passant du tribunal à l'assemblée, décident, à travers les oppositions des orateurs, en dernier ressort de toutes les mesures qui porteront la cité au plus haut degré de gloire et de splendeur. Ils sont propriétaires, paysans, ouvriers, commerçants, et décernent les prix à leurs orateurs, à leurs statuaires, à leurs poëtes, couronnent leurs héros, leurs lutteurs. « Tous ont les mêmes droits : ni la pauvreté ni une position obscure ne sont un obstacle pour s'élever aux charges les plus hautes, et ils portent le même esprit libéral dans l'appréciation de leurs occupations journalières. Pleins d'indulgence réciproque dans leurs relations privées, ils craignent de nuire à l'intérêt public par respect pour leurs magistrats, par amour pour les lois, et particulièrement pour celles qui, sans être écrites, protégent le faible par la honte qui s'attache à l'oppression. Leurs fêtes et leurs sacrifices leur sont un délassement; leur ville est ouverte à tous les étrangers; ils ne refusent à personne un spectacle ou un enseignement. Ils jouissent des biens des contrées les plus lointaines comme s'ils étaient les produits de leur propre pays. Ils combinent l'élégance du goût avec la simplicité de la vie, et recherchent la science sans s'amollir; la richesse ne leur sert que comme un moyen d'action. Ce qui est honteux, ce n'est pas d'avouer sa pauvreté, mais de ne point l'éviter par le travail. Les mêmes citoyens sont également capables, les uns de veiller à leurs biens privés et au bien public, les autres de conduire leur négoce et de s'occuper des intérêts de l'État. Ils considèrent celui qui s'éloigne des affaires publiques non pas comme un ami du repos, mais comme un citoyen inutile, et tandis que l'ignorance du danger donne le courage aux autres Grecs, ou que la délibération les rend indécis, seuls ils unissent la hardiesse dans l'action et la prudence dans le conseil [1]. Novateurs par caractère, aussi rapides dans l'exécution que prompts dans la décision, ils sont prêts à tout entreprendre et pleins d'espérance au milieu des dangers. Vainqueurs, ils marchent en avant le plus qu'ils peuvent; vaincus, ils reculent le moins possible. Fatiguant leur corps, au service de la cité, comme s'il leur était étranger, ils se servent de leur esprit comme s'il n'appartenait qu'à la patrie. Passant toute leur vie dans les fatigues et les dangers, l'insuccès les abat aussi peu que la satisfaction de leurs ambitions ne les tranquillise... Ils considèrent l'action comme un devoir et le repos comme un état pire que l'occupation la plus pénible [2]. Ainsi leur cité est devenue un modèle pour la Grèce entière, et, dans les épreuves, elle s'est encore montrée toujours supérieure à sa renommée [3]. »

Tel est le protrait, pris sur le vif, que Thucydide nous trace à deux reprises des Athéniens. C'est au milieu de ce peuple, et au moment le plus brillant de son histoire, qu'apparaissent les sophistes. Rivaux dans leur art des Sophocle et des Phidias, amis et protégés de Périclès, maîtres ou émules de Socrate, jamais une génération de philosophes et d'orateurs ne trouva un cadre plus merveilleux, des auditeurs d'une intelligence plus souple, des juges plus fins et plus délicats. L'enthousiasme qu'ils soulevaient fut immense : on leur éleva des statues, on les combla de richesses; ils apparurent un instant comme les rois de la pensée, et c'est dans la cité de Minerve qu'ils eurent les disciples les plus nombreux, qu'ils jouèrent le rôle le plus considérable, et qu'ils exercèrent la

[1] THUCYDIDE, *Discours de Périclès*, II, 37, 42.
[2] *Id.*,, *Discours des Corinthiens*, I, 70.
[3] *Id.*, *Discours de Périclès*, II, 40.

plus grande influence. Quelles furent leurs origines, leur mission, leur fin?

« Après que Zénon d'Élée, dit Tiedemann, eut donné l'exemple d'un art de douter de tout et de tout prétendre; après que les sages eurent dévoilé les incertitudes de la pensée humaine, et que leurs opinions se furent rapprochées du scepticisme; après enfin que dans les États libres et dans les débats des États entre eux, l'éloquence eut acquis une importance de plus en plus grande chez les Grecs devenus plus raffinés, alors quelques hommes éminemment doués cherchèrent à exploiter ces tendances à leur gloire et à leur profit. Ils unirent l'expérience du monde à l'éloquence, et soulevèrent l'admiration générale par la nouveauté de leur langage, le choix des formes, comme par la hardiesse de leurs conclusions qu'ils tiraient de toute proposition, soit en la combattant, soit en la soutenant[1]. » Tennemann répéta presque mot pour mot l'opinion de son prédécesseur à la chaire de Marbourg, et ajouta : que « rien ne répondait mieux à la tendance des sophistes que l'éthique et la politique, sans qu'ils aient toutefois rien pu produire de grand dans la science, parce qu'ils ne poursuivaient aucun but scientifique, et que, étant sans principes, ils se perdaient dans un océan d'opinions sans consistance[2] ». « Hommes déliés, dit le *Dictionnaire des sciences philosophiques,* se piquant de tout savoir, et offrant de tout enseigner; rhéteurs habiles, mais qui mettaient leur éloquence au service de toutes les causes;

[1] *Geist der specul. philosoph.* Marburg, 1791, p. 349.

[2] *Gesch. der philos.* Leipzig, 1798.

Les historiens contemporains allemands de la philosophie de la Grèce, SCHWEGLER (*Gesch. dergr. Ph.* 90), ZELLER (*Ph. der Gr.* 1 *ter Th.* 3 *ter abs.*) BYK (*Vorsocrat. Ph.* 2 *ter Th.* 174), partagent les opinions de leurs devanciers sur les sophistes.

dialecticiens brillants et subtils, mais qui soutenaient le pour et le contre avec la même intrépidité; capables de tout nier, même l'évidence, et de tout affirmer, même l'absurde; hommes avides d'ailleurs, affamés de richesses, de pouvoir et de renommée, et faisant servir indifféremment le vrai et le faux, le juste et l'injuste, aux intérêts de leur fortune[1] » : tels furent les sophistes grecs pour les uns.

Écoutons les autres : « Ils furent, nous assure Hegel, les grands maîtres qui donnèrent l'instruction à la Grèce. Ils prirent la place des poëtes et des rapsodes..... Bien avant Périclès, on avait ressenti le besoin de cultiver l'intelligence; les hommes doivent être instruits dans leurs idées : tel fut le but des sophistes. Ils ont eu charge d'éducation; ils éveillèrent en Grèce la conscience du devoir de se déterminer par la pensée, et non point par des oracles, des coutumes, des passions et des impressions passagères... On ne croit plus; on cherche et l'on ne se détermine que par les raisons que la libre pensée a puisées en elle-même. L'époque des sophistes a été l'époque du grand épanouissement intellectuel de la

[1] *Dict. des science philosophiques*, art. SOPHISTES.

« Tous ces bruyants sophistes, qui visitent les cités principales de la Grèce pour y donner des leçons et des conférences publiques, sont d'une cupidité insatiable... Ces hypocrites parlent de vertu, et ils pratiquent les vices; leur parole est séduisante et provoque l'applaudissement de la foule; mais leur conduite est en opposition avec leurs pompeuses sentences. » (BARTHÉLEMY-SAINT-HILAIRE, *Rhétorique d'Aristote. Introd.*, XXX.)

« Si la sensibilité est la mesure de toutes choses, comme on le dit dans l'École ionienne, il s'ensuit que rien n'est certain... Et si, selon l'École d'Élée, on admet l'unité seule sans aucune variété, il est clair que tout est dans tout, que tout se ressemble, et qu'on peut dire de la même chose qu'elle est vraie et fausse tout ensemble : et de même pour le bien et le mal, et pour toutes choses. Vous voyez que je veux parler des sophistes. Un scepticisme frivole, mais universel, faisait le fond de leur enseignement. » (COUSIN, *Hist. de la philosophie*, septième leçon.)

Grèce[1]. » G. Grote donne plus de précision encore à l'opinion de Hegel. « Toutes les circonstances, dit-il, font sur mon esprit une impression contraire à celle de la phraséologie ironique et méprisante avec laquelle Platon traite les sophistes. Ils n'avaient pour se recommander qu'un savoir supérieur et une force intellectuelle combinés avec une personnalité imposante, qui se faisait sentir dans leurs leçons et dans leurs conversations. C'est là ce qui provoquait l'admiration; et le fait qu'elle se manifestait ainsi offre aux regards les meilleurs attributs de l'esprit grec, et en particulier de l'esprit d'Athènes..... Il ne serait pas moins injuste d'apprécier les sophistes et les hommes d'État d'Athènes du point de vue de Platon, que les maîtres et les politiques d'Angleterre ou de France, de celui de M. Owen ou de Fourier[2]. »

Entre les sophistes successeurs d'Homère et de Pindare, et Platon, rival d'Owen et de Fourier; entre les grands instructeurs de la Grèce et les méprisables corrupteurs de ses mœurs et de son esprit public, il y a de la marge! On est comme effrayé en voyant jusqu'à quel point l'esprit de système peut transformer les mêmes faits et les mêmes hommes. Les plus grands jongleurs d'idées et de mots n'ont pas été les sophistes de la Grèce.

L'antiquité se servit du mot de sophiste de façons fort différentes. Tantôt on l'employait dans le sens populaire d'après lequel, comme l'observe Cresellius[3], non-seulement Homère, Hésiode, Pindare, mais encore Platon, Aristote, les grands orateurs, ainsi que les musiciens, les médecins, les professeurs d'éloquence, les maîtres de gymnastique, étaient

[1] HEGEL, *Werke*, vol. XIV, I, 9.
[2] *Histoire de la Grèce*, vol. XII, p. 224, 229, traduction Sadous.
[3] *Theatr. veter. rhetor.*, Paris, 1620.

des sophistes, des maîtres de sagesse. Tantôt on en usa pour désigner des philosophes qui prétendaient enseigner la science et la vérité, et qui, par le caractère même de leurs doctrines, se trouvaient dans l'impossibilité d'enseigner cette science et cette vérité. C'est le vrai sens du mot, que Socrate lui a donné, le seul scientifique et qui doit rester. SOCRATE : Comment appelles-tu Protagoras? — HIPPIAS : Un sophiste[1]. Tantôt enfin on appliqua le nom de sophiste à tous les discoureurs et ergoteurs indistinctement, qui sans talent ni science se prévalaient du nom de sophistes pour égarer la jeunesse et lui soutirer de l'argent [2]. Prendre ce dernier sens du mot pour le précédent, c'est comme si nous confondions de nos jours la vaste science d'un Herbert Spencer avec la faconde d'un de nos petits rhéteurs qui parle de tout et sur tout, ou bien la philosophie d'un Kant, qui soutenait le pour et le contre dans ses antinomies, avec le savoir-faire d'un journaliste qui loue et critique indifféremment selon ses intérêts. Platon lui-même semble parfois confondre les deux sens, mais dans ce cas il faut distinguer les dialogues qu'il écrivit du vivant de Socrate de ceux qu'il écrivit après sa mort. Un esprit plus acerbe, des sentiments plus amers régnaient dans ces derniers ; il avait vu la part prise par les sophistes à la condamnation de son maître bien-aimé.

Ces nuances multiples expliquent les opinions si contradictoires des critiques et des historiens modernes ; les uns

[1] PLATON, le *Protagoras*, 311.

Nous citerons de préférence, après vérification, les versions de Cousin et de M. Barthélemy-Saint-Hilaire, des passages de Platon et d'Aristote qui se rapportent aux sophistes. Nous avons donné page 28, en note, leur opinion sur les sophistes ; leur version n'en acquiert que d'autant plus de valeur.

[2] PLATON, *le Sophiste*, 224.

voient dans les représentants les plus illustres de la philosophie à cette époque, dans Zénon d'Élée, Gorgias, Protagoras, Prodicus, des sophistes dans l'acception la plus mauvaise du mot ; les autres, au contraire, dans Platon un rêveur envieux et jaloux. Les excès des premiers firent tomber les seconds dans l'excès opposé ; leur erreur à tous s'explique, mais ne s'excuse pas. Il n'y a pas plus d'excuse pour l'erreur en philosophie qu'il n'y a d'excuse pour l'erreur dans les sciences

II

ZÉNON D'ÉLÉE

Le fondateur de la sophistique et de la dialectique à la fois fut Zénon[1]. Il naquit à Élée, dans la Grande-Grèce, et vint aux fêtes des grandes Panathénées, à Athènes, à l'âge de quarante ans, avec Parménide, son maître[2]. « Il était de haute taille, nous rapporte Diogène de Laërte, de bonne famille, d'une grande éloquence, laissa des ouvrages pleins de sens et d'érudition, et se distingua non moins dans la politique que dans la philosophie[3]. » Il consacra sa vie à développer la doctrine de son maître, et mourut pour la défense des libertés de sa patrie. Ce fut lui qui se coupa la langue avec ses dents et la cracha au visage du tyran Néarque[4] pour ne point révéler les noms de ses complices. Il fleurit vers la soixante-dix neuvième olympiade[5], 343 avant notre ère.

Ce portrait que l'antiquité nous a laissé de Zénon cadre

[1] PLATON, le *Parménide*, 128. ARISTOTE, fr. VIII, I, 54.

[2] PLATON, le *Parménide*, 227.

[3] DIOGÈNE DE LAERTE, IX, V. Cf. E. ZELLER, *Philosoph. der Griech.*, 421, *Notes*.

[4] *Alias*, *Demitos* ou *Diomédon*. Cf. S. A. BYK., *Vorsocrat. Phil. der Gr.* 2 *ter* th. 58.

CICÉRON, *De natura deorum*, III, 33. DIOGÈNE DE LAERTE, IX, V.

[5] DIOGÈNE DE LAERTE, *c. l.* Suidas dit qu'il fleurit vers la soixante-dix-huitième. Eusèbe ; dans la quatre-vingtième.

fort mal avec l'idée que nous pouvons nous faire du fondateur de la sophistique; c'est de lui cependant que nous ont été conservés les sophismes les plus nombreux. Son caractère, son esprit éminent, sa mort héroïque nous font un devoir d'examiner d'autant plus sérieusement sa doctrine et ses erreurs.

« Zénon prétend, dit Aristote, que le mouvement n'existe pas parce que le mobile passe par le milieu avant d'arriver à la fin[1]. » Il est certain que si nous envisageons un espace à parcourir à la façon des Grecs, en faisant abstraction des explications que nous donne la science moderne sur la nature du mouvement, et si nous en cherchons la possibilité dans notre pensée, nous ne pouvons nous rendre compte qu'il ne puisse plus y avoir de milieu dans la dernière distance à parcourir pour atteindre la fin. Toujours un nouveau milieu surgit après chaque milieu atteint, si petit que devienne l'espace. A défaut des explications de la science, nos sens et l'habitude nous font passer par-dessus la difficulté, mais le fait reste vrai aujourd'hui au point de vue métaphysique, comme il l'a été du temps de Zénon.

« Son second sophisme, continue Aristote, est celui qu'on appelle l'Achille. Il consiste à dire que jamais le plus lent, quand il est en marche, ne pourra être atteint par le plus rapide, parce que le poursuivant doit de toute nécessité passer d'abord par le point d'où part celui qui fuit[2]. » Bayle explique parfaitement ce second argument. « Car supposons, dit-il, une tortue à vingt pas devant Achille, et limitons la vitesse de ce héros de vingt à un. Pendant qu'il fera vingt

[1] *Phys.*, VI, XIV, 3.
[2] *Phys.*, V, XIV, 4.

pas, la tortue en fera un ; elle sera donc encore plus avancée que lui. Pendant qu'il fera le vingt et unième pas, elle gagnera la vingtième partie de vingt-deux, et pendant qu'il gagnera cette vingtième partie, de la partie vingt et unième et ainsi de suite [1]. » C'est au fond le même argument que le précédent. Leibnitz fera de cette faculté de la pensée de poursuivre la divisibilité infinie de l'espace son immortelle découverte du calcul intégral; nous ne pouvons faire un reproche à Zénon d'avoir entrevu, plus de deux mille ans avant lui, toutes les difficultés qui en résultaient pour l'explication du mouvement.

« Le troisième sophisme de Zénon, poursuit Aristote, c'est la flèche qui vole dans les airs et reste en place, et de ce principe on tire cette conclusion que le temps est, selon Zénon, composé d'instants [2]. » Bayle commente cet argument avec non moins de netteté que le précédent : « Chaque jour doit commencer et l'autre doit finir, d'où il s'ensuit que le temps n'est pas divisible à l'infini, et que la durée successive des choses est composée de moments proprement dits, dont chacun est simple et indivisible... et ne contient que le temps présent. Ceux qui nient cette conséquence doivent être abandonnés à leur stupidité ou à leur mauvaise foi ou à la force de leurs préjugés. Or, si vous posez une fois que le temps présent est indivisible, vous serez contraint d'admettre l'objection de Zénon. Vous ne sauriez trouver d'instant où une flèche sort de sa place ; car, si vous en trouviez un, elle serait en même temps dans cette place et elle n'y serait pas [3]. »

Dans ce dernier argument, Zénon se sert de la succession

[1] *Dict.*, art. ZÉNON, p. 597, col. 1.
[2] *Phys.*, V, XIV, 8.
[3] *Dict.*, art. ZÉNON, p. 596, col. 2.

du temps pour contester la réalité du mouvement, mais il cherche encore à démontrer que le temps n'a pas plus de réalité. « Son quatrième sophisme, continue Aristote, s'applique à des masses égales qu'on suppose se mouvoir également, par exemple dans le stade, mais en sens contraire, les unes partant de l'extrémité du stade, les autres du milieu; et l'on prétend démontrer que le temps qui n'est que la moitié est l'égal du temps qui est le double [1]. » Débarrassé, dit Bayle, de l'explication d'Aristote, non moins difficile à comprendre que l'argument de Zénon, il ajoute : « Ayez deux livres *in-folio* d'égale longueur, comme de deux pieds chacun. Posez-les sur une table, l'un devant l'autre; mouvez-les en même temps l'un sur l'autre, l'un vers l'orient, l'autre vers l'occident, jusqu'à ce que le bord oriental de l'un et le bord occidental de l'autre se touchent; vous trouverez que les bords par lesquels ils se touchaient sont distants de quatre pieds l'un de l'autre, et cependant chacun des deux bords n'a parcouru que la distance de deux pieds. Vous pouvez fortifier l'objection en supposant quelque corps qui nous plaise en mouvement au milieu de plusieurs autres qui se meuvent en différents sens et avec divers degrés de vitesse... Cela n'est explicable que par des calculs d'arithmétique qui ne sont que des idées de notre esprit; mais dans les corps mêmes, la chose ne paraît pas explicable... Quoi qu'il en soit, la réponse de Diogène le Cynique, qui se contenta de marcher quand il entendit Zénon nier le mouvement, est le sophisme que les logiciens appellent *ignorationem elenchi*. C'était sortir de la question, car Zénon ne rejetait pas le mouvement apparent, il ne niait pas qu'il ne semble à l'homme qu'il y a du mouvement,

[1] *Phys.*, V, XIV, 34.

mais il soutenait que réellement rien ne se meut, et il le prouvait par des raisons très-subtiles et fort embarrassantes[1]. » Nous ajouterons à l'explication de Bayle que l'argument de Zénon portait surtout, à en juger par les paroles d'Aristote, sur le temps qui paraît simple, si l'on considère la distance parcourue par chacun des bords, et double, si l'on envisage celle qui se trouve entre le bord oriental et le bord occidental, après avoir fait passer les *in-folio* l'un sur l'autre. Il en est comme de deux montres qui marchent, l'une plus lentement et l'autre plus vite, et qui font paraître le même temps plus long et plus court.

« Zénon prétend encore, dit le Stagyrite, qu'une partie quelconque d'un tas de grains doit faire du bruit, car rien n'empêche que, dans aucun temps, cette partie ne soit hors d'état de mouvoir cet air que le médimne entier a pu mouvoir en son temps[2]. » Proposition qu'il nous est impossible d'interpréter autrement, sinon que le médimne, en tombant, a fait un bruit qui était le résultat de sa chute; ce fut un instant et un bruit unique. La chute des grains cependant a été successive, et, tandis que les grains qui étaient tombés ne faisaient plus de bruit, ceux en train de tomber n'en faisaient pas davantage; il n'y a donc plus de temps où ils aient pu faire du bruit; et il faut admettre qu'une partie quelconque du tas de grains doit faire du bruit dans aucun temps, puisqu'il n'y a eu qu'un bruit dans un temps. Si Zénon avait connu la théorie du son, de même s'il avait été initié à la science des lois qui régissent l'action des corps les uns sur

[1] *Dict.*, art. ZÉNON, p. 660, col. 2.

[2] Διὰ τοῦτο ὁ Ζήνωνος λόγος οὐκ ἀλήθης, ὡς ψορεῖ τῆς κέγχρου ὁτιοῦν μέρος οὐδὲν γὰρ κωλύει μὴ κινεῖν τὸν ἀέρα ἐν μηδενὶ χρόνῳ τοῦτον ὅν ἐκινεσέν ἐμπέσων ὁ ὅλος μέδιμνος. *Phys.*, VII, 5.

les autres, il n'aurait certainement pas inventé ses arguments contre le temps et le mouvement. Ses arguments n'en conserveront pas moins toute leur importance au point de vue des idées abstraites du temps et du mouvement; des auteurs contemporains les répéteront presque mot à mot[1].

Le sophiste d'Élée démontrait encore, de la même façon, que la multiplicité des choses ne pouvait exister. « Il pense, nous rapporte Aristote, que ce qui ne devient ni plus grand, quand on lui ajoute quelque chose, ni plus petit, quand on lui retranche quelque chose, n'est pas, selon lui, un être. Et, si la grandeur est son essence, l'être est corporel, car le corps est grandeur dans tous les sens. Or, comment, ajoutée aux êtres, la grandeur rendra-t-elle les uns plus grands, sans produire cet effet sur les autres? Par exemple, comment le plan et la ligne grandiront-ils, et jamais le point ni la monade? Toutefois, comme la conclusion est un peu dure », inepte, dit le péripatéticien, « et que d'ailleurs il peut y avoir quelque chose d'indivisible, on répond à l'objection que dans le cas de la monade et du point, l'addition n'augmente pas l'étendue, mais le nombre[2]. » L'argument de Zénon ne paraît inepte à Aristote que parce qu'il distingue le nombre de l'étendue; mais le point et la monade, considérés comme parties de l'étendue concrète, laissent la difficulté tout entière. On ne peut ajouter un point à un autre, ni une monade à une autre; comment peut-on ajouter une ligne ou un plan à un autre? Et si l'on ne peut ajouter une ligne ou un plan à d'autres, comment peut-on ajouter quoi que ce soit aux choses, sans augmenter la grandeur de toutes, ou

[1] Voir liv. II, les *Antinomies* d'HERBERT SPENCER.

[2] *Métaphys.*, III, 4, tr. PIERRON et ZÉVORT.

sans revenir au mouvement qui est impossible? L'être est donc un et non point multiple, et sa grandeur est toujours la même[1].

Enfin Zénon contestait encore l'existence de l'espace comme celle du temps et du mouvement. A ceux qui soutenaient que l'être se trouve dans l'espace, il demandait : Où se trouve cet espace? Dans l'espace, lui répondait-on. Et cet espace? Dans un autre espace [2]. Impossibilité de laquelle il prétendait tirer que l'espace en soi n'existait pas.

Bayle trouve les arguments de Zénon très-subtils et fort embarrassants ; ils furent non-seulement subtils et embarrassants, mais encore sérieux et sincères, les conséquences nécessaires de la doctrine de son maître. « L'être est, le non-être n'est pas, avait dit Parménide ; il n'a ni passé ni futur, puisqu'il est maintenant tout entier à la fois, et qu'il est sans discontinuer. Il n'est pas divisible, puisqu'il est un tout semblable à lui-même... Il est tout plein de l'être, et de la sorte il forme un tout continu, puisque l'être touche à l'être. Il est immuable... Il n'a ni commencement ni fin... Rien n'est ni ne sera excepté l'être, *puisque la nécessité a voulu que l'être fût le nom unique et immobile de tout*. Quelles

[1] Nous ne citerons pas les arguments que Simplicius attribue à Zénon sur l'unité et le multiple. Ils portent un caractère de raffinement qui ne concorde ni avec les arguments que nous venons d'analyser, ni avec l'ensemble de la doctrine de Zénon. Ils furent, sans aucun doute, un produit de l'École de Mégare, fondée par Antisthène, disciple de Socrate. Platon en fait mention dans son *Parménide*, qui fut écrit à l'époque où cette école fleurissait, et il fait regretter à Zénon la publication d'un livre de sa jeunesse, qu'il n'aurait pas eu l'intention de faire connaître : ce qui nous porte à croire que ce fut l'œuvre de quelque disciple d'Antisthène faussement attribuée à Zénon. Cf. le *Parménide*, 128. Voir EUTHYDÈME, VII.

[2] ARISTOTE, *Phys.*, IV, III, 28.

que fussent à ce sujet les opinions des mortels, qui regardent la naissance et la mort comme des choses vraies, ainsi que l'être et le non-être, le mouvement et le changement brillant des couleurs... L'être possède la perfection suprême, étant semblable à une sphère entièrement ronde, qui du centre à la circonférence serait partout égale et pareille [1]. »

L'être de Parménide, plein, limité dans l'espace, semblable à une sphère partout égale à elle-même, mais sans fin ni commencement dans le temps, nous paraît difficile à comprendre, habitués que nous sommes à l'idée de l'être absolu et infini en tous sens. C'est cependant la clef de la philosophie grecque. Après les théogonies et les cosmogonies imaginaires des poëtes et des sages, d'Hésiode et de Thalès, Parménide chercha dans sa pensée un principe de certitude plus parfait. Il y découvrit la notion de l'être, « le nom unique et immobile de tout », qu'il conçut comme l'être véritable de toutes choses, comme la substance pleine, immuable, ayant la forme de la voûte céleste, « sphère partout égale à elle-même ». Si nous méconnaissons cette conception du vieux maître qui reste toute concrète, non-seulement les sophistes, mais encore Platon et Aristote nous deviennent incompréhensibles. Les Grecs pensèrent leurs idées, comme ils sculptaient leurs dieux, avec un sentiment plastique merveilleux et un caractère de réalité objective dont nous avons toutes les peines du monde à nous rendre compte aujourd'hui, perdus que nous sommes dans nos abstractions.

Le poëme de Parménide était divisé en deux parties : *De la vérité* et *De l'opinion ;* dans la première, il traitait de l'être immuable et plein ; dans la seconde, « des apparences que

[1] RÉAUX, *Essai sur le Parménide,* texte et trad., p. 211 à 221.

les mortels croient vraies ». « Il y pose, nous dit Aristote, deux autres causes, deux autres principes, outre le principe d'unité : le chaud et le froid, ce sont le feu et la terre. De ces deux principes il rapporte l'un, le chaud, le feu, à l'être, et l'autre, le froid, la terre, au non-être [1]. » Ainsi non-seulement l'être est conçu par Parménide d'une façon concrète, mais encore le non-être, qui devient le froid, la terre ; d'autres philosophes grecs en feront le vide en opposition avec le plein ; mais aucun ne concevra le non-être, le néant, à la façon des modernes. Le monde existe, et le non-être abstrait, le néant, est pour tous les Grecs un non-sens qui ne saurait être ni pensé ni parlé [2].

C'est une des aberrations de la sophistique moderne de croire que la philosophie est sortie de la pensée humaine, comme Minerve de la tête de Jupiter, tout armée de ses notions abstraites et *à priori*. La méthode de Parménide fut tout instinctive et élémentaire. Ne trouvant pas de certitude dans les théogonies et les cosmogonies de l'époque antérieure, il découvrit la notion de l'être, mais il continua à la réfléchir dans toute sa naïveté concrète et spontanée, et ce qui n'était point cet être toujours le même devint pour lui le non-être. Si simples et si naïves que nous paraissent ces notions sous cette forme, il n'en fallut pas moins chez le vieux maître une puissance intellectuelle extraordinaire pour dégager du monde confus d'idées et de mots, de traditions et d'hypothèses qui formèrent la langue et la vie intellectuelle de la Grèce de son temps, cette simple expression « d'être », et pour en faire le fondement de toute science et

[1] *Métaphysique*, I, 5.

[2] PLATON, *le Sophiste*, 237.

de toute vérité. — Platon appréciait mieux Parménide que nous ne pouvons le faire, quand il dit « qu'il lui paraissait à la fois respectable et redoutable, pour se servir d'une expression d'Homère[1] ».

La doctrine de Parménide formait un ensemble élémentaire, il est vrai, grossier si l'on veut, mais dont toutes les parties s'enchainaient sans sophisme. Il n'en fut plus de même de Zénon. Il accepta la doctrine de son maitre, et il prétendit en démontrer la justesse. Du moment que l'être unique, immobile, sans parties, sans changement, plein, partout égal à lui-même, est l'être véritable, alors le temps ne passe pas en lui, le mouvement ne change pas, et l'espace n'en est pas chose différente. Parménide avait conçu les changements du temps et du mouvement, ainsi que la divisibilité de l'étendue comme des apparences. Zénon va plus loin; il veut démontrer que dans les apparences même il est impossible de s'en rendre compte. Toujours un milieu sépare le mobile de la fin. Achille n'arrive pas à joindre la tortue; la flèche ne se meut pas; le temps qui passe paraît simple et double; un point ne s'ajoute pas à un autre. Il y met une puissance de logicien incomparable, et semble devancer la philosophie de son temps, en portant la pensée à des analyses qu'elle ne connaissait pas avant lui. Et si, arrivé à ce point, il avait abandonné la doctrine de son maitre pour déclarer qu'il était impossible d'avoir n'importe quelle certitude sur les phénomènes, personne n'aurait jamais songé à lui reprocher ses sophismes; ils n'auraient été que les conséquences rigoureuses de son principe. Ces excès de métaphysique étaient trop contraires au génie grec de la brillante

[1] Le *Théétète.*

époque. Zénon, après avoir démontré la justesse du principe de Parménide, le suivit aussi dans le reste de sa doctrine, et écrivit un ouvrage sur les apparences, « une cosmogonie », dit Plutarque, dans laquelle il expose « que tous les êtres sont produits par le chaud et le froid, le sec et l'humide, en vertu de la transformation réciproque de ces principes. L'homme est né de la terre; son âme est un assemblage des quatre éléments précédents, dans une proportion telle qu'aucun d'eux ne prédomine[1]. » Zénon ne vit point qu'après avoir démontré la justesse du principe de son maître jusque dans les apparences, il ne pouvait plus traiter ces apparences comme étant sujettes au mouvement, aux changements du temps et à la divisibilité, sans rendre à ces notions toute leur réalité. Cette inconséquence nous paraît étrange, inexplicable; elle fut, au contraire, fort naturelle.

Précisément parce que Zénon prenait la notion de l'être dans le sens concret, il ne pouvait voir non plus toutes les conséquences qui en dérivaient comme notion abstraite pure et absolue. En raisonnant sur l'être immuable et plein, les idées de mouvement, de temps, d'espace, de grandeur, devinrent de pures abstractions pour lui; en expliquant les apparences, ce fut au contraire l'idée de l'être qui se transforma en une abstraction; le mouvement, le temps, l'étendue divisible reprirent leur valeur concrète. Zénon ne soupçonna ni sa confusion ni son erreur, et ne songea pas

[1] Diogène de Laerte, IX, 5.

Cf. sur les ouvrages de Zénon E. Zeller *Philosoph. der Griech* 1 th. 421. — Simplicius (*Phys.*, 30) ne connaît que l'ouvrage dont parle Platon p. 38, note 1. Suidas en cite quatre, parmi lesquels la *Physique*. La citation de Diogène de Laërte répond à cet ouvrage. E. Zeller croit le fait contraire à la doctrine de Zénon.

un instant à s'y arrêter, parce qu'il vit toujours devant lui, d'un côté, l'être concret, plein, immuable, immobile de son maître, et d'un autre, le monde des apparences qui en resta séparé par un abîme sans qu'il se doutât de son illusion.

Il en est en philosophie comme du point aveugle de l'œil par lequel nous ne voyons absolument rien, pas même ce rien, quand nous parvenons à en déterminer la place [1].

Nous ne jugeons l'inconnu que par les idées que nous avons, comme nous ne distinguons les objets que par les papilles nerveuses qui donnent la vision; là où les idées nous manquent, nous ne jugeons pas plus que nous ne voyons par le point aveugle. Quand nous étudierons les sophistes contemporains, nous en verrons des exemples non moins curieux.

Si inexplicable que nous paraisse aujourd'hui l'illusion de Zénon, elle fut à son époque non-seulement naturelle, mais encore nécessaire. Pour que la pensée parvînt à la connaissance de la valeur différentielle des idées, il fallut d'abord les émettre et en faire l'expérience, expérience qui dut se faire dans le sens le plus élémentaire, le plus spontané, et suivant une direction régulière. Zénon d'Élée ne serait pas devenu le fondateur de la sophistique qu'un autre aurait pris sa place.

Il fut également le créateur de la dialectique, qui deviendra un art si exquis entre les mains de Socrate, et jouera un si grand rôle dans l'histoire de la sophistique grecque, que Platon la confondra encore avec sa belle définition de l'induction [2]. Pour combattre les habitudes prises et les évi-

[1] Le point aveugle de l'œil est déterminé par l'endroit où l'artère traverse la rétine.

[2] Voir EUTHYDÈME et DYONISODORE, VII.

dences matérielles chez ses disciples, comme pour soutenir le principe de Parménide, Zénon dut forcer en quelque sorte les esprits à suivre pas à pas, Achille ne pouvant atteindre la tortue, le milieu qui renaît sans cesse après chaque milieu atteint, l'espace qui se trouve dans un nouvel espace. Grâce aux progrès de la philosophie, nous trouvons aujourd'hui ces subtilités futiles; nous n'en devons pas moins admirer le degré de précision et de logique où les porta Zénon. Un seul penseur parmi les modernes peut lui être comparé sous ce rapport, qui, lui aussi, devint un des fondateurs de la sophistique de nos temps, qui confondit comme Zénon systématiquement la portée abstraite et la portée concrète de nos idées, et poursuivit comme lui ses analyses à l'extrême, avec une finesse et une rigueur égales : ce fut Kant.

Zénon ne paraît pas s'être fait une habitude d'enseigner sa science pour de l'argent; reproche que Platon adresse avec tant d'âpreté aux sophistes, quoiqu'il raconte que « Pythodore et Callias lui payèrent chacun cent mines et devinrent sages et instruits [1]. » Un dernier trait que Diogène de Laërte nous rapporte de Zénon achève de le peindre. Quelqu'un lui ayant reproché de s'être mis en colère à propos d'une injure, il lui répondit : « Si j'étais insensible à l'injure, je ne serais pas sensible à la louange [2]. » « Cette réponse, ajoute Bayle, ne fut point digne d'un philosophe. » Nous ne pouvons y voir que les louanges dont on comblait l'illustre disciple du grand Parménide et la véhémence de son caractère, qui, si elle le rendit sensible à l'injure, nous explique aussi sa mort héroïque.

Zénon fut un disciple fidèle, sincère et de bonne foi, un

[1] *Le Premier Alcibiade*, 119.

[2] Diogène de Laerte, IX, v.

esprit rigoureux et une dialecticien redoutable, qui se joua des plus grandes difficultés que puisse soulever la pensée humaine, et devint l'initiateur de la nouvelle époque qui va s'ouvrir pour la philosophie. En faire un simple ergoteur de mots est aussi faux que de le classer parmi les grands instructeurs de la Grèce. Après Thalès, Xénophane, Pythagore, Parménide, Héraclite, Anaxagore, Empédocle, Leucippe, qui furent les vrais, les grands instructeurs de la Grèce, vinrent les sophistes, et à leur tête Zénon. Ils reçurent la tâche la plus lourde qui fut jamais léguée à une génération de penseurs, celle de développer les doctrines les plus contradictoires et les plus incomplètes, et s'ils accomplirent cette tâche avec une vigueur qu'il nous est difficile de suivre et un succès que nous pouvons peut-être regretter, il est aussi injuste de les ravaler qu'il est inutile de les grandir.

III

MÉLISSUS

Que deviendrait l'histoire d'Athènes si, dans l'interprétation de ses historiens et de ses orateurs, nous confondions l'Aréopage avec nos Chambres hautes, le peuple assemblé avec nos Chambres basses, le sénat des cinq cents avec notre conseil d'État, les archontes avec nos ministres, les stratéges avec nos généraux, les hoplites avec nos fantassins et la masse des esclaves avec la nation? C'est cependant ce qui nous arrive quand nous voulons nous rendre compte de la pensée des philosophes grecs. Les expressions d'être, de substance, de matière, d'espace, de non-être, etc., ont pour nous absolument la même valeur, qu'il s'agisse des doctrines de Platon et d'Aristote ou de celles de Descartes et de Leibnitz. Platon ainsi entendu ne ressemble pas plus au Platon véritable que le Parthénon au palais de Versailles ou l'Hippolyte d'Euripide à celui de Racine. Ce n'est pas que la pensée des Grecs ait été soumise à des lois intellectuelles différentes de celles qui régissent la nôtre; loin de nous de prétendre pareille insanité; mais les Grecs conçurent leurs idées, comme leurs monuments ou les caractères dramatiques, dans des proportions et des rapports différents. Nous avons déjà pu nous en convaincre au sujet des idées de l'être et du non-être de Parménide et de Zénon ; Mélissus nous en donnera d'autres exemples qui méritent notre attention.

« Mélissus de Samos, fils d'Ithogène, était disciple de Parménide; il avait été également en rapport avec Héraclite... Il s'adonna aux affaires publiques et fut en grande estime auprès de ses concitoyens ; lorsqu'il fut appelé par eux au commandement de la flotte, ses qualités naturelles brillèrent encore d'un plus vif éclat dans ces hautes fonctions. Suivant lui, l'univers est infini, immuable, un, partout semblable à lui-même, et absolument plein. Le mouvement n'est pas réel, mais seulement apparent. Il ne faut pas définir la nature divine parce qu'elle échappe à notre intelligence. Apollodore dit qu'il fleurissait vers la quatre-vingt-quatrième olympiade [1]. » Tel est le portrait que Diogène de Laërte nous transmet de Mélissus. Encore un étrange sophiste ! estimé de ses concitoyens, commandant de la flotte de Samos, vainqueur de Périclès et des Athéniens [2], philosophe brillant ! Il semble en vérité que Hegel et Grote aient vu infiniment plus juste non-seulement que les historiens allemands, mais encore qu'Aristote lui-même, qui traite cependant Mélissus avec la plus grande sévérité. Il l'accuse d'avoir méconnu la doctrine de son maître [3], et lui reproche ses conceptions grossières [4]. Comment le portrait de Diogène de Laërte peut-il se concilier avec les reproches d'Aristote? Comment l'heureux commandant de la flotte de Samos et l'homme politique estimé de ses concitoyens peut-il n'avoir été qu'un sophiste grossier? Il y a peu de questions qui

[1] Diogène de Laerte, IX, 24

[2] Plutarque, *Vie de Périclès.*

[3] *Métaphysique*, I, 5.

[4] *Physique*, I, 2.

nous permettent de pénétrer davantage l'esprit de la Grèce.

Mélissus accepta, comme Zénon, l'être plein, immuable, immobile, partout semblable à lui-même de Parménide, dit Diogène de Laërte; nous ne trouvons qu'une différence entre l'exposé de sa doctrine et celle de Zénon ; elle est importante et porte sur le premier mot : l'univers n'est pas la sphère limitée, partout égale à elle-même de Parménide ; il est infini pour Mélissus.

Les principaux arguments par lesquels Mélissus chercha à établir et à fortifier sa doctrine nous sont rapportés par Aristote. « Pour que l'univers se meuve, disait Mélissus, il faudrait du vide; or, on ne peut soutenir que le vide existe; donc l'univers ne se meut pas [1]. » Cet argument dut paraître en effet d'une grossièreté extrême aux Grecs, qui connaissaient les analyses si profondes de Zénon. Il s'agissait de démontrer que le mouvement est inconcevable dans l'être plein et immuable, ainsi que Zénon s'était efforcé de le faire, et Mélissus fait reposer le principe à prouver sur un autre non moins hypothétique : qu'il faut qu'il y ait du vide pour qu'il y ait du mouvement. Cette erreur ne nous est explicable de la part de Mélissus qu'en admettant qu'il ait identifié le vide avec le non-être. Le non-être dans le sens de néant n'existant absolument pas, il ne saurait y avoir du mouvement; car, pour que l'être se meuve, il faudrait qu'il y eût du non-être, c'est-à-dire du vide. L'argumentation de Mélissus perd de cette façon son caractère hypothétique, mais il tombe dans une nouvelle et double faute. Parménide avait dit que le non-être absolu ne pouvait être ni pensé ni parlé, et Mélissus en fait un argument en faveur de l'immua-

[1] *Physique*, IV, 8, 6

bilité de l'être ; c'était penser et parler le non-être ; il le fait, il est vrai, en identifiant le non-être avec l'espace pur, avec le vide; mais en ce cas il rend contradictoires deux notions qui ne le sont en aucune façon, l'idée de l'être et l'idée de l'espace, et commet un véritable sophisme.

Ce qui rend l'illusion de Mélissus intéressante entre toutes, c'est qu'elle lui fait franchir, deux mille ans avant nos télescopes, les espaces infinis des cieux. L'espace ou le vide, le non-être n'existant pas, l'être est non-seulement immuable, partout le même, mais il ne s'arrête pas non plus à la voûte céleste, il n'a pas la forme d'une sphère, il est infini, ce qui lui attire un second reproche de la part d'Aristote, qui paraîtra incompréhensible à quiconque interprétera le passage avec nos idées métaphysiques actuelles. « L'infini, dit le péripatéticien, est *le contraire du parfait et de l'entier*. Aussi doit-on trouver de ce point de vue que Parménide était plus dans le vrai que Mélissus; car ce dernier disait que l'infini est l'entier et le tout, tandis que le premier prétendait, au contraire, que l'entier est toujours limité et fini, de tous côtés égal à partir du milieu [1]. » Ce qui paraîtra un galimatias inintelligible à quiconque ne saisit pas la pensée d'Aristote dans son ensemble. L'être ne s'arrête pas pour Mélissus, ainsi que pour Parménide et l'antiquité entière, à la voûte céleste, la sphère parfaite; mais Mélissus prétend que le parfait, l'entier, le tout est infini; il prévoit la notion de l'être infini moderne, qui est pour nous l'être parfait, l'entier, le tout; mais il n'en pouvait être de même pour Aristote et les Grecs, ni, ce qui est plus curieux, pour Mélissus lui-même. Son être infini étant l'être plein, substantiel,

[1] *Physique*, III, IX.

immuable, immobile, n'est pas du tout l'être absolu, infini en tous sens de la philosophie moderne; mais c'est la chose, la substance indéterminée, indéfinie, qui est sans forme, sans limites, et qui ne peut par suite constituer ni un entier ni un tout. Ce fut un véritable sophisme dans lequel l'être est pris à la fois dans le sens abstrait, comme notion de la substance infinie, et dans le sens concret, comme la chose pleine, immuable, indivisible, qui seule existe réellement pour lui. Aussi Aristote a-t-il raison d'objecter encore que « si l'être est un en tant qu'indivisible, il ne l'est plus alors comme quantité et comme qualité, et du même coup il cesse d'être infini comme le veut Mélissus [1] ». « Parménide parlait d'après une vue plus approfondie des choses [2]. » Chez Zénon, l'être plein de Parménide avait absorbé les notions d'espace, de temps, de mouvement; chez Mélissus, l'infini de l'espace absorbe à son tour l'être de Parménide. Ainsi marche la pensée humaine dans le progrès de son expérience d'elle-même, d'idée en idée, d'une manière lente et presque insensible.

Mélissus découvrit même des arguments dignes des métaphysiciens modernes. Il soutint que « le temps et l'espace sont identiques l'un avec l'autre, que rien ne peut être éternel sans être en même temps infini en étendue et sans être tout [3] » : ce qui nous paraîtra parfaitement intelligible, habitués que nous sommes à ce genre de raisonnements. Mais l'être plein et immuable, infini et éternel de Mélissus n'en reste pas moins mal défini. Il semble même avoir prétendu, à en juger d'après une objection d'Aristote, que l'être plein et immuable, infini et éternel était sans principe. « Mélissus se trompe

[1] *Physique*, I, III, 3.
[2] *Métaphysique*, I, V.
[3] ARISTOTE, *Fr.* 2, 7.

évidemment, dit le Stagyrite, en partant de l'hypothèse que tout ce qui a été produit ayant un principe, ce qui n'a pas été produit ne doit pas en avoir [1]. » C'est bien l'être abstrait moderne, infini, éternel, immuable, mais sans qualité ni quantité ni principe, que Hegel dans sa sophistique identifiera avec le non-être, mais que Mélissus dans la sienne conçut d'une façon toute concrète comme l'être substantiel véritable plein et réel, quoique sans principe. En ce sens, l'être de Mélissus se rapproche davantage de la substance infinie de Spinosa; mais tandis que la substance de Spinosa est ce qui est en soi et ce qui est par soi, la cause, la raison première de tous les phénomènes, le support de tous les attributs, Mélissus la conçoit au contraire comme différente de tous les attributs et de tous les phénomènes, qui ne sont que des apparences pour lui. C'est ce fait qui rend l'être de Parménide, de Zénon et de Mélissus si dificile à comprendre. En réalité, ce n'est pas autre chose que la notion abstraite de substance, que nous concevons sans forme, sans attributs, sans principe distinct, et que ces anciens philosophes ont prise naïvement, d'une manière absolument plastique, comme existant réellement avec ces caractères négatifs en dehors de l'homme et de la pensée humaine, et différente des choses et des phénomènes.

Pour Mélissus cependant les difficultés devenaient de plus en plus grandes. Si Parménide et Zénon jusqu'à un certain point laissaient encore entrevoir la possibilité d'un rapport entre l'être immuable, limité, semblable à une sphère, et l'apparence des phénomènes, il n'en était plus de même quand il s'agissait de l'être infini, sans qualité et sans quantité

[1] *Physique*, I, III, 33.

de Mélissus. L'abime entre le sens abstrait et le sens concret de l'idée se creusait de plus en plus. « Aussi, continue Aristote, à cette erreur Mélissus en ajoute une autre non moins grave, c'est de croire que tout a un commencement excepté le temps, et qu'il n'y a point de commencement pour la génération de l'être simple, tandis qu'il y en aurait pour l'altération des choses, comme s'il n'y avait pas évidemment des changements qui se produisent tout d'un coup [1]. » D'après nos idées modernes, c'est Mélissus qui semble avoir raison contre Aristote. Nous n'admettons plus qu'il y ait dans les choses des changements subits, comme Aristote semble le croire, et cependant c'est Mélissus qui s'égare. Si tout a un commencement excepté le temps, comment ne peut-il pas y avoir de génération non-seulement pour tous les phénomènes, mais encore pour l'être plein et immuable lui-même? Mais Mélissus identifie le temps éternel, l'espace infini et l'être plein et immuable; de ce point de vue il a raison de ne pas admettre de génération; mais en ce cas comment peut-il y avoir un commencement pour l'altération des choses? Aristote est donc parfaitement en droit d'admettre qu'il y a des changements qui se produisent tout d'un coup, et Mélissus ne peut expliquer comment il peut y avoir un commencement pour l'altération des choses. De plus, s'il accepte qu'il y a une suite dans la génération des phénomènes, les phénomènes cessent également d'être de simples apparences [2]. Ainsi, à mesure que la doctrine de Parménide

[1] *Physique*, I, 4.

[2] Quand Diogène de Laërte nous affirme (p. 17), que Mélissus a été également en rapport avec Héraclite, il semble faire allusion à ce côté de la doctrine de Mélissus, quoiqu'il ajoute que le mouvement n'ait été qu'apparent pour Mélissus, tandis qu'il a été le principe de toutes choses pour Héraclite. (Voir IV, *Protagoras*.)

avance dans ses disciples, elle se transforme, les difficultés inhérentes à son principe se font jour, les notions qui lui servent de fondement se dégagent.

C'est l'œuvre en général des sophistes : elle est particulièrement remarquable chez Mélissus. Aussi, conséquent avec lui-même jusque dans ses infidélités à la doctrine de son maître, il finit par la bouleverser entièrement. Parménide n'avait reconnu qu'un être véritable, et, pour expliquer les apparences, il avait admis deux principes, le feu et le chaud d'un côté, le froid et la terre de l'autre, qu'il appelait le non-être. Mélissus identifia le non-être avec le vide, avec l'espace pur; il ne put donc plus considérer la terre ou la matière comme l'expression du non-être, et elle lui resta comme un principe positif, cause du commencement et de la suite de l'altération des choses, des apparences du mouvement. Mais cela nous paraît absolument incompréhensible : comment! en présence de l'être plein et immuable, qui nous semble le matérialisme absolu, Mélissus sépare la terre, la matière comme un principe distinct? Nous oublions que pour Parménide, Zénon, Mélissus, comme pour Platon et Aristote lui-même, l'être substantiel et plein est absolument différent de tous les phénomènes; il est la notion abstraite de substance conçue d'une manière objective et plastique comme étant l'essence, l'être véritable des choses, tandis que la matière apparaît chez Mélissus d'abord, chez Aristote plus tard, comme le principe, la cause qui détermine toutes les modifications des êtres particuliers. « Telle forme générale, dira Aristote, qui se réalise dans tels os, dans telles chairs, voilà Socrate et Callias. Il y a entre eux différence de manière, mais leur forme est identique, elle est indivisible [1]. »

[1] *Métaphysique*, VII, 8.

Pour comprendre sous ce rapport la pensée de tous les Grecs, il faut, nous le répétons, se rendre compte qu'ils ne connaissaient aucune loi rigoureuse de physique, de chimie ou d'astronomie, et qu'ils ne trouvaient d'autre guide dans leurs efforts pour expliquer l'infinie variété des êtres et leurs changements continuels, que des notions abstraites et générales auxquelles ils laissèrent leur portée concrète tout entière. Platon, après l'enseignement de Socrate, croira que toutes les idées générales participent de l'être immuable, toujours le même, de Parménide [1]; Aristote fera des idées de genres les essences indivisibles, formelles des êtres [2]. Mais c'est chez les sophistes que se dégagent l'un après l'autre les principes de leurs doctrines. De même que le dialectique de Zénon donnera naissance à celle de Socrate et de Platon, la matière de Mélissus deviendra pour Aristote la cause des accidents dans les choses.

Mélissus souleva des questions qui ne trouveront leur solution que des siècles après lui. Il devança en bien des points la pensée moderne; en d'autres il peut servir de commentaire au grand Stagyrite, et il franchit avant nos télescopes la voûte du ciel, comme Zénon avait pressenti les infiniment petits du calcul intégral. Il fut loin d'avoir été un esprit vulgaire, si grossiers qu'aient été quelques-uns de ses arguments, et lui aussi bien que Zénon nous apparaissent plutôt comme des philosophes qui méritent, sinon notre admiration, du moins tous nos respects. Le portrait que Diogène de Laërte nous a laissé de lui est sans doute parfaitement exact. Il a pu diriger ses concitoyens et commander la flotte

[1] Cf. PLATON, *le Sophiste* et le *Parménide*.
[2] Cf. ARISTOTE, *Métaphysique*, VII, 4.

de Samos d'une façon non moins brillante qu'il a développé la doctrine de son maître. Il n'en est pas moins un sophiste dans le vrai sens du mot. Sa doctrine, quoiqu'elle forme un ensemble, ne se tient pas; ses preuves ne reposent que sur des confusions d'idées, et il lui manque, ce qui est le propre de tous les sophistes, un principe exact de méthode. Nous verrons bientôt les effets désastreux qui en dériveront dans l'enseignement des sophistes. Nous pouvons déjà en découvrir une première conséquence dans ce que Diogène de Laërte nous raconte de Mélissus, « qu'il ne voulait pas définir la nature divine parce qu'elle échappait à notre intelligence[1] ». En présence de ces spéculations sur l'être infini, immuable, éternel, les dieux des croyances populaires devaient lui apparaître bien chétifs et bien incomplets, et, d'un autre côté, ayant confondu l'être infini avec l'existence concrète des choses, il n'a pu s'élever à la conception de l'être absolu; ses notions sur l'être étaient par trop vagues et par trop confuses. La philosophie dite positive offrira dans l'histoire de la sophistique moderne un phénomène semblable.

[1] Voir p. 17.

IV

PROTAGORAS

Protagoras fut le premier sophiste qui se fit payer ses leçons. Il n'était ni riche ni de bonne famille, comme Zénon et Mélissus; c'était un simple portefaix que Démocrite s'était attaché pour l'avoir vu lier des fagots avec une grande adresse[1]. Il se fit payer ses leçons, comme il s'était fait payer ses peines, pour vivre. « Lorsque l'on a appris de moi, lui fait dire Platon, ce qu'on désirait savoir, on me donne, si l'on veut, la somme que je demande; sinon on entre dans un temple, et après avoir pris la divinité à témoin, on paye mes instructions selon l'estime qu'on en fait[2]. » Il eut comme homme d'esprit, orateur et maître, un succès immense. « Les jeunes gens accouraient de loin pour l'entendre..... les étrangers le suivaient de ville en ville en entourant le vieillard de respect[3]. » « Il fut un sage comme Héraclite et Empédocle, le représentant des opinions d'Homère, et, comme tant d'hommes illustres avant lui, il prétendait que tout était

[1] DIOGÈNE DE LAERTE, IX, 1. Aristote lui fait inventer les coussinets.

[2] Le *Protagoras*, 199. Aristote nous rapporte le même fait · « Quand Protagoras avait préalablement enseigné quelque chose, il disait au disciple d'estimer lui-même le prix de ce qu'il savait. » (*Morale*, IX, I, 6.)

[3] PLATON, le *Protagoras*, 310.

mouvement[1]. » C'est Platon, le rêveur ironique et méprisant de G. Grote, qui nous donne tous ces détails sur Protagoras.

Le véritable fondateur de la doctrine que toutes choses étaient mouvement avait été Héraclite. L'absence de connaissances certaines, le spectacle du monde, les théogonies et les cosmogonies de l'époque antérieure, lui avaient fait concevoir la notion du mouvement comme le principe réel des choses, de la même manière que Parménide, son contemporain, avait été conduit à proclamer l'idée de l'être comme le fondement de toute certitude. « Rien n'est stable en réalité, rien n'est par soi-même, disait Héraclite ; le même devient toujours autre, la nuit devient le jour, le jour, la nuit ; le sommeil devient veille, la veille, sommeil. Maladie et santé, faim et satiété, fatigue et repos, mortel et immortel, tout est le même dans un mélange continuel. Toute chose est et n'est pas à la fois ; on ne saurait exprimer quoi que ce soit d'un objet quelconque, auquel on ne puisse également attribuer le contraire [2]. »

Protagoras porta la doctrine d'Héraclite jusqu'à ses dernières conséquences, avec la même rigueur de logique que Zénon mit à poursuivre celle de Parménide. « Protagoras soutient, dit Platon, que tout est mouvement, et que le mouvement est de deux espèces, toutes deux infinies en nombre, mais dont l'une est active et l'autre passive. De leur concours et de leur frottement mutuel se forment des productions innombrables rangées sous deux classes : l'objet sensible et la sensation, laquelle coïncide toujours avec l'ob-

[1] PLATON, le *Théétète*, 152, 180.

[2] *Dictionnaire des sciences philosophiques*. Cf. DIOGÈNE DE LAERTE, IX, I. — SEXTUS EMPIRICUS, *Hypotyposes pyrrhoniennes*, I, 24. — E. ZELLER, *Philosoph. der Griech.*, 1 *Th.*, 449.

jet sensible et se fait avec lui..... Aussi peu l'œil est voyant quand aucune couleur ne le frappe, aussi peu l'objet est coloré quand aucun œil ne le perçoit..... Il faut se former la même idée de toutes les autres qualités, telles que le dur, le chaud, et ainsi du reste..... Il est impossible de se représenter d'une manière fixe aucun être sans la qualité d'agent ou de patient, parce que rien n'est agent avant son union avec le patient, ni patient avant son union avec ce qui est agent; ce qui dans son concours avec un certain objet est agent devient patient à la rencontre d'un autre objet, de façon qu'il résulte de tout cela que rien n'est absolument, que chaque chose n'est qu'un rapport qui varie sans cesse, et qu'il faut retrancher partout le mot être[1]. »

Héraclite avait fait du feu le principe du mouvement : « Tout est du feu, tout en provient, tout y retourne; l'existence des choses est le résultat d'un flux et d'un reflux continuel, comme les eaux d'un fleuve. Le feu condensé produit l'humidité, celle-ci prend de la consistance et devient l'eau, de l'eau vient la terre..... Le jour et la nuit, les mois et les saisons, les années; les pluies, les vents et les phénomènes analogues ont pour causes les différences de vapeurs[2]. » Chez le disciple, le principe du mouvement prend un caractère autrement abstrait et absolu, l'idée se dégage davantage, se systématise avec rigueur : tout devient, et chaque chose ne devient telle qu'elle paraît que par l'union

[1] Le *Théétète*, 156.

[2] DIOGÈNE DE LAERTE, IX, I.

Il est facile de voir, en comparant cette opinion d'Héraclite avec celle de Parménide, qui d'après Aristote, croyait que l'être était le chaud, le feu, combien les deux doctrines avaient en réalité un fonds commun, et combien la division de nos sophistes modernes, des philosophes grecs ou idéalistes et sensualistes est un véritable non-sens.

passagère d'un agent et d'un patient, des sens et de leur objet. La conclusion de Protagoras fut sa proposition qui est devenue célèbre : «L'homme est la mesure de toutes choses, de l'être en tant qu'il est, et du non-être en tant qu'il n'est pas[1]. »

On fit de cette proposition de Protagoras un sophisme. Ce n'est pas plus un sophisme que le « Je pense, donc je suis», de Descartes; mais tandis que la proposition de Descartes dérivait de sa méthode, la recherche des idées simples, et fut un trait de génie qui ouvrit des horizons nouveaux à la pensée humaine, la proposition de Protagoras ne fut que la conséquence logique du principe d'Héraclite, que le disciple avait accepté en toute confiance, et derrière lequel il n'y avait pas la moindre règle de science ou de méthode. Il en résulta que, non satisfait de faire de cette proposition un sophisme, on fit encore de Protagoras, avec une légèreté inconcevable, le père du scepticisme! Sextus Empiricus, qui s'y connaissait, nous dit cependant en termes formels : « Protagoras prétend que l'homme est la mesure de toutes choses. Le sens de ses paroles est que l'homme est le critérium ou la règle de la vérité et de la fausseté de toutes choses, et des choses telles qu'elles sont en elles-mêmes, et non pas des choses autrement qu'elles ne sont en elles-mêmes. Par là on voit que selon Protagoras l'homme est la règle de la vérité de toutes les choses qui existent. Il décida donc dogmatiquement que la *matière* est fluide, et que la raison de toutes les apparences est réellement dans la matière ; mais ce sont là pour nous des choses incertaines, et sur lesquelles nous

[1] PLATON, le *Théétète*, 157. — ARISTOTE, *Métaphysique*, IX, 3, X, 1. — Diogène de Laërte nous rapporte que Protagoras commença ainsi un de ses ouvrages, IX, 8. — SEXTUS EMPIRICUS, I, 219.

croyons devoir suspendre notre jugement[1]. » Non-seulement Protagoras ne fut pas un sceptique, mais, d'après le passage de Sextus Empiricus, il aurait encore abandonné le principe par trop systématique, le feu, d'Héraclite, pour admettre, ainsi que Mélissus, que la matière en général est la source du mouvement et de l'altération des choses, ce qui donne à sa doctrine un caractère autrement élevé, et fait de Protagoras avec Mélissus un des prédécesseurs de Platon et d'Aristote. Les difficultés que l'on a rencontrées à comprendre les deux plus grands génies de la Grèce ont leur cause principale dans le parti pris avec lequel on a interprété les sophistes[2].

Il a fallu méconnaître aussi bien les œuvres de Platon que celles d'Aristote pour en extraire les sophistes tels qu'on a pris l'habitude de nous les présenter. Ainsi le passage suivant d'Aristote, et deux autres dans le même sens, ont fait accuser Protagoras d'avoir fait métier de soutenir le pour et le contre : « Protagoras prétendait que l'homme est la mesure de toutes choses, ce qui veut dire simplement que toute chose est en réalité telle qu'elle paraît à chacun. S'il en est ainsi, il en résulte que la même chose est ou n'est pas, est à la foi bonne et mauvaise, et que toutes les affirmations opposées sont également vraies, puisque souvent la même chose paraît bonne à ceux-ci, à ceux-là mauvaise, et ce qui paraît à chacun est la mesure des choses[3]. » Cette observation d'Aristote est parfaitement juste[4] ; mais entre Protagoras

[1] *Hypotyposes pyrrhoniennes*, I, 27, tr. HUART.

[2] Voir *Gorgias*, V.

[3] *Métaphysique*, XI, 6. — PLATON, le *Tééthète*, 166.

[4] Les deux autres passages d'Aristote sont les suivants : « Si toutes les affirmations contradictoires relatives au même être sont vraies en même temps, il est évident que toutes les choses seront alors une

soutenant qu'une chose qui parait bonne à l'un et mauvaise à un autre est bonne pour le premier et mauvaise pour le second, et Protagoras démontrant que la même chose est à la fois bonne et mauvaise pour chacun d'eux, il y a un abime, et c'est faire œuvre de sophiste que de confondre ces deux propositions.

Quant à Platon, loin d'accuser Protagoras de se plaire dans les raisonnements de l'éristique, il nous le montre au contraire reprochant à Socrate ses questions captieuses. « Car, en effet, dit Protagoras à Socrate, si en suivant cette marche tu me demandes d'abord si les gens vigoureux sont forts, je dirai que oui ; ensuite, si ceux qui savent lutter sont plus forts que ceux qui ne le savent point, et depuis qu'ils ont appris, plus qu'ils ne l'étaient auparavant, j'en conviendrais encore. Ces choses une fois accordées, il te serait libre de te servir des mêmes arguments pour conclure que la sagesse est la même chose que la vigueur [1]. » Durant tout le dialogue, c'est plutôt Socrate que Protagoras qui parait le sophiste, qui cherche à embarrasser son adversaire par ses questions subtiles. Il ne faut pas que la bonhomie un peu ironique de Socrate nous trompe ; il avait le droit de traiter du haut de son génie les sophistes, ses collè-

chose unique. Une galère, un mur et un homme doivent être la même chose, si l'on peut affirmer ou nier tout de tous les objets, comme sont forcés de l'admettre ceux qui adoptent la proposition de Protagoras. » (*Métaphysique*, IV, 6.)

La doctrine de Protagoras part du même principe (que l'homme n'a que des opinions) que celle dont nous parlons ; et si l'un a ou n'a pas de fondement, l'autre est nécessairement dans le même cas. En effet, si tout ce que nous pensons, si tout ce qui nous apparait est la vérité, il faut bien que tout soit ou ne soit pas en même temps vrai ou faux. (*Métaphysique*, IV, 4.)

[1] Le *Protagoras*, 335.

gues[1] ; de quelle façon aurait-il parlé de bien des sophistes modernes, chez lesquels on chercherait vainement la dignité, la sagesse et l'éloquence de Protagoras?

Platon lui-même nous dévoile le vrai Protagoras quand il lui fait raconter avec un art et une grandeur admirables la ravissante fable d'Épiméthée : «Sur l'ordre des dieux, Épiméthée devait orner tous les êtres vivants; mais il prodigua tous les dons de la nature aux animaux et oublia les hommes; Prométhée déroba alors à Mercure les arts et le feu, pour que les hommes apprissent à se chausser, à se vêtir, à se défendre ; mais ils continuèrent à vivre isolés, jusqu'à ce que Jupiter, les prenant en pitié, leur fit don par Mercure de la pudeur et de la justice, sans lesquelles il n'y a point d'union entre les hommes ni ordre dans les cités. Aussi tous les hommes, quels qu'ils soient, participent de ces vertus, et s'ils pardonnent à quelqu'un d'avouer qu'il ne sait ni jouer de la flûte ni aucun autre art, c'est que ce sont des dons de Prométhée ; mais ils ne lui pardonnent pas d'avouer qu'il ne connait pas la justice, parce que c'est un don de Dieu[2]. » Le discours entier, que Platon met dans la bouche de Protagoras, est plein de vues profondes sur les caractères, ainsi que sur les bienfaits de l'éducation et de la société. Socrate, qui le rapporte, avoue « qu'il demeura longtemps dans une espèce de ravissement, et continuait à regarder Protagoras, croyant qu'il dirait encore quelque chose et plein du désir de l'entendre[3] ». Schleiermacher prétend que toute cette partie, en effet, n'est point de Platon, et croit le reconnaître à la forme du style et au langage. « Et non seulement,

[1] Voir X, *Socrate*.
[2] Le *Protagoras*, 320, 328.
[3] *Idem*, 328.

continue Platon, Protagoras est en état de faire de longs et de beaux discours, il ne l'est pas moins de répondre brièvement s'il est interrogé, et s'il interrompt, d'attendre et de recevoir la réponse, talent qui a été donné à si peu. »

Protagoras n'en fut pas moins un sophiste. A travers toutes ses questions, Socrate ne lui demande « qu'un petit éclaircissement : les vertus sont-elles différentes l'une de l'autre comme les parties du visage, par exemple, ou sont-elles comme les parties de l'or[1]? » Protagoras se trouble, hésite, se reprend, s'égare, ne peut répondre, et pour expliquer seulement comment il est possible d'enseigner la vertu aux hommes, il est forcé de recourir à l'invention « d'une fable[2] ». Ce n'est point pour avoir dit que l'homme était la mesure des choses qu'il est un sophiste; mais c'est pour n'avoir point découvert, après avoir émis sa proposition, une règle quelconque qui aurait pu servir, à lui et à ses disciples, de moyen pour appliquer cette mesure à l'existence et à la non-existence des choses. Son idée du mouvement absolu reste une confusion entre la portée de la notion abstraite et le mouvement qu'il observe réellement; comme Héraclite, il ne peut l'établir que par des images; sa matière fluide, raison de toutes les apparences, reste une hypothèse arbitraire, et quand Socrate lui demande de définir le rapport qui existe entre toutes les vertus, il ne sait que répondre. « Il prétend enseigner à la jeunesse l'intelligence des affaires domestiques, afin que l'on gouverne sa maison le mieux possible, et des affaires publiques, afin que l'on devienne capable de parler et d'agir pour les intérêts de l'État[3] »; et malgré

[1] Le *Protagoras*, 329.
[2] *Idem*, 320.
[3] *Idem*, 318.

son talent et son éloquence, il ne peut définir la science qu'il prétend enseigner; son principe même, fort inoffensif du reste, que l'homme est la mesure de toutes choses, lui devient contraire.

Si Protagoras n'a point découvert une règle de méthode, et nous verrons à quelles conditions cette règle sera découverte, il n'en fut pas moins un esprit supérieur, et partout où il trouva des données suffisantes, il fit faire des progrès à la science. Le premier, il distingua les genres grammaticaux des mots[1]; le premier encore, il institua l'argumentation régulière sur un sujet donné, détermina les parties du temps, l'importance de l'à-propos, inventa les tropes[2].

Aristote lui reproche de s'être vanté de pouvoir rendre bonnes les causes mauvaises[3]. C'est encore un des passages dont on profite pour accuser Protagoras d'avoir enseigné l'éristique. On ne vit point qu'Aristote distinguait les apparences du droit de l'essence du droit, distinction que le Stagyrite pouvait faire, après que Socrate et Platon lui en avaient frayé la voie, mais que Protagoras ne pouvait établir. Grote observe avec raison qu'il n'y a pas un avocat célèbre chez lequel on ne vante la même adresse.

Il fut ami de Périclès. « Comme il fut advenu, raconte Plutarque, qu'un jour de prix l'un des champions qui combatoyent à qui lanceroit mieulx le dard, eust par meschef atteint et tué Épitémius, Thessalien, Xanthippus alloit partout racomptant que Périclès avoit tout un jour esté à disputer

[1] Aristote, *Rhétorique*, III, v, 6.

[2] Cicéron, *Brutus*. Protagoras rerum illustrium disputator qui deinde communis loci appellati sunt. — Quintilien, *Institution oratoire*, III. — Diogène de Laerte, IX, 1.

[3] *Rhétorique*, II, 24.

avec Protagoras, le rhétoricien, à sçavoir qui devoit être jugé coulpable de ce meurtre, selon la vraye et droitturière raison, le dard, ou celuy qui l'avoit lancé, ou bien ceulx qui avoient dressé le jeu de prix [1].» Subtilités qui ont lieu de nous surprendre autant de la part de Périclès que de Protagoras; Plutarque les rapporte comme une médisance de Xanthippus. Le fait cependant a pu se passer; ce genre de conversation était devenu de mode chez les Grecs plus raffinés, comme dit Tiedemann[2]; et Platon lui-même nous l'explique par ces paroles qu'il fait dire à Protagoras : « C'est se conduire injustement que de ne mettre nulle différence entre la dispute et la discussion, et de ne pas réserver pour la dispute les badinages et la tromperie, et dans la discussion, de ne pas traiter les matières sérieusement, redressant celui avec qui l'on converse, et lui faisant uniquement apercevoir les fautes qu'il aurait reconnues de lui-même et à la suite d'entretiens antérieurs [3].» La célèbre réponse de Protagoras à Evaltus qui lui refusait le salaire de ses leçons parce qu'il n'avait pas encore gagné de procès, fut un de ces jeux d'esprit : Si je gagne le procès, lui répliqua-t-il, je serai payé, et si tu le gagnes, je le serai encore.

Il publia de nombreux ouvrages : *De la nature ou de l'existence; De l'art de la discussion; Des mauvaises actions des hommes; De la palestre* [4]. L'un de ces traités commençait par ces mots : « Quant aux dieux, je ne puis dire s'ils existent ou non, bien des raisons m'en empêchent, entre autres l'ob-

[1] PLUTARQUE, *Vie de Périclès*, traduction Amyot, vol. II, c. LXX.

[2] V, p. 27.

[3] Le *Théétète*, 167.

[4] PLATON, *le Sophiste*. Cf. S. A. BYCK, *Versocrat. Ph.*, 2. *Th.* 177.

scurité de la question et la brièveté de la vie [1]. » Ses raisons véritables furent les mêmes que celles de Mélissus : l'absence d'un principe de méthode qui lui aurait permis d'aborder la question, et l'impossibilité de percevoir un rapport entre sa notion du mouvement et les croyances religieuses. « Ordre fut donné, ajoute Diogène de Laërte, par un héraut à quiconque possédait ses ouvrages de les livrer, et on les brûla sur la place publique. Il fut exilé, et mourut en route pour Abdère, sa patrie, à l'âge de quatre-vingts ans suivant les uns, à soixante ans d'après Apollodore, dont il en avait consacré quarante à la philosophie [2]. »

Protagoras a été un des sophistes le plus calomniés par ses rivaux modernes. Simple portefaix, il avait atteint au degré le plus élevé où la pensée pût parvenir à son époque. Il était plus âgé que Socrate ; s'il avait été son disciple, il serait devenu le rival de Platon. Il contribua au progrès de la philosophie par la vigueur avec laquelle il développa la doctrine d'Héraclite, éleva le premier la grammaire et la rhétorique à la hauteur d'une science, mais en morale il resta dans l'obscurité et dans le vague.

Tant que les premiers sophistes trouvèrent dans leur propre éducation et dans les traditions nationales un fonds d'idées morales et de maximes politiques incontestées, et comme instinctives, et dont ils se contentèrent d'être les éloquents interprètes, leur enseignement mérita le succès qu'il obtint ; mais lorque ces traditions morales commencèrent à se corrompre, les beaux discours des sophistes, sans principes et sans méthode, se changèrent en vaines décla-

[1] DIOGÈNE DE LAERTE, IX, 8. — CICÉRON, *De natura deorum*, I, 23.
[2] L. c.

mations, qui ne firent que hâter la désorganisation générale. La fermeté des doctrines chez les hommes éminents est non moins nécessaire au progrès que les fortes traditions chez le peuple.

V

GORGIAS

Le plus brillant et le plus célèbre des sophistes de la Grèce fut Gorgias. Il fit abandonner aux Thessaliens les plaisirs de la chasse et des courses pour l'amour des lettres et des sciences[1]; il vint à Athènes comme ambassadeur implorer pour Léontium, sa patrie, des secours qu'il obtint par son éloquence entrainante. Il fut longtemps un modèle pour les orateurs et pour les poëtes. Isocrate, Antiphon, Thucydide et Critias se formèrent à son école[2]. Les Athéniens disaient que les jours où il parlait étaient des jours de fête, et comparaient ses discours à des flambeaux lumineux. Aux jeux d'Olympie et de Delphes, il rappela les Grecs à l'union et à la concorde, et fit deux de ses plus belles harangues[3]. Cicéron et Quintilien le citent comme un improvisateur remarquable[4]. Le premier il se servit des antithèses pour relever l'éclat de sa pensée, et il se distinguait non moins par ses réponses courtes et concises que par ses beaux discours[5]. Aristote

[1] PLATON, le *Ménon*, 70.
[2] DIONIS, ep. II, 2. — PHILOSTRATE, *Vie des Sophistes*, f. 492.
[3] PHILOSTRATE, *Vie des Sophistes*, f. 493.
[4] CICÉRON, *De oratore* III, II. — QUINTILIEN, II, 21.
[5] PLATON, le *Gorgias*, 40. — Ottfr. MULLER, *Gesch. de gr. litt.*, II 335.

nous assure qu'il triomphait de la raison de ses adversaires par l'ironie, et de leur ironie par la raison[1]; Platon le compare à Nestor, et la Grèce lui érigea à Delphes une statue, non pas dorée, mais d'or massif, suivant Cicéron[2]. Il mourut à l'âge de cent huit ans, dans la quatre-vingt-dix-huitième olympiade, selon Foss; les deux médiocres discours qui lui sont attribués, la *Défense de Palamède* et l'*Éloge d'Hélène,* ne sont pas de lui[3]. Enfin, l'espèce de fascination qu'il exerça sur ses contemporains s'étendit jusqu'à nos jours : il aveugla ceux qui ne voient dans les sophistes que des hommes de mauvaise foi, jusqu'au point de faire de Platon lui-même un sophiste.

« Les sophistes, dit le Père Gratry, sont ceux qui n'admettent pas, soit en spéculation, soit en pratique, l'axiome fondamental et nécessaire de la raison, savoir : qu'on ne peut affirmer et nier la même chose, en même temps, dans le même sens et sous le même rapport[4]. » Et pour préparer sa définition, il cite Platon, qui dit « que le sophiste est celui qui pose la contradiction par système, et qui affirme absolument que, dans le même sens et sous le même rapport, l'autre est le même, et le même l'autre[5] ».

Le Père Gratry fut certainement de bonne foi quand il donna cette définition, et il crut ne pouvoir mieux faire que de l'appuyer de l'autorité de l'adversaire immortel des sophistes grecs. Il n'y a pas d'exemple plus éclatant de la puissance du sophisme. Il aveugle les plus belles intelligences,

1 *Rhétorique,* III, 18.
2 *De oratore,* III, 22.
3 Foss, *De Georgia Leontino commentat.* Hal., 1828.
4 *Les Sophistes et la critique,* III, 42.
5 *Id.,* 14.

les esprits les plus sincères. Comment Platon aurait-il pu écrire ses merveilleux dialogues où, à chaque instant, sa logique lucide transforme les questions les plus insignifiantes en véritables drames, et nous fait partager les troubles des contradicteurs de Socrate par la seule émotion qu'entraîne chez l'homme l'impossibilité d'affirmer et de nier la même chose d'une autre, dans le même sens et sous le même rapport? Comment aurait-il pu, si les deux définitions, citées plus haut, étaient identiques, nous laisser cette admirable page : « La vérité consiste à interroger un homme sur les matières qu'il croit bien discuter; en les rapprochant on les compare, et en les comparant on montre qu'elles sont contradictoires avec elles-mêmes, dans le même temps, sur les mêmes choses considérées sous le même rapport et dans le même point de vue. Après cet examen, il devient mécontent de lui-même, indulgent envers autrui, et, grâce à cette méthode, il se dépouille de cette opinion haute et superbe qu'il avait de lui-même.... elle purifie son âme et la porte à croire qu'elle ne sait que ce qu'elle sait, et pas davantage[1]. » La définition du Père Gratry est un véritable sophisme. Il affirme dans la même phrase que l'axiome qu'on ne peut affirmer et nier à la fois une même chose d'une autre est l'axiome fondamental, nécessaire de la pensée, et que cet axiome cependant n'est ni fondamental ni nécessaire, puisque les sophistes ne s'y soumettent pas. Quant à la définition de Platon, elle est une transcription littérale de la doctrine même de Gorgias.

Le vieux maître appartenait, avec Zénon et Mélissus, à l'école d'Élée. Il défendit l'être plein, immuable, toujours le

[1] *Le Sophiste*, 230.

même de Parménide, et poursuivit la doctrine jusque dans ses dernières conséquences avec infiniment plus de rigueur que les deux autres disciples. Il conclut hardiment que cet être seul était, que tout le reste, la nature entière, ses changements, ses phénomènes, la pensée de l'homme lui-même était du non-être, et écrivit un ouvrage qui eut pour titre : *De la nature ou du non-être*[1]. Les explications des apparences de Parménide et de Zénon disparaissent, la matière même, principe du toujours autre, de Mélissus, s'évanouit; la nature entière devient simplement le non-être dont il n'est pas possible d'assurer ni de dire quoi que ce soit de certain. Gorgias ne conteste pas l'existence de la nature, ni celle de sa pensée : le non-être reste pour lui, comme pour Parménide, tout ce qui n'est pas l'être immuable, le toujours autre insaisissable et incompréhensible du monde des sens, et il affirme n'en pouvoir rien savoir. Il va plus loin, et, plus logique que les autres disciples de Parménide, il observe que sa pensée elle-même appartient à ce monde toujours autre, et qu'elle ne peut, par suite, rien savoir de l'être immuable. « Car, disait-il, si l'être existe, nous ne pouvons le concevoir, parce que la pensée n'est pas la chose qui est, sans cela toute chose pensée serait; mais si toute chose pensée n'est pas, alors évidemment nous ne pouvons connaître l'être. Et quand même nous connaîtrions l'être d'une chose, nous ne saurions en rendre compte, parce que la même chose dont nous rendrions compte ne saurait être identique et unique chez divers[2]. » Ainsi, loin de contester le principe d'identité que rien ne peut être et n'être pas à

[1] ARISTOTE, *De Zenone, Xenophane et Gorgia*, V.

[2] *Idem.*

la fois, c'est au nom de ce principe même que le fameux sophiste établit sa doctrine et qu'il affirme que nous ne pouvons rien savoir de l'être toujours le même parce que la pensée est autre que cet être. Platon ne dit pas autre chose. Mais tandis que le sophiste, croyant à la justesse du principe de Parménide, le poursuit et s'arrête à sa dernière conséquence, Platon va plus loin, et il voit la raison de son illusion. Il remarque que le sophiste ne distingue pas la valeur différentielle de ses idées, et qu'il prend le mot être de façons fort différentes.

Nous ne pouvons nous empêcher de résumer quelques passages de l'admirable dialogue du *Sophiste,* si incompréhensible au premier abord, et qui nous apparait comme un des chefs-d'œuvre de Platon, dès que nous nous donnons la peine de l'interpréter, non pas avec nos petites abstractions, mais avec la grande pensée de la Grèce qui commence avec Parménide et Héraclite pour aboutir à Aristote. « Il existe deux écoles, dit Platon, dont l'une prétend que l'être immuable, toujours le même, seul est, et que le mouvement n'est pas; tandis que l'autre soutient que le mouvement, toujours autre et différent de lui-même, seul est, et que l'être immuable, toujours le même, n'existe pas. — Tous se trompent également, les premiers reconnaissent jusque dans leur langage comme dans la différence des objets que le mouvement, le toujours autre existe ; et les seconds admettent que malgré le mouvement, qui est toujours différent de lui-même, ils en ont cependant une connaissance toujours la même. — Nous qui voulons parler conformément au langage et à la raison, nous dirons que l'être immuable, toujours le même, existe, mais qu'il est différent du mouvement, — et nous ajouterons que le mouvement en transformant les choses en fait du non-être, et nous dirons dans un autre sens que l'être appartient à toutes les choses qui existent. — L'être est donc multiple, et le non-être appartient à des objets innombrables; et quand nous parlons du non-être, nous désignons par là quelque chose qui est différent de l'être, mais qui ne lui est pas contradictoire. — Quand je dis de Théétète qu'il est assis, je dis une vérité; mais quand je dis qu'il fuit, je parle de ce qui est comme s'il n'était pas. — C'est là l'erreur, l'illusion, le mirage du sophiste; ignorant la valeur véritable des idées de l'être et du mouvement, il imite le langage du vrai philosophe, parle de l'être toujours le même, comme s'il était le toujours autre, le mouvement, et du toujours autre, du mouvement, comme s'il était toujours le même, confondant systématiquement le même et l'autre, l'être et le non-être [1]. » Cette définition du sophiste est tellement exacte qu'elle est vraie encore aujourd'hui comme elle le fut du temps de Platon. — Remplacez l'être et le même par l'abstrait et l'absolu, le mouvement et le toujours autre par le relatif et le concret, et vous aurez la clef de toutes les écoles de la sophistique moderne. La définition du Père Gratry en est un exemple saisissant. Grâce à un mirage, comme dirait Platon, provenant de la double portée des expressions, il prend dans une partie de sa phrase l'axiome, rien ne peut être et n'être pas à la fois, dans le sens absolu, et dans l'autre, dans le sens relatif, sans soupçonner la faute qu'il commet, sans voir qu'en invoquant l'autorité de Platon, il tombe sous le coup même de sa définition du sophiste, et prend le même pour l'autre en affirmant que l'axiome fondamental et nécessaire n'est ni fondamental ni nécessaire,

[1] *Le Sophiste*, 246 et suiv.

puisque les sophistes ne lui obéissent pas. L'erreur du Père Gratry est cependant excusable ; il voulut combattre Hegel et son école, et fut entraîné par plus fort que lui.

C'est au nom du principe d'identité que Gorgias affirmait qu'il ne pouvait rien savoir de l'être, parce que sa pensée n'était pas cet être, et rien non plus de la nature, qui n'était que du non-être. Platon lui démontre qu'en réalité il prend l'expression être en deux sens différents, tantôt en le rapportant à l'être immuable, tantôt en le rapportant à la nature, confond les deux sens sans s'en douter, et méconnait le principe d'identité même qu'il invoque. Le sophiste qui nous dévoile le mieux jusqu'à quel degré d'égarement inconscient ce genre d'illusion peut conduire la pensée est précisément Hegel. Il s'écrie, dans son *Histoire de la philosophie,* qu'il accepte dans sa logique toutes les propositions du sophiste grec, et ne voit pas que la doctrine de Gorgias ne ressemble pas plus à la sienne qu'un boulet de fer à une bulle de savon. L'être de Gorgias, c'est l'être plein, substantiel, immuable, partout égal à lui-même ; l'être de Hegel, c'est la notion abstraite pure, sans forme et sans attribut d'aucune sorte ; le non-être du premier est la nature entière, mais insaisissable et inintelligible dans ses phénomènes ; le non-être du second est la négation de cette nature, le néant : et tandis que le dernier identifie l'être et le non-être[1], l'autre déclare qu'il ne peut rien savoir de l'être, parce que le non-être ne lui est pas identique. Gorgias fut un homme de bon sens à côté de Hegel, et ses illusions furent infiniment plus excusables que celles du sophiste allemand. Il vécut avant Socrate et Platon, et la variété des phéno-

[1] HEGEL, *Samtl. Werk.* 2e édit. IV, p. 168, 171

mènes, le mouvement des choses étaient vraiment insaisissables à son époque. Hegel écrivit après Bacon, Descartes, Pascal, après toutes les grandes découvertes qui ont été faites dans les sciences. Aussi ne saurait-on comprendre les confusions d'idées et de mots dans lesquels il se perd. Il prétend que l'idée de l'être pur, abstrait, absolu, sans attribut, sans forme, n'est rien, et équivaut au néant; mais il ne voit pas que s'il prend l'expression de néant dans le même sens absolu que l'idée de l'être, cette idée elle-même disparaît, n'est pas et n'est rien, et que sa proposition devient absurde. S'il prend au contraire l'expression de non-être comme synonyme de la non-existence de toutes choses, alors sa proposition prend une apparence de justesse; mais en ce cas l'idée de néant reçoit un caractère concret et un sens tout différent de l'idée de l'être pur, et forme, selon la définition si rigoureuse de Platon, un sophisme en règle; on pourrait dire avec la même apparence de vérité : L'idée abstraite pure et absolue de ligne, de point, d'espace, de temps, de sphère, etc., équivaut à la non-existence de toutes choses, au néant. Pour raisonner juste, il faut en ce cas accorder la même portée et le même sens à l'idée de l'être qu'à celle du non-être, et rapporter l'idée de l'être à l'existence de toutes choses, comme celle du non-être à leur non-existence, ce qui nous conduit à cette proposition insensée : L'existence de toutes choses équivaut à la non-existence de toutes choses ! Toute la méthode et la métaphysique de Hegel sont là. C'est toujours le même sophisme, la même confusion qui revient. L'idée abstraite est opposée à une autre idée abstraite, mais prise dans le sens concret, pour être confondues ensemble et reprises dans une nouvelle idée abstraite, avec laquelle recommence le même jeu. C'est le spectacle le plus bizarre que de poursuivre à travers toute sa doctrine cette représentation d'ombres chinoises, dans laquelle le corps solide qui se trouve derrière la toile nous fait apparaître comme vivante et mouvante l'ombre qui se trouve devant. Et cependant Hegel, comme Gorgias, fut un penseur éminent; il eut souvent, quand ses confusions ne l'égarèrent point et quand il raisonnait sur des données de même ordre, des vues pleines de justesse et de profondeur; il eut, comme le sophiste grec, des disciples nombreux, un succès immense, et, coïncidence bizarre, comme celui-ci réforma les Thessaliens, Hegel eut un moment la direction intellectuelle des Prussiens entre les mains. Nous lui préférons néanmoins Gorgias; son erreur fut moins grande, son illusion plus pardonnable. Au lieu de confondre des notions simples et faciles à distinguer dans leur vraie portée, Gorgias crut à l'existence de l'être immuable ainsi qu'à celle des phénomènes, et conclut qu'il n'en pouvait avoir aucune science à cause du caractère immuable de l'être; tandis que son concurrent moderne, à la suite d'une confusion semblable, prétendit révéler, par la synthèse de contradictoires chimériques, le devenir du monde; l'un fut un Grec, l'autre un Allemand.

C'est le sort de toutes les écoles de sophistique; partant de la foi en quelques principes incomplets, elles finissent fatalement par se détruire elles-mêmes dans les contradictions auxquelles elles aboutissent. Ainsi Protagoras, procédant du mouvement d'Héraclite, conclut que l'homme est la mesure de toutes choses, de celles qui existent comme de celles qui n'existent pas, et brisa la foi dans le principe général qui lui servit de point de départ. De la même manière Gorgias finit par reconnaître que, tout en admettant l'être immuable de Parménide, il n'en peut rien savoir, puisque sa pensée n'est pas cet être. Mais Gorgias ne s'arrête point là et dépasse en puissance de déduction son rival de l'école d'Ionie. Ni l'être ne lui explique l'idée qu'il en a, ni la matière, les changements des phénomènes, ni une fable, les maximes de la morale. Il déclare formellement qu'il n'est pas un sophiste, un maître de sagesse, qu'il ne prétend pas enseigner la vertu, mais simplement l'art oratoire et l'éloquence, dans lesquels il excellait; la vertu, pour lui, c'est de dominer les autres [1]. Il admet bien que l'étude de la rhétorique doit développer le sentiment du bien, et qu'il faut condamner son mauvais usage. Le vieux maître est encore, comme Protagoras, le représentant d'une époque à mœurs sévères. Mais sans méthode, sans règles autres que la foi dans le principe de Parménide [2], la science qu'il possède de son art est aussi illusoire que celle que Protagoras possède de la vertu. Platon nous le fait parfaitement sentir dans le dialogue qui porte le nom de *Gorgias*, et nous montre les conséquences désastreuses qui en dérivèrent pour ses admirateurs et ses disciples. Polus [3] ne voit déjà plus dans la rhétorique que l'art de jouer avec les phrases et les mots, quel que soit le sujet, bon ou mauvais ; il admet cependant encore qu'il est plus juste de souffrir le mal que de le faire. Mais Calliclès [4], plus jeune, n'admire plus la rhétorique que

[1] Le *Ménon*, 73.

[2] On a fait de Gorgias un sceptique de la même façon que de Protagoras. Otez la foi dans le principe de Parménide, et toutes les affirmations de Gorgias perdent leur point d'appui. Il affirmait dogmatiquement que la nature était du non-être, et qu'il ne pouvait rien savoir de l'être précisément parce qu'il croyait l'être tel que Parménide l'avait défini.

[3] Voir IX, POLUS.

[4] Voir IX, CALLICLÈS.

comme le moyen de dominer ses concitoyens, et de faire dans l'État ce que bon lui semble. Ce fut l'histoire de la tribune d'Athènes depuis Thémistocle jusqu'à Platon.

Lorsque Gorgias lut le dialogue de Platon, il s'écria : Ce jeune homme sait plaisanter délicieusement à la façon d'Archiloque[1]. Il ne saisit pas plus la pensée de Platon qu'il ne comprit les changements qui s'opéraient dans les mœurs et les caractères de son temps. Le rêveur ne fut point le grand disciple de Socrate.

[1] Athénée, XI, 500.

VI

HIPPIAS

C'est par les renseignements que Platon nous donne sur Hippias que nous apprenons le mieux à connaître les différentes formes de l'enseignement des sophistes, ainsi que la grande importance que cet enseignement acquit en Grèce.

Hippias vient à Athènes comme ambassadeur ; il avait visité dans ses missions une grande partie des villes hélléniques [1]. Gorgias y avait été envoyé par Léontium; il venait de Larisse en Thessalie. Prodicus visita sucessivement Thèbes, Lacédémone, Athènes, chargé de défendre dans les grandes cités les intérêts de Ceos, sa patrie [2]. Partout les grands sophistes profitèrent de leur séjour soit pour faire des discours d'apparat sur les sujets qui intéressaient le public, soit pour ouvrir de véritables cours d'enseignement pour la jeunesse. Mais sans mission, les sophistes allaient encore de cité en cité, précédés par leur réputation, ouvraient des cours, et un public nombreux accourait autour d'eux. Hippias vint jeune encore en Sicile, où Protagoras enseignait en ce moment

[1] Platon, *le Grand Hippias*, 281.

[2] Voir Prodicus, VIII.

avec grand succès, et il se rendit même dans de petites bourgades comme Inycum [1]. Tous furent de vrais conférenciers qui allaient de ville en ville comme nos conférenciers de Paris se rendent à Genève, Rouen, Bruxelles, Liége, pour y répandre leurs science sous la forme la plus attrayante et la plus facile. Les sujets qu'ils choisissaient étaient ordinairement pris dans l'histoire politique de la Grèce, dans ses légendes héroïques, dans la comparaison et la critique d'auteurs célèbres ; souvent encore quelque grande maxime de morale leur servait de thème. Hippias parle à Lacédémone sur l'origine des cités ; à Athènes, il fait un parallèle entre Achille et Ulysse, expose les conseils de Nestor à Néoptolème [2]. Gorgias encourage à Olympie les Grecs à l'union, Prodicus répète à satiété son bel apologue d'*Hercule* [3], et la fable d'*Épiméthée*, de Protagoras, ainsi que sa critique des vers de Simonide [4], n'ont été sans aucun doute que des sujets de conférences devenus célèbres. « Vous n'êtes pas assemblés ici, dit Cléon aux Athéniens, pour le plaisir d'entendre de beaux discours comme des auditeurs de sophistes [5]. »

A côté de cet enseignement, public en quelque sorte, les sophistes en avaient un autre plutôt privé, qu'ils donnaient à leurs élèves et à leurs disciples. Platon nous en fait un tableau vivant dans le dialogue du *Protagoras*, où il nous montre le vénérable maître entouré de ses admirateurs et de ses disciples qui le suivaient de ville en ville ; plus loin, Hippias enseignant l'arithmétique à ses élèves ; dans une salle,

[1] PLATON, *le Grand Hippias*, 282.
[2] *Idem*, 285 ; *le Petit Hippias*, 38*h*.
[3] XÉNOPHON, *Apologue d'Hercule*.
[4] PLATON, le *Protagoras*, 26.
[5] THUCYDIDE, III, 38.

Prodicus, couché et enveloppé de tapis et de fourrures, expliquant aux siens la grammaire et les finesses de la langue. Ajoutons à cette action que les sophistes exerçaient sur les esprits, action si générale dans leur enseignement public et si profonde dans leur enseignement privé, que la plupart d'entre eux furent des hommes politiques, comme Zénon, Mélissus, Antiphon [1], ou des ministres de cités étrangères, comme Gorgias, Hippias, Prodicus; qu'ils parlaient devant les assemblées, défendaient leurs clients devant les tribunaux, composaient des plaidoyers[2], et souvent, comme Gorgias et Hippias, remportaient les prix d'éloquence à Delphes ou à Olympie [3]; alors seulement nous pouvons nous faire une idée exacte de l'ascendant énorme qu'ils ont dû acquérir de leur temps. « Tous les jours, dit Platon, les opinions de Protagoras s'étendent du côté de l'Ionie[4] »; en Thessalie, toutes les villes grandes et petites gorgiarisaient.

Les sophistes gagnèrent à ce métier des sommes considérables : Protagoras demande jusqu'à cent mines de ses leçons[5]; Prodicus exige pour les siennes de deux à cinquante drachmes, selon leur importance[6]; Pythodore et Callias payent chacun cent mines à Zénon[7]; le jeune Hippocrate déclare à Socrate qu'il est prêt à se ruiner pour apprendre la science de Protagoras[8]; Hippias, jeune encore, rapporte de Sicile, où il avait été enseigner de concurrence avec Protagoras,

[1] Voir IX, Antiphon.
[2] Voir VII, Euthydème et Dyonisodore.
[3] Platon, *le Petit Hippias*, 381.
[4] Le *Protagoras*. Philostrate, *Vie des sophistes*.
[5] Diogène de Laerte, IX, 1.
[6] Voir VIII, Prodicus.
[7] Platon, *le Premier Alcibiade*, 119.
[8] Le *Protagoras*, 310.

cent cinquante mines à son père, vingt mines de la petite bourgade d'Inycum, et se vante d'avoir acquis une fortune plus grande que deux des plus célèbres sophistes ensemble[1]. La soif du gain emportait les maîtres, la fièvre de la science, les disciples; ceux-ci accouraient de toutes les parties du monde hellénique, et les maîtres envoyaient en outre, comme Prodicus, des courtiers de ville en ville pour recueillir un plus grand nombre d'élèves. Les colères de Platon ne s'expliquent que trop bien ; le sophiste, dit-il, est un chasseur qui, par l'appât d'une fausse science, attire les jeunes gens afin de leur extorquer de l'argent[2]; et cependant ses paroles amères, ses reproches intarissables ont lieu de nous surprendre. Les sophistes prenaient leur science très au sérieux, la masse des Grecs l'admirait, les prix étaient librement débattus, et qu'y eut-il de plus naturel que le maître fût payé pour les peines qu'il se donnait? Les plaintes de Platon paraissent excessives; elles ne furent malheureusement que trop justifiées.

A mesure que la richesse et le bien-être augmentèrent, le besoin d'instruction devint plus général; la vie intellectuelle s'accrut, et les grandes doctrines de l'époque antérieure, de Parménide, d'Héraclite, d'Anaximène, d'Anaximandre, d'Empédocle, de Leucippe, se répandirent davantage. Les maîtres de lecture et d'écriture s'en pénétrèrent; ils avaient été payés, ils continuèrent à l'être, et quand les sciences de la grammaire, de la rhétorique, de l'éloquence surgirent, l'enseignement de la philosophie s'y trouva naturellement mêlé. Protagoras ne fut pas le premier philosophe qui

[1] PLATON, *le Grand Hippias*, 282.

[2] *Le Sophiste*, 224.

se fit payer ses leçons, mais il fut le premier maître payé qui enseigna la philosophie. Il fut surtout rhétoricien et grammairien; Gorgias enseigna plutôt l'éloquence que la philosophie; Hippias excelle dans la science des nombres, et nous verrons que Prodicus fut avant tout un grammairien.

La philosophie était tombée du domaine des hommes indépendants dans le domaine des maîtres payés, l'instruction publique s'était élevée en se répandant. Platon vit tous les dangers de cette transformation; nous l'aurions accueillie du grand nom de progrès. La Grèce suivit à cette époque la même pente vers laquelle nous sommes entraînés. Chez nous aussi la philosophie s'est vulgarisée. Chaque professeur de grammaire, de poésie, de rhétorique a sa doctrine dont il pénètre sous toutes les formes, par les compositions, les dictées, les devoirs, ses élèves; quant aux cours de philosophie, ils sont devenus dans nos lycées de véritables cours de Facultés. Le choix d'un établissement d'instruction secondaire équivaut au choix d'une doctrine philosophique et politique pour nos enfants; ils en sortent l'esprit tout formé; il ne leur reste plus de principes à apprendre, de notions générales à acquérir. Les cours de la Sorbonne, du Collége de France, des écoles des hautes études et des sciences politiques demeurent sans étudiants, et le jour où nos jeunes gens, devenus hommes politiques ou hommes d'État, devront diriger les destinées du pays, ils le feront avec leurs petits principes et leurs petites idées de seize ans. Platon, en se révoltant contre l'enseignement de la philosophie pour de l'argent, ne demanda pas autre chose sinon que le grammairien enseignât la grammaire, le rhétoricien la rhétorique, mais qu'on laissât la philosophie aux vrais philosophes, qui doivent l'enseigner librement devant des hommes capables de les juger et de les comprendre. Platon ne fut point écouté. Les ambitions étaient trop surexcitées, la soif de parvenir trop grande. Il fallait apprendre à parler le plus tôt possible devant le peuple ; nous disons : Il faut arriver à passer les examens spéciaux ou devenir avocat ; et les Grecs firent de leurs enfants des sophistes, comme nous faisons des bacheliers des nôtres. Pour avoir des chevaux de course on perdit les chevaux de fond, et quand il fallut résister aux armées de la Macédoine ou de la Prusse, on ne trouva plus ni spontanéité ni force dans la race intellectuellement et moralement usée.

Bien des esprits graves voient les vices de notre éducation, comme Platon les vit à son époque ; leurs observations auront-elles plus de succès que les siennes?

Un autre reproche que Platon adresse non moins souvent aux sophistes est la multiplicité de leur enseignement. Philosophie, politique, éloquence, astronomie, grammaire, composition musicale, esthétique, morale, poésie, jurisprudence, mathématiques, Hippias enseigna tout cela ; Gorgias se vante d'improviser sur n'importe quel sujet donné ; Protagoras écrit même un livre sur l'art des gymnastes. Nous trouvons aujourd'hui ces prétentions insensées. Nous ne songeons pas aux succès de toutes sortes et bien réels que recueillirent les sophistes, ni à la simplicité de la science grecque de cette époque, qui n'en était qu'à ses premiers éléments. Nous ne voyons pas surtout combien de grands esprits, devant lesquels nous nous inclinons souvent avec raison, ont été successivement avocats, professeurs au Collége de France et à la Sorbonne, députés, ministres, ambassadeurs, et ont écrit sur l'économie politique, l'histoire, la philosophie, la morale, l'administration, la littérature, les arts, la politique. C'est encore un phénomène propre aux époques de sophistique. A mesure que la science se répand, elle devient aussi plus facile et plus simple; elle ne se répand qu'à ces conditions; il suffit alors d'une certaine faculté d'assimilation et de quelque faconde pour pouvoir parler de tout et sur tout, selon les passions du jour et les idées courantes; mais sans entrer au fond de rien, sans principes ni direction solide. La pompe du langage ou l'aisance du style voilent les vices de la science et les infirmités de l'esprit.

Hippias avait certainement plus de valeur que beaucoup de sophistes contemporains. Il fut en quelque sorte l'ambassadeur en permanence d'Élis, sa ville natale ; ses concitoyens le choisissaient comme le plus apte à représenter leurs intérêts et comme le plus capable de bien les renseigner. Il se voua fort jeune à l'enseignement, et obtint de grands succès à côté de sophistes déjà illustres comme Protagoras. Il ne parla jamais à Olympie sans y remporter le prix, et à Lacédémone même, où l'on ne permettait pas aux sophistes d'instruire la jeunesse, on l'écoutait avec plaisir [1].

Très-versé dans l'arithmétique et la géométrie, il avait une grande connaissance du ciel et des phénomènes célestes, s'occupait de poésie, et mieux que personne expliquait la prosodie, l'harmonie musicale et l'art de bien écrire ; le premier enfin il parait avoir inventé un système de mnémotechnie. C'est Platon qui nous donne tous ces renseignements sur Hippias; mais il nous le montre aussi doué d'une vanité extraordinaire. Il se vantait d'être non moins adroit dans tous les métiers que dans les sciences. Aux jeux d'Olympie, tous les

[1] PLATON, *le Grand Hippias*, 281.

objets qu'il portait sur lui avaient été faits de ses mains. Cette vanité, aussi bien que la variété de ses connaissances et même ses succès aux grandes fêtes de la Grèce, ont été exploités contre lui pour nous le dépeindre comme un homme sans la moindre consistance. Il pouvait apparaître tel à un Socrate et à un Platon ; ils estimaient les hommes de leur temps à la taille de leur génie ; mais il est ridicule à nous de vouloir leur appliquer la même mesure.

Les grands sophistes furent des hommes remarquables sous tous les rapports, et les premiers ils furent les victimes de leurs doctrines incomplètes. Nous venons de voir avec quelle vigueur d'esprit et quelle logique Protagoras et Gorgias portèrent les doctrines de Parménide et d'Héraclite jusqu'à leurs dernières conséquences ; mais ils restèrent par cela même incapables de découvrir le moindre principe sérieux de méthode dans les sciences qu'ils enseignaient le mieux et avec le plus grand succès. Chez Hippias, plus jeune, ces effets inévitables de la sophistique s'accusent de plus en plus. Déjà il ne s'attache plus à l'une ou l'autre des grandes doctrines, et se contente d'une espèce d'éclectisme, qu'il relève par un langage pompeux à la façon d'Empédocle[1]. Tantôt il se sert d'expressions qui rappellent l'école d'Élée, comme quand il dit que le même s'unit au même[1] ; tantôt nous le voyons, comme l'illustre représentant de l'école d'Ionie, instruire ses auditeurs dans la sagesse en leur montrant combien Achille, dans son impétuosité loyale, est supérieur au rusé Ulysse, ou en leur exposant les conseils de Nestor au jeune Néoptolème[2]. Il est à regretter que

[1] PLATON, le *Protagoras*, 352.
[2] *Idem*, 337.

nous ne possédions point de renseignements sur ses connaissances en mathématiques, en astronomie et en musique surtout; mais si grand qu'ait pu être son savoir, ce sera un jeu pour Socrate de lui en dévoiler le caractère superficiel et vain. Il le prie de lui dire seulement ce qui fait que les choses que nous appelons belles le sont. — Hippias ne sait que répondre, demande à réfléchir, à se préparer, et finalement il attribue la beauté à une jeune fille vraiment belle. — Mais nous appelons un pot bien réussi beau? lui réplique Socrate. — Il paraît laid, reprend Hippias, à côté de la femme vraiment belle. — Mais absolument de la même manière, continue Socrate, la femme la plus belle du monde nous paraît laide quand nous songeons à la beauté des dieux. — Hippias est forcé de prendre l'expression de beau dans un sens plus général, et il appelle l'or, par exemple, une chose vraiment belle, parce qu'il relève tout ce qu'il touche. — Mais si Phidias, observe encore Socrate, avait fait les yeux de la Minerve en or, ils auraient paru fort laids; il prit une pierre, et cette pierre, appropriée à sa fin, parut belle. — Alors une belle vie et une belle mort au milieu des siens apparaissent à Hippias comme la chose la plus belle. — Socrate lui oppose les morts violentes d'Achille et d'Hercule. — Enfin, de quelque côté qu'il se retourne, Hippias ne trouve pas le beau; ce n'est point le profitable, ni le puissant, ni l'utile, ni même le bien; car si le bien peut être la cause du beau, il en est différent comme la cause de son effet. — La bonne foi que met Hippias dans ses recherches et la sincérité de ses réponses, dans le dialogue de Platon, ont dû lui être propres, malgré sa vanité. Dans un second dialogue, Socrate arrive trop tard pour assister à la conférence d'Hippias sur la vertu d'Achille et les ruses d'Ulysse, et cherche à lui démontrer que le menteur volontaire est meilleur que le menteur involontaire [1]. Hippias n'y veut point consentir, mais il n'en est pas moins incapable de dire ce que c'est que le bien.

En relisant les deux charmants dialogues du *Grand* et du *Petit Hippias*, œuvre de la jeunesse de Platon, qui rapporte sans aucun doute des conversations qui eurent lieu entre son maître et le sophiste, nous avons songé involontairement à un philosophe de nos temps qui lui aussi s'est occupé du vrai, du beau et du bien, fut éclectique comme Hippias, d'une grande éloquence, célèbre comme lui, et dont le buste fut placé à la Sorbonne, si Hippias fut couronné à Olympie. Entre Hippias et Victor Cousin, se trouvent Platon et Aristote, l'idéal chrétien et les grands penseurs du dix-septième siècle, et cependant il est infiniment plus confus que le sophiste grec dans ses définitions. « A nos yeux, la lumière de l'histoire de la philosophie est l'éclectisme, mais notre vraie doctrine, notre vrai drapeau est le spiritualisme [2]. » Qu'aurait dit Socrate d'une proposition pareille? Il semble que si le spiritualisme est la vraie doctrine, il doit être aussi la vraie lumière dans l'histoire de la philosophie comme dans tout le reste, et que l'éclectisme est une erreur, mais s'il est une erreur, comment peut-il être une lumière de vérité? Voilà pour le vrai. Voyons le beau. « Il y a trois ordres de beautés, la beauté physique, la beauté intellectuelle et la beauté morale..., et il y a deux grandes formes du beau répandues dans chacun de ces trois ordres, à savoir le beau et le sublime..., et le type, la source de ces deux grandes

[1] Voir X, *Socrate*. — Xénophon rapporte la même opinion de Socrate sur les menteurs volontaire et involontaire.

[2] *Du Vrai, du Beau et du Bien*, introduction, VIII.

formes de la beauté, c'est Dieu lui-même, l'être infini, parce qu'il nous est à la fois une énigme impénétrable et le mot le plus clair encore que nous puissions trouver à toutes les énigmes [1]. » La phrase est fort belle, mais il est certain que Socrate la trouverait absolument inintelligible : trois ordres, deux formes, un type, Dieu énigme et vérité, vérité et énigme [2] ! Quant à la définition du bien, l'Hippias moderne l'emprunte à un autre. « A quel signe reconnaîtrez-vous qu'une action est bonne? A ce signe que le motif de cette action, étant généralisé, nous paraisse une maxime de législation universelle que la raison impose à tous les êtres intelligents et libres... Telle est la mesure ingénieuse que Kant a appliquée à la moralité des actions. » La faim et la soif sont un motif d'action qui, étant généralisé, paraît une maxime de législation universelle que la raison impose à tous les êtres intelligents et libres; sont-ils une action morale? Et dire que cette misérable définition, qui n'en est pas une, Cousin ait encore dû l'emprunter à Kant, lequel démontre quela raison à laquelle Cousin fait appel ne démontre rien [3] !

[1] *Du Vrai, du Beau et du Bien*, p. 181, 182.

[2] Cousin cite, à propos de sa définition du beau, la définition de Platon. La définition de Platon ne se rapporte pas à Dieu, mais à l'être immuable de Parménide, à l'essence toujours la même des choses; définition qui, sous cette forme, possède un sens autrement vivant et vrai. Pour Platon, l'idée du bien est infiniment supérieure à l'idée du beau, et le bien est différent du beau, comme la cause de l'effet. Il vient de vous le dire dans le dialogue d'Hippias. Voir p. 87, *Du Vrai, du Beau et du Bien*, p. 395.

[3] Voir *Critique de la raison pure*. — La règle de Kant dérive de ce qu'il appelle la raison pratique; elle n'a point d'autre portée que l'utilité de Bentham.

VII

EUTHYDÈME ET DIONYSODORE

Originaires de Chios, Euthydème et Dionysodore furent frères. Ils s'étaient faits citoyens de Thurium où Dionysodore devint même général. Bannis de cette ville, à la suite de troubles politiques, ils se réfugièrent en Grèce et se fixèrent définitivement à Athènes pour y enseigner l'art militaire et l'éloquence[1]. « Ils enseignent, nous dit Platon, à plaider et à composer des plaidoyers. » A Athènes, ils firent la connaissance des grands sophistes, s'initièrent à leurs doctrines; mais trop tard pour pouvoir le faire avec la foi de jeunes gens, ils s'attachèrent surtout à leur manière de raisonner, et, avec un esprit qui a dû être remarquable chez Euthydème, ils virent tout le parti qu'ils pouvaient en tirer. « Jusqu'ici, continue Platon, leur talent se bornait à ce que je viens de dire; mais maintenant ils sont arrivés à la dernière perfection, et les voilà parvenus dans un nouveau genre de combat à une adresse telle, que nul ne saurait leur résister; ils sont devenus des raisonneurs incomparables, et quoi qu'on dise, vrai ou faux, ils réfutent tout également[2]. »

[1] XÉNOPHON, *Dits mémorables*, III, 1. — PLATON, l'*Euthydème*, 271.
[2] L'*Euthydème*, 272.

Euthydème fut, suivant Aristote, le fondateur de l'éristique [1]. Aucun des grands sophistes n'avait encore soutenu le pour et le contre; tous suivirent leurs doctrines jusqu'aux limites extrêmes, mais n'en dévièrent point. Chez Zénon et Mélissus, la confusion des idées abstraites et des idées concrètes s'était transformée en de véritables systèmes; l'espace abstrait et l'étendue réelle, l'être idéal et l'être véritable, le changement des choses, le non-être, le vide et la matière; toutes ces notions s'étaient mêlées et confondues. Chez Protagoras, le principe du mouvement absolu avait abouti à l'affirmation que l'homme était la mesure de toutes choses, de sorte que la même chose paraissait du même droit bonne à l'un, mauvaise à l'autre, grande à celui-ci, petite à celui-là. Chez Gorgias, enfin, le principe de l'être immuable avait conduit à l'identité de la pensée avec l'être pour en acquérir une science quelconque. D'un côté, on avait proclamé la nécessité d'une science absolue pour avoir la science; d'un autre, on s'était persuadé de la possibilité que les opinions les plus contradictoires étaient également vraies; il n'y avait plus d'autre progrès possible que les déclamations creuses d'Hippias ou l'éristique d'Euthydème : Quelqu'un qui se trouve en Sicile et qui voit en pensée le port d'Athènes, voit-il les deux trirèmes qui s'y trouvent? et s'il ne voit pas les deux trirèmes, comment peut-il voir le port d'Athènes [2]? demande Euthydème d'après Aristote. Ou, d'après Platon : Ceux qui apprennent sont-ils savants ou ignorants? Si ce sont les ignorants qui apprennent, ils doivent apprendre ce qu'ils ne savent pas; mais comment

[1] *Rhétorique*, II, 1.
[2] ARISTOTE, L'*Rhétorique*, II, 1; et *Logique, de soph. elenchi*, I, 20.

peut-on apprendre quand on ne sait pas même ce qu'il faut apprendre? Il faut donc que les ignorants sachent et ne soient pas des ignorants [1]. Si Clinias avait répondu que ce sont les savants qui apprennent, la difficulté restait la même. Comment les savants peuvent-ils apprendre, puisqu'ils savent? Socrate avait prévenu Clinias qu'il serait pris quoi qu'il arrivât. La première forme d'argument tient de l'école de Protagoras, qu'Euthydème paraît avoir suivie de préférence, à en juger d'après un passage du *Cratyle;* mais le second argument tient évidemment de l'école de Gorgias. Euthydème remonte même dans cette direction jusqu'à Parménide : « Celui qui ment dit-il la chose dont il est question? S'il dit la chose il ne ment pas, puisqu'il dit la vérité, et s'il ne dit pas la chose, dont il est question, il dit quelque chose qui n'est absolument pas, et ce qui n'est absolument pas ne peut être ni pensé ni parlé [2]. »

Il y eut un sens plus sérieux qu'on ne pense dans ces jeux. Platon les exagère dans le dialogue qui porte le nom d'*Euthydème,* et les fait dégénérer jusqu'à n'être plus que des abus de mots ridicules. Il tenait à montrer aux deux sophistes, par l'exemple de Ctésippe, qui fait perdre la partie à Dionysodore, combien leurs jeux étaient faciles à imiter. Aussi Socrate finit par leur donner le conseil d'enseigner leur science en secret, de crainte que tout le monde ne l'apprenne trop aisément [3].

Pour démontrer le pour et le contre de toute proposition, quelle qu'elle soit, il suffit, en effet, si c'est une proposition concrète, de prendre l'un des termes dans le sens abstrait,

[1] L'*Euthydème,* 275, 276.
[2] *Ibidem,* 288.
[3] *Ibidem.*

et, si c'est une proposition abstraite, de la prendre dans le sens concret, selon la thèse que l'on veut soutenir. Ainsi, pour démontrer le contraire de la première proposition venue, il fait beau temps, par exemple, il suffit d'envisager l'expression de beau dans le sens absolu, dans le sens de la beauté toujours la même, harmonieuse dans toutes ses parties, qui n'est point belle aujourd'hui, laide demain, pour que le beau temps devienne positivement laid comme une statue dont un membre est bien, un autre mal fait, qui parait droite d'un côté, bancale d'un autre. Cette illusion tient à la différence même de nos idées abstraites et de nos idées concrètes; celles-ci se rapportent toujours à un objet particulier, les autres à un nombre plus ou moins considérable d'objets; elles renferment par suite également leurs oppositions et leurs contraires. L'homme est petit et grand, jeune et vieux, beau et laid, bon et mauvais, et quoi que ce soit que l'on affirmera de Paul, qu'il est mauvais par exemple, deviendra faux, transporté à l'idée générale homme, prise dans le sens abstrait; l'homme en général est bon; or Paul est un homme, donc il est bon. Majeure, mineure et conclusion; grand, petit et moyen terme; la logique d'Aristote prit ses origines dans les raffinements de l'éristique; mais Aristote en fixera les grandes règles, et les philosophes du moyen âge, ainsi que ceux des temps modernes, qui ne les comprendront pas, retomberont dans l'éristique [1].

L'immortelle définition de Platon de l'induction sortira de la même façon de l'éristique. « Il faut, dit le grand disciple de Socrate, distinguer une idée unique répandue d'une manière absolue dans plusieurs autres qui existent séparé-

[1] Voir l. II, I, *la Logique*, de STUART MILL.

ment, et plusieurs idées qui diffèrent entre elles comprises sous une idée générale, et une idée contenue dans plusieurs idées générales entièrement distinctes... Et pour pénétrer à fond la vérité, quoi que nous supposions existant ou non existant, ou modifié par quelque autre accident, il faut toujours examiner ce qui en résulte pour lui-même et pour chacune des autres choses que nous prendrons, et pour plusieurs et pour toutes également, et considérer à leur tour les autres choses par rapport à elles-mêmes et par rapport à celles que nous avons choisies, soit que nous les supposions existantes, soit que nous les supposions non existantes[1]. » C'est en apparence encore le langage de la sophistique, bien des esprits s'y sont trompés ; Platon lui-même l'appelle la dialectique, et cependant c'est la formule la plus exacte et la plus complète de l'induction qui existe dans la science. Traduite en langage moderne, elle signifiè : Il faut dégager le fait général qui se trouve compris dans les faits particuliers, l'envisager en lui-même et dans tous ses rapports, le supposer existant et non existant pour parvenir à l'établir dans toute sa rigueur, et pénétrer à fond la vérité. Galilée, Kepler, Newton, quand ils formulèrent les lois de la pesanteur, du mouvement des planètes et de la gravitation, Descartes lorsqu'il appliqua l'algèbre à la géométrie, Pascal quand il inventa le calcul des probabilités, ne firent que suivre les prescriptions si minutieuses de Platon [2]. Platon ne parle que d'idées ; nous traduisons par des faits ; c'est que, par la façon plastique et concrète dont le disciple de Socrate aussi bien que tous les Grecs envisageaient leurs idées, elles eurent

[1] *Le Sophiste*, 253.

[2] Voir l. II, III, *l'Induction*, de STUART MILL.

pour eux tous les caractères de faits. Platon les distingue selon leur portée respective, Aristote donne plus de précision encore à cette distinction; tous deux n'en continuèrent pas moins à croire que des faits répondaient exactement à leurs idées. Toute autre interprétation rend non-seulement leurs doctrines incompréhensibles, mais encore les confusions et l'histoire entière de la sophistique inexplicables. L'illusion à cet égard fut tellement naturelle et profonde, que l'école de Mégare persista dans les errements des sophistes, après Platon et Aristote [1].

Dans le dialogue d'Euthydème, Platon nous montre comment le sophiste cherche vainement à faire tomber son cher maître dans ses piéges. Il s'agit de démontrer que quelqu'un qui sait quelque chose sait tout, parce que quelqu'un qui sait quelque chose possède le savoir, et que celui qui possède le savoir sait tout. En vain le sophiste s'efforce de faire avouer cette absurdité à Socrate, celui-ci répond à toutes ses questions dans le sens concret : quand je sais quelque

[1] Nous donnons les arguments faussement attribués à Zénon (v. p. 38). Si la matière existait, il faudrait qu'elle fût une unité ou qu'elle se composât de parties indivisibles. Or nous ne pouvons nous imaginer une étendue qui ne soit pas divisible. Ses plus petites parties ont donc de l'étendue, et alors elles restent divisibles et ne constituent pas des unités, ou bien elles sont sans étendue, et en ce cas l'étendue se composerait de parties non étendues; l'étendue serait formée par sa propre négation; mais ce qui n'est pas ne saurait donner naissance à ce qui est. L'hypothèse de l'existence de l'étendue ne détruit pas seulement le mouvement dans l'espace et le temps, mais encore l'unité. Chaque unité de l'étendue ayant nécessairement des limites et étant étendue en même temps, ses limites existent extérieurement, mais elles n'existent pas intérieurement, car l'étendue est toujours divisible. Il faudrait donc admettre et contester à la fois l'existence d'une étendue sans étendue, ou celle d'une unité infiniment divisible. (SIMPLICIUS, *Phys.*, f. 30.)

chose, je ne possède que le savoir de cette chose; jamais il ne lui permet de passer au sens absolu. L'argument d'Euthydème n'était qu'un sophisme grossier; mais dans les questions difficiles de morale et de politique, ces luttes oratoires devinrent de véritables joutes de finesse et d'à-propos, qui passionnèrent d'autant plus les esprits, qu'il s'y mêlait des intérêts plus puissants encore que ceux de la vanité. On en sortait avec la réputation d'un sot ou d'un homme d'esprit ; la réputation faisait accourir ou fuir les disciples ; leur nombre donnait l'aisance et la considération dans la cité. La nécessité enfin de parler devant le peuple assemblé ou devant des tribunaux de cinq cents à deux mille juges porta l'art de manier la parole et de retourner sa pensée à un degré qu'il nous est difficile d'imaginer aujourd'hui.

Nous ne trouvons pas assez de mépris pour flétrir l'éristique, ce jeu honteux qui consiste à jongler avec la pensée humaine; cet art de prétendre le pour et le contre nous semble le dernier degré de l'abaissement intellectuel : à lui seul il nous paraît suffire pour expliquer la décadence rapide et les désordres croissants d'Athènes et de la Grèce. Voilà plus d'un siècle que nous sommes dans la même voie. L'antinomistique moderne a absolument la même valeur que l'éristique ancienne, et nous ne nous en doutons pas plus que les sophistes et les Grecs ne s'en doutèrent de leur temps.

Il n'y a qu'une différence entre l'antinomistique et l'éristique : la première roule de préférence sur les idées abstraites, la seconde sur les idées concrètes ; en revanche, la pensée des Grecs fut plus claire, leurs discours mieux faits, leurs livres mieux écrits, tandis que les idées de nos antinomistes sont plus confuses, leurs discours plus déclamatoires et leurs livres plus obscurs. Prenons un exemple au hasard chez Kant :

« *Thèse :* Le monde a un commencement dans le temps.

« *Preuve :* Car si l'on suppose, quant au temps, que le monde n'a pas de commencement, une éternité est donc écoulée à tout moment donné, et par conséquent une série infinie d'états successifs des choses dans le monde est aussi écoulée. Or l'infinité d'une série consiste précisément en ce qu'elle ne peut jamais être achevée..... donc le monde a un commencement.

« *Antithèse :* Le monde n'a pas de commencement.

« *Preuve :* Car, supposez que le monde ait un commencement, puisque le commencement est une existence précédée d'un temps dans lequel la chose n'est pas, un temps doit donc avoir précédé dans lequel le monde n'était pas, c'est-à-dire un temps vide. Or rien ne peut commencer d'être dans un temps vide, donc le monde n'a pas de commencement [1]. »

Supposons cette autre antinomie :

Thèse : Il y a des lignes.

Preuve : Car supposons qu'il n'y ait pas de lignes, alors tous les objets se confondront, nous ne distinguerons plus ni leurs formes ni leurs couleurs, l'univers ne sera qu'une nébuleuse ; donc il y a des lignes.

Antithèse : Il n'y a pas de lignes.

Preuve : Car supposons qu'il y ait des lignes, alors il existera hors de nous des objets sans largeur ni profondeur, ce qui nous est incompréhensible ; donc il n'y a pas de lignes.

Dans les deux antinomies, le jeu est le même : dans la der-

[1] KANT, *Critique de la raison pure,* 507, 511, t. II, p. 87, traduction Tissot.

nière, l'idée abstraite de ligne est mise en présence de la notion de lignes concrètes, de la même façon que dans l'antinomie de Kant l'idée abstraite du temps sans commencement ni fin est mise en présence de la notion concrète du temps qui passe et dure réellement, et dans les deux cas il suffit de poser l'une pour ne pouvoir conclure à l'autre; Euthydème démontrait de même que celui qui mentait disait la vérité, et que celui qui savait quelque chose savait tout, en passant du sens particulier au sens général des mots.

Quand donc comprendrons-nous que non-seulement nous ne pouvons pas former des idées contradictoires, mais que nous ne pouvons pas même émettre des jugements qui le soient sans nous tromper sur la nature des mots et sans jouer sur le sens des idées? Que nous puissions affirmer et nier à la fois une chose d'une autre, quand la valeur des idées et le sens attaché aux mots resteraient les mêmes, est un non-sens et une supposition incompréhensible[1].

[1] Voir liv. II, VII, *les Antinomies* de M. HERBERT SPENCER.

VIII

PRODICUS

L'éristique fut la conséquence fatale des confusions systématiques de l'école d'Élée et de l'école d'Ionie. De même l'antinomistique de Kant fut l'effet naturel des illusions des écoles sensualiste et idéaliste ; leurs arguments se retrouvent dans chacune des antinomies. Mais tandis que la philosophie moderne persiste dans ses erreurs, les Grecs, plus heureux, trouvèrent le remède dans l'excès même du mal. Ils concevaient leurs idées abstraites et générales d'une manière concrète ; les sens et l'expérience les maintinrent donc, par un effet nécessaire, dans des limites qu'ont dû dépasser nos sophistes modernes, dont les disputes roulaient sur la portée des idées absolues.

La spéculation grecque, en tombant dans le domaine des grammairiens et des professeurs d'éloquence, n'engendra pas seulement tous les abus de l'éristique, elle conduisit aussi à une étude plus minutieuse de la propriété des termes et de la signification des mots. L'un des raffinements fut le corollaire de l'autre. Protagoras le premier en avait donné l'exemple par sa distinction du genre des mots ; mais le sophiste qui se distingua entre tous dans ce nouvel ordre de recherches fut Prodicus, le maitre de Socrate [1].

Il était de Céos, et vint en mission à Athènes, ainsi que Hippias et Gorgias, pour y défendre les intérêts de sa patrie. Il y eut un tel succès comme orateur, qu'il s'y fixa et ouvrit une école. Sa voix avait une puissance extraordinaire, mais sa santé était délicate ; Platon nous le montre chez Callias, faisant sa leçon couché, enveloppé de peaux et de couvertures [2]. Il fut de tous les sophistes le plus âpre au gain ; envoya, d'après Philostrate, des courtiers dans les villes grecques pour lui recruter des élèves [3], et eut sans cesse le mot d'Épicharme à la bouche : La main lave la main, donnez et recevez [4]. Malgré ce travers, Xénophon l'appelle un sage, et nous rapporte de lui l'admirable apologue d'Hercule rencontrant sur sa route la volupté et la vertu ; Xénophon ajoute qu'il embellissait ses pensées d'une diction plus noble [5]. Aristophane le cite avec Socrate comme le sophiste qu'on écoutait le plus volontiers [6]. Ses discours furent extrêmement travaillés ; Gorgias lui reprochait qu'ils étaient usés à force d'être répétés [7] ; « tout le monde avait entendu son éloge d'Hercule [8] ».

[1] Cf. COUGNY, *De Prodico Ceio;* WELKER, *Prodic. v. Keos, Vorg. des Socrat.;* E. ZELLER, *Phil. d. Gr.*, 1 *ter*, th., 738 ; S. A. BYK, *Varsocrat.*, *Phil.* 2, th., 206.

[2] Le *Protagoras*, 315. — Philostrate, dans la *Vie des sophistes*, 483, accuse Prodicus d'une vie débauchée et de mœurs dissolues. Nous ne trouvons pas de traces d'une pareille accusation dans Platon, ni dans Aristote et Xénophon, ni surtout dans Aristophane, qui parle de Prodicus à deux reprises. La calomnie de Philostrate ne fut sans doute qu'une interprétation par trop fantaisiste du passage de Platon.

[3] *Vie des sophistes*, 496.

[4] AXIOCHUS, *Dialogue du faux Platon.*

[5] *Dits mémorables*, II, I, 21.

[6] *Les Nuées.*

[7] XÉNOPHON, l. c.

[8] Cf. ZELLER, *Phil. der Gr.*, 1 *ter*, th., 740, note 1.

Il fleurit vers la quatre-vingt-seizième olympiade. Théramène, Isocrate, Euripide, Critias, ont été ses disciples, ainsi que Socrate.

Ami de Protagoras, Prodicus appartenait à l'école d'Ionie, et le premier peut-être osa aborder franchement la question de l'origine des dieux. Il fallut à cette époque une grande hardiesse pour le faire. La Grèce, et Athènes surtout, permettait à ses philosophes et à ses poëtes la plus grande liberté d'interprétation du rôle et de l'action des dieux. Les croyances variaient de cité à cité, de famille à famille, avec les légendes populaires et l'imagination individuelle. Aristophane, dans les *Grenouilles,* put faire rire sans danger les Athéniens d'un Mercure lâche et menteur, d'un Hercule imbécile et gourmand. Mais les Grecs ne permirent point que l'on contestât l'existence de leurs dieux et de leurs héros ; ces personnages divins ne jouaient un rôle si vivant dans l'imagination populaire que parce qu'ils avaient pénétré profondément la tradition historique, se trouvaient mêlés aux origines des cités, et qu'on les considérait comme les auteurs et les garants de la législation privée et de la législation publique [1]. Contester leur existence, c'était mettre en doute non-seulement l'histoire, mais encore l'existence de la cité. Ni Mélissus ni Protagoras n'avaient osé aborder cette redoutable question. Prodicus, plus hardi, soutint que les dieux n'étaient autre chose que des phénomènes naturels dont les hommes retiraient quelque utilité. « Le premier, dit Cicéron, il leur assigna cette origine [2]. »

Les arguments contre l'existence de Jupiter, qu'Aristo-

[1] Cf. FUSTEL DE COULANGES, *la Cité antique.*
[2] *De Natura deorum,* I, 42.

phane attribue dans les *Nuées* à Socrate, appartenaien à Prodicus. « Socrate, nous dit Xénophon, ne s'occupait pas de physique [1] » ; et s'occuper de la physique à cette époque, c'était toucher à la question de la nature des dieux. Aristophane lui-même, du reste, nous en indique le véritable auteur, quand il fait dire par les oiseaux aux deux Athéniens : « Vous apprendrez de nous à connaître les phénomènes célestes, la nature des oiseaux, les origines des dieux et des fleuves, de l'Érèbe et du chaos; vous pourrez désormais dire adieu à Prodicus [2]. » « Il n'y a pas de Jupiter, disait Prodicus, car on n'a jamais vu pleuvoir sans nuées, et si c'était lui qui fît pleuvoir, il faudrait qu'il le fît par un ciel serein... Ce n'est pas lui non plus qui assemble les nuages pleins d'eau ; leur poids les emporte l'un sur l'autre; ils se choquent et crèvent... et ce n'est pas Jupiter qui tonne, mais le tourbillon qui, en précipitant les nuages les uns contre les autres, leur fait produire ce fracas à cause de leur densité [3]. » Prodicus fut condamné à boire la ciguë [4]; mais, plus souple et plus adroit que Socrate, il échappa à la mort.

En rhétorique, Prodicus insiste sur l'importance de l'exorde et montre, d'après Quintilien, que rien n'était plus propre à éveiller l'attention des juges [5]. Il indique les ressources de l'à-propos et, d'après Aristote, suivit ses propres préceptes lorsqu'il criait à ses auditeurs, prêts à s'assoupir, qu'il allait leur révéler une chose qu'il n'enseignait d'ordinaire qu'au prix de cinquante drachmes [6]. Les leçons qu'il fai-

[1] *Dits mémorables*, I, 1.
[2] Parab. des *Oiseaux*.
[3] *Les Nuées*.
[4] SUIDAS, au mot *Prodicus*.
[5] QUINTIL., LIV, 1.
[6] ARIST., *Rhétor.*, III, 14, 17.

sait sur les différentes acceptions du beau étaient de ce prix. Socrate dit qu'il n'en peut parler, parce qu'il ne reçut de lui que des leçons à une drachme [1].

Ce n'est cependant ni par sa théorie sur l'origine des dieux, si remarquable qu'elle ait pu être, ni par son enseignement de la rhétorique, ni par ses apologues ou par son traité *Contre la crainte de la mort,* dont Axiochus dans le *Faux Platon* nous donne un extrait, que Prodicus servit la science; mais ce fut par ses études sur la propriété des termes, leur synonymie, l'abus de leur exagération [2], qu'il inaugura une régénération de la philosophie. Il paraîtra sans doute étrange que nous attribuions une si grande importance à une étude qui est devenue si simple et si élémentaire de nos jours. En pleine sophistique, quand toutes les expressions commençaient à être torturées, quand leur sens naturel était sans cesse altéré, la recherche de la synonymie et de la propriété des termes ne fut en réalité autre chose qu'un tableau de la doctrine morale et intellectuelle de l'époque, un recours continuel à l'expérience et aux exemples. Platon parle des différences délicates que Prodicus trouve entre le désir et la volonté, la terreur et la crainte, et Aristote, dans sa définition du sophisme *elenchi,* nous montre le fruit que la philosophie devait en tirer. « Ne suffit-il pas, dit-il, d'un simple changement dans la prosodie pour que le même mot signifie autre chose? Mais ce mot est le même dans sa forme écrite, puisqu'il est écrit des mêmes lettres et de la même

[1] PLATON, le *Cratyle,* 384.

[2] PLATON, le *Protagoras,* 340, 350; — le *Cratyle,* 384; — le *Charmidès,* 163; — le *Lachès,* 177; — l'*Euthydème,* 277, 304.

manière; or, il y a des signes qui font que les mots dans la prononciation ne sont plus les mêmes. Ainsi, une fois les divisions des termes faites, le double sens disparaît, car ce n'est pas la même chose de dire qu'on a vu de ses yeux tel homme frappé, et de dire qu'on a vu tel homme frappé dans ses yeux[1]. »

Les recherches de Prodicus furent le point de départ d'une révolution en philosophie ; mais lui-même n'en resta pas moins un sophiste. Ses explications des origines des dieux sont tirées des connaissances physiques insignifiantes ou imaginaires de l'époque; ses discours et ses apologues moraux, des traditions et des légendes; ils eurent la même valeur que ceux de Protagoras. Quant à ses études sur la propriété des termes, il les fit sans méthode et sans principe, s'égara dans des distinctions et des subtilités dont Platon nous montre le ridicule[2], et dont Aristote nous donne un exemple dans son *Traité des sophismes :* « Il faut voir si l'on ne prend pas la chose même pour l'accident de la chose, la prenant pour une chose toute différente parce que le nom est différent. C'est ainsi que Prodicus partageait à tort les plaisirs en joie, amusement, contentement; car ce sont là des noms d'une seule et même chose, des plaisirs. Si donc quelqu'un donne « se réjouir » pour attribut à « avoir du « plaisir », il n'aura fait que donner pour attribut la chose à la

[1] Διαιρετέον οὖν τῷ ἀποκρινομένῳ οὐ γὰρ ταὐτὸν ἰδεῖν τοῖς ὀφθαλμοῖς τυπτόμενον καὶ τὸ φάναι ἰδεῖν ὀθφαλμοῖς τυπτόμενον. (*De soph. elenchi,* XX, 5.) En nous donnant cet exemple, Aristote nous montre jusqu'à quel degré de confusion des mots la sophistique grecque était tombée en se transformant en éristique.

[2] *Le Protagoras,* 315.

chose même[1]. » Pour accomplir la révolution commencée par Prodicus, il fallut non-seulement le génie et la grandeur morale de Socrate, mais encore une expérience plus douloureuse des excès de la sophistique.

[1] *Les Topiques*, II, 6.

IX

POLUS, THRASYMAQUE, ANTIPHON, CALLISTHÈNE

Lorsque Aristophane dans les *Nuées* expose les opinions de Prodicus sous le couvert de Socrate, il reproduit au moins l'esprit général des sophistes qu'il voulait combattre. Mais, quand il leur attribue l'argument juste et l'argument injuste, il ne fait que nous révéler la transformation profonde qui s'était opérée dans les mœurs d'Athènes. « Je vais dire, commence le juste, quelle était l'ancienne éducation, aux jours florissants où j'enseignais la justice et où la modestie régnait dans les mœurs. Alors l'éducation de la jeunesse était sévère... elle forma les guerriers de Marathon. C'est pourquoi, jeune homme, n'hésite pas à me prendre pour guide : tu apprendras à haïr les procès, à ne pas fréquenter les bains, à rougir des choses déshonnêtes, à t'indigner si l'on rit de ta pudeur, à te lever devant les vieillards... Mais si tu t'abandonnes aux mœurs du jour, tu auras bientôt le teint pâle, les épaules étroites, la poitrine resserrée, tu préféreras les bains chauds, tu abandonneras la palestre, tu prendras la passion de la place publique et des théâtres... tu ressembleras à la majorité des spectateurs qui nous écoutent. »

Les goûts et les habitudes s'étaient transformés. Les richesses énormes de la cité, la pompe des fêtes, les émotions des débats publics, le luxe des théâtres, les raffinements de la vie privée, l'extension du commerce, le nombre croissant des esclaves et des étrangers avaient en peu d'années modifié l'esprit public. L'éclat de l'enseignement des sophistes, leur éloquence, leurs erreurs et leur succès ne firent qu'augmenter le danger : Aristophane le vit parfaitement; mais quand il les accuse d'en être la cause, sa calomnie tombe à faux comme sa pièce [1]. S'il nous fallait prendre au sérieux le portrait qu'il nous fait des sophistes, il faudrait le croire aussi sur parole quand il nous dépeint dans les *Chevaliers* le *demos* athénien ; les serviteurs valaient encore mieux que le maître ; ses satires sanglantes ne changèrent point le cours des choses.

La malheureuse guerre du Péloponèse avait éclaté ; sa cause principale fut la jalousie de la Grèce contre la prospérité d'Athènes ; elle dégénéra rapidement, sous l'impulsion des passions nouvelles, en une guerre civile horrible et générale [2]. Les Athéniens ne se trouvèrent plus à la hauteur de la tâche. Périclès mourut ; la peste survint ; Cléon, le corroyeur, prit la direction des affaires ; Alcibiade fit de ses ambitions et de sa vanité le principal mobile de la politique athénienne, et le peuple aveuglé prit ses décisions les plus graves sous l'empire des mêmes passions [3]. Ses armées se laissèrent surprendre, ses généraux se firent battre ; et quand ils étaient victorieux on les condamnait à mort pour ne pas avoir rapporté les cadavres malgré la tempête. Au désastre de Sicile

[1] Les *Nuées* n'eurent point de succès à leur représentation.
[2] THUCYDIDE, III, 83.
[3] Cf. la décision de la guerre de Sicile, THUCYDIDE, VI, 24.

succédèrent la conjuration oligarchique, la conquête de la ville, les *trente tyrans*, le retour de la démagogie, et, aigris par les malheurs, les Athéniens devinrent ce peuple impatient, nerveux, mobile, dont les orateurs nous laissent entrevoir les traits fiévreux. Longtemps, cependant, les Athéniens conservèrent encore d'admirables instincts de générosité, de sacrifice et de dévouement. Malgré leurs souffrances, ils ne firent point la paix pour ne point la faire honteuse; l'ordre du massacre des habitants de Mytilène ne les laissa point dormir, ils le révoquèrent le lendemain; après le désastre de Sicile et la révolte de Chios, ils décrétèrent les mesures les plus sages et s'inspirèrent de leur ancienne énergie héroïque [1]. Mais ils n'eurent plus de chefs et n'en retrouvèrent plus, sinon des incapables comme Nicias, des corrompus comme Alcibiade, des traîtres comme Phrynicus ou des conspirateurs comme Pisandre [2]. Ainsi que les plantes se fanent d'abord dans leurs fleurs, les peuples commencent à s'éteindre dans leurs chefs. L'éducation forme les peuples; elle transmet les traditions intellectuelles et développe les sentiments nationaux; l'instruction forme les chefs; elle leur indique les ressources de l'État et leur dévoile les moyens de s'en servir pour le mieux. Quand l'éducation et l'instruction se corrompent, les deux grandes artères qui entretiennent la vie des États se ferment.

Des doctrines des sophistes et de la réaction contre leurs excès surgiront Socrate, Platon et Aristote; de l'enseignement de l'art oratoire, Eschine et Démosthène; des leçons de grammaire et de style, Thucydide et Xénophon; mais

[1] Cf. Thucydide, VIII, 2, 15. — Niebuhr, *Alt. Gesch.*, II, 168.

[2] Thucydide, VIII, 3, 54.

les Athéniens ne trouveront plus de grands hommes d'État. La simplicité des mœurs avait disparu, la direction de la république était devenue de plus en plus difficile; en même temps les sophistes continuaient à ne rechercher la stabilité et la force de la patrie que dans de grandes abstractions morales ou dans la naïve croyance que c'est l'éloquence et la popularité qui mènent les peuples; ce n'est point à pareille école que pouvaient se former des Solon et des Thémistocle.

Polus d'Agrigente, que Platon mit sur la même ligne que Prodicus et Gorgias [1], fut un orateur pétulant et un écrivain d'une certaine valeur, quoiqu'il semble avoir abusé des images, des sentences, des répétitions de mots; le disciple de Socrate appelle ses discours le temple des Muses [2]. Comme Protagoras, il excellait dans la description des vices et des vertus, et comme lui il ramenait la vie sociale et politique au sentiment de la justice : « La justice chez l'homme mérite à son avis le nom de mère et de nourrice des autres vertus. Il n'est pas possible d'être sans elle ni tempérant, ni courageux, ni sensé, car elle est l'harmonie, la paix, le ressort qui règle l'âme entière... Les autres vertus n'ont qu'une utilité partielle, et elles ne s'appliquent qu'à des individus, tandis que la justice s'exerce sur l'ensemble des êtres, et se fait sentir à une multitude d'hommes. C'est elle qui dirige, avec un souverain empire, l'univers même; elle y est providence, harmonie, justice enfin. Ainsi l'ont décrété les dieux bienfaisants. Dans la cité, elle se nomme non sans raison paix et bonne loi. Dans la famille, elle est la concorde mutuelle du mari et de la femme, l'affection des serviteurs

[1] Le *Théagès*, 454.

[2] PLATON, le *Phédon*, 247, 448. — Le *Gorgias*. 356, 396, 448. — ARISTOTE, *Rhétorique*, II, 23.

pour leurs maîtres, la sollicitude des maîtres pour leurs serviteurs. Elle gouverne et conserve le tout et les parties, elle y fait régner la concorde et l'amitié[1]. » Plus d'un de nos doctrinaires pourrait être fier d'avoir écrit cette belle page. Malheureusement ce n'est point par de belles pages ni le rêve de grands sentiments ou de constitutions idéales que se forment les hommes d'État. Il leur faut une connaissance profonde des ressources intellectuelles et morales des peuples pour les diriger selon les institutions dont ils sont capables, et quand Aristote donnera l'exemple de ces études, ce sera trop tard, il n'y aura plus de Grèce.

Polus fut si loin de comprendre la réalisation de la justice entre les hommes, qu'il crut que la rhétorique, par laquelle les sophistes cependant apprenaient à leurs élèves à parler au peuple et à le diriger, n'était que l'art de bien grouper les mots et les phrases[2]. Il avait publié un traité sur la matière, et se vantait d'avoir fait le premier de l'éloquence un art[3]. Probablement la définition qu'il en donna fut une description brillante comme celle de la justice; mais, en résumé, elle n'a guère pu être différente de celle que nous rapporte Platon. Le caractère vague de son idée de la justice l'empêcha de concevoir d'une manière plus pratique la science même dans laquelle il se distinguait le plus.

Thrasÿmaque de Chalcédoine, l'inventeur du rhythme de la prose[4], eut en apparence une notion plus pratique du gouvernement des États. Il définissait la justice « ce qui est profitable au plus fort »; mais par le plus fort, il entendait

[1] *Le Scoliaste*, c. II.
[2] PLATON, le *Gorgias*, 462.
[3] *Id.*, *ibid.*, 415, 417.
[4] CICÉRON, *De oratore*, III, 41.

le gouvernement établi dans chaque État, la tyrannie dans les uns, la démocratie dans les autres, le gouvernement des meilleurs dans les troisièmes. Les injustes pour lui sont ceux qui profitent de tout, exploitent les autres, acquièrent la richesse et le bien-être aux dépens des justes. Pour que l'ordre règne dans les cités, il faut donc que les justes et les faibles obéissent à ceux qui commandent, et fassent tout ce qui peut leur être profitable pour augmenter leur autorité contre les crimes des injustes. Mais il est facile pour Platon de démontrer à Thrasymaque que « si ceux qui commandent dans les États ne sont pas aussi les plus justes, les États se désorganisent, et il n'y a plus de société. Les bandes de brigands qui commettent l'injustice envers tous observent la justice entre eux[1]. »

Antiphon, d'Athènes, nous donne la mesure de la science politique des sophistes. « Il fut la main droite de Pisandre, dit Thucydide, dans la conspiration oligarchique ; c'est lui qui l'organisa et s'y dévoua avec le plus d'ardeur. Un des Athéniens les mieux doués de son temps, il fut non moins adroit dans l'invention des moyens que dans l'art de la parole. Jamais il ne prit l'initiative dans les assemblées ou dans une lutte quelconque ; mais le peuple se méfiait de lui à cause de sa grande éloquence, et aucun homme ne fut plus capable de donner les conseils les plus adroits aussi bien à ceux qui devaient parler devant les tribunaux qu'à ceux qui voulaient prendre la parole dans les assemblées. Quand les Quatre-Cents succombèrent et furent poursuivis par la démocratie, il se défendit le mieux de tous, et échappa à la peine de mort[2]. »

[1] *De la République*, I, 343.
[2] THUCYDIDE, VIII, 68.

Callisthène enfin, le dernier des grands sophistes dont le nom ait mérité de nous être conservé, éleva la conduite d'Antiphon à la hauteur d'une doctrine. Il faut distinguer, disait-il, le juste tel que la législation le définit, et le juste tel qu'il dérive de la nature. Le juste tel qu'il dérive de la nature constitue seul le droit primordial, le droit véritable; c'est par lui que partout les hommes intelligents et braves doivent dominer les autres. C'est au nom de ce droit que Xerxès fit la guerre à la Grèce, et que son père envahit le pays des Scythes, que les États et les familles se fondent. Si les faibles et la masse du peuple font des lois et répandent l'éloge et le blâme à leur avantage, ils ne sauraient détruire cette loi de la nature que les meilleurs, les plus intelligents et les plus braves ne leur soient supérieurs et ne méritent de les dominer[1]. La force, c'est le droit. La force n'est pas plus le droit qu'elle ne le prime ; autre sophisme devenu célèbre de nos temps.

Lorsque Jean-Chrétien Wolf, le fondateur de la sophistique allemande, confondait en 1740 les obligations naturelles et les droits naturels, il ne soupçonna point que son sophisme aboutirait en France au *Contrat social,* et dans son propre pays à l'aphorisme que la force prime le droit. Quand Hegel[2] affirma que les sophistes de l'antiquité apprirent à la Grèce à se déterminer par la libre pensée et non plus par des oracles, des coutumes, des passions et des impressions momentanées, il ne comprit point que si les doctrines des sophistes conduisaient à l'affaiblissement des coutumes et des croyances, elles finiraient aussi par autoriser toutes les passions, et par légitimer tous les crimes. Thucydide en avait

[1] PLATON, le *Gorgias,* 482, 483.
[2] Voir liv. II, *Philosophie du dix-huitième siècle.*

mieux saisi les effets, lorsqu'il traça le tableau navrant des guerres civiles de la Grèce. « Plus la lutte se prolongeait, plus la perfidie des attaques et l'atrocité des vengeances s'accusaient. Le sens usité des mots se perdit. L'exaltation fut confondue avec l'honneur, la prudence parut de la lâcheté, la témérité brutale, un dévouement courageux... les liens mêmes du sang furent foulés aux pieds, et l'union des partis, qui eut pour objet, non pas l'intérêt commun, mais la satisfaction des ambitions personnelles, ne fut plus cimentée que par la communauté des crimes[1]. » On dirait ces lignes écrites dans notre siècle ; elles le furent dans celui de Périclès. Cette désorganisation sociale et politique si rapide de la Grèce et d'Athènes surtout nous étonne.

La constitution si admirablement libérale et démocratique d'Athènes fut merveilleuse tant que le génie des chefs et les fortes traditions du peuple la maintinrent ; mais lorsque les désastres survinrent et que les mœurs se corrompirent, elle ouvrit d'autant plus grande aussi la porte à tous les abus. Les magistrats choisis au sort parmi des citoyens qui n'avaient plus la même valeur, point de législation écrite, pas d'autre garantie contre les dangers des lois nouvelles que la responsabilité de leurs auteurs ; la délation qui en fut la conséquence fatale, les sociétés secrètes qui se formèrent pour s'assurer les suffrages du peuple dans les assemblées et des juges dans les procès, la jeunesse précoce et turbulente, formée par les sophistes, et qui grâce à la facilité de parvenir envahit le pnyx et les tribunaux, furent les effets inévitables du libéralisme même de la constitution ; ils auraient tué tout autre peuple plus rapidement encore que les Athé-

[1] THUCYDIDE, III, 82.

niens[1]. Dominé par ses orateurs, aveuglé par ses sycophantes, égaré par ses sophistes, ce pauvre peuple n'en resta pas moins admirable jusque dans sa décadence même. Il conservait encore le souvenir des grandeurs intellectuelles et morales qui avaient créé les merveilles de son époque de splendeur.

[1] Thucydide nous dit qu'en toute autre ville, Alcibiade aurait paru trop jeune (V, 43). Les plaintes d'Aristophane sur l'influence des jeunes gens dans les affaires sont continuelles. (Voir les *Acharniens*, les *Chevaliers*, l'*Assemblée des femmes*.)

X

SOCRATE

Pour Aristophane, Socrate fut le plus dangereux des sophistes, et ses juges le condamnèrent à boire la ciguë, parce qu'il ne reconnaissait point les dieux de la cité; G. Grote le regarde comme une espèce de prophète, et le proclame le plus illustre des sophistes[1]; pour nos idéalistes, il est, au contraire, leur adversaire le plus acharné, et ils reconnaissent en lui le père de leurs principes et de leur doctrine. Les proportions du génie de Socrate semblent devoir nous échapper. Il combat les sophistes, mais il reste leur collègue, leur envoie des élèves, et il est leur disciple[2]. Philosophe, il ne croit pas aux dieux de l'Olympe, mais il croit à la pluralité des dieux, aux présages, aux oracles[3]. Sage, il soutient qu'il est plus beau de souffrir le mal que de le faire[4], et il donne des leçons de plaire à Théodote, la courtisane[5]. Passionné pour

[1] G GROTE, *History of Greece*, VIII, 499.
[2] PLATON, le *Ménon*, 264; le *Cratyle*, 384; *le Grand Hippias*, 282. — XÉNOPHON, *Dits mémorables*, III, 1.
[3] XÉNOPHON, *Dits mémorables*, I, 1.
[4] PLATON, le *Criton*, 49.
[5] XÉNOPHON, *Dits mémorables*, III, 11.

la vérité, il démontre que le menteur volontaire est meilleur que le menteur involontaire [1]. Soldat héroïque, il définit la bravoure la connaissance du danger [2]. Il aide Euripide de ses conseils [3], et méprise les poëtes et la poésie. Les Muses de l'Acropole étaient, disait-on, de ses mains [4]. Il dédaigne les arts et les artistes. Sa parole est irrésistible comme celle d'Ulysse [5]; il persuade qui il veut, et il accable de son ironie les orateurs et leurs beaux discours. Perdu des journées entières dans ses contemplations, il ne se plaît que dans les exemples et les arguments les plus élémentaires. Versé dans toutes les connaissances de son temps, il refuse d'en instruire ses disciples [6]. Simple enfin et d'un bon sens parfois vulgaire, il résume en lui toutes les grâces et toutes les grandeurs de la Grèce [7]. Tel fut le fils de Phinarète, la sage-femme. Parviendrons-nous à expliquer son caractère, sa science, son art, son rôle dans son temps et dans l'histoire ?

Protagoras avait fait de la sensation la mesure des choses ; Gorgias avait contesté la possibilité de la science de l'être ; Prodicus s'efforçait de déterminer la propriété des termes ; les idées se confondaient dans l'éclectisme d'Hippias aussi bien que dans l'éristique d'Euthydème ; le sens des notions était faussé non-seulement selon les illusions des maitres de la pensée, mais encore selon les ambitions de leurs disciples et les passions des partis politiques. Vint Socrate. Initié aux doctrines du cinquième siècle, il connaissait Héraclite

[1] PLATON, *le Petit Hippias.* — XÉNOPHON, *Dits mémorables.* IV. 2
[2] XÉNOPHON, *Dits mémorables,* V, 3.
[3] DIOGÈNE DE LAERTE, II, 4.
[4] *Idem, ibid.*
[5] XÉNOPHON, *Dits mémorables,* IV, 7.
[6] *Idem, ibid.,* I, 1.
[7] DIOGÈNE DE LAERTE, II, 4.

et Parménide [1]; il avait vu les écoles d'Élée et d'Ionie se former et dégénérer de sophistique en éristique ; il assistait à leurs égarements et à leurs excès, en même temps qu'il voyait commencer la désorganisation de sa patrie, dont il se rendait parfaitement compte [2]. Dans ces circonstances, supposons-lui la moindre ambition ou la plus petite faiblesse, et au lieu de dominer la pensée de son temps, il était entraîné par elle ; il se faisait orateur public, il devenait archonte ou stratége, flattait le peuple, et tombait dans la corruption générale. A la grandeur intellectuelle, il ajouta la grandeur morale. Nous avons parlé de la puissance de synthèse des hommes de génie [3], jamais aucun ne la porta plus loin ; il souleva d'une main sûre le monde intellectuel et moral de la Grèce entière.

Pour qu'avec un couteau on taille facilement les branches d'un arbre, il faut qu'il ait la forme d'une serpe ; pour que l'armurier fasse de bonnes armures, elles doivent être appropriées aux formes du corps ; pour que le médecin guérisse, il faut qu'il connaisse la maladie et le remède ; pour que le pilote dirige bien le navire, il doit avoir l'expérience de la navigation. Ces vérités élémentaires nous paraissent une originalité de l'esprit de Socrate. Nous nous servons du grand mot d'expérience, nous nous plaisons à citer les immortelles découvertes des sciences physiques ; mais la véritable, la grande expérience, celle de tous les jours, nous reste incompréhensible, et les conditions les plus élémentaires de la vérité nous échappent. Socrate le premier, et peut-être le seul, comprit que la pensée dans ses plus vastes

[1] PLATON, le *Parménide*, 128.
[2] Cf. XÉNOPHON, *Dits mémorables*, III, 4.
[3] Introduction, p. 6.

spéculations était soumise aux mêmes lois de certitude et de vérité que dans ses actes les plus simples et les plus ordinaires. Le couteau pour être bon doit être adapté à sa fin ; le pot pour être beau doit être approprié à son usage ; de même l'idée pour être vraie doit répondre à son objet. Ce fut la définition de la vérité ; elle empêcha Socrate d'en donner jamais une autre. Nous appliquons certaines idées à des objets divers. Nous appelons beau le pot approprié à son usage, belle la statue dont toutes les parties sont en accord entre elles et avec le but que l'artiste veut atteindre ; de même nous appelons belle encore la femme vraiment belle, nous disons des dieux qu'ils sont plus beaux encore, et pour nous former une idée vraie du beau, il faut dégager de toutes ces choses indistinctement ce qui fait que nous les appelons belles, sans nous arrêter aux accidents et aux impressions d'un moment, qui peuvent nous faire paraître laides des choses belles [1]. De même du juste, du bien, de l'utile et de toutes les notions qui servent de fondement à nos connaissances. « Socrate s'entretenait sans cesse de ce qui est à la portée de l'homme ; il examinait ce qui est pieux ou impie, ce qui est honnête ou honteux, ce qui est juste ou injuste ; en quoi consistent la sagesse et la folie, la valeur et la pusillanimité ; ce que c'est qu'un État et un homme d'État, ce que c'est que le gouvernement et comment on en tient les rênes [2]. » Ni les doctrines de nos idéalistes, ni celles de nos sensualistes ne se rattachent à cette grande conception de Socrate. Mais lorsque Stevin et Galilée, Tycho-Brahé et Kepler cherchèrent à dégager des phénomènes insaisissables et toujours autres du ciel et de la terre les lois générales,

[1] Cf. PLATON, *le Grand Hippias*.
[2] XÉNOPHON, *Dits mémorables*, I, 1.

qui dans toutes les circonstances se trouvent toujours les mêmes, ils n'eurent point d'autre objet que Socrate, et ne procédèrent point d'une manière différente. La similitude de la méthode devient surtout frappante lorsqu'on songe à la façon concrète, plastique et saisissante dont la Grèce entière envisageait les idées générales. Parvenir, par une observation minutieuse et constante des choses et des faits, à déterminer pourquoi ils nous paraissent beaux, bons, justes, utiles, vrais, et développer les idées qui servent de fondement à la morale et à la politique, à l'enseignement des arts et des lettres, aux connaissances de la nature et de la vie pratique, c'était rechercher leurs genres [1] et leurs différences, donner des assises définitives à la science. C'était entreprendre de régénérer la pensée de la Grèce.

Ce n'est qu'en se formant des notions de plus en plus exactes et complètes des rapports qu'ont les choses entre elles, que les hommes arrivent à des notions générales scientifiques. Les idées que possède un ignorant du sel, de la pierre, d'un animal, sont infiniment moins riches en contenu que celles d'un chimiste ou d'un naturaliste, par exemple; entre le contenu des mêmes notions, il y a tous les progrès accomplis pendant des siècles dans les sciences naturelles. Quiconque veut tant soit peu comprendre le grand but de Socrate doit sans cesse avoir devant les yeux ces caractères des idées générales.

Nous concevons aujourd'hui, au-dessus de nos idées générales des choses, les lois qui en expriment les rapports les plus élevés et les plus simples. Il serait déraisonnable d'exiger de Socrate qu'il découvre ces lois; mais la façon

[1] XÉNOPHON, *Mémoires*, I, 1.

dont il conçut les idées générales et leur développement par l'étude et l'observation n'en fut pas moins le prélude de toutes nos découvertes modernes. Les progrès que nous accomplissons encore chaque jour dans les sciences dérivent des grandes découvertes du seizième siècle; celles-ci sortent des longs travaux des scolastiques et des Arabes, qui puisèrent à pleines mains dans les compilations de Rome en décadence, et Rome elle-même ne fit que transmettre la science d'Archimède, d'Hipparque, d'Euclide, d'Eudoxe, de Théophraste, qui se rattachent à Aristote et à Platon, lesquels ne procèdent que de Socrate. Si la civilisation moderne doit au Christ ses croyances, elle doit à Socrate sa science entière ; le premier il en prévit les caractères et en indiqua la voie certaine.

Ses longues contemplations, liées aux considérations les plus ordinaires de la vie pratique, ne sauraient donc nous surprendre. Le cuisinier possède la meilleure idée de la cuisine parce qu'il connaît tous les plats et le goût des convives; le médecin sait le mieux ce qui convient à la santé parce qu'il connaît les maladies et le remèdes; ainsi celui qui prétend enseigner une science doit en posséder la notion générale la plus parfaite, formée par la connaissance de tous les objets auxquels cette science se rapporte. La vérité consiste dans l'accord de l'idée avec son objet, et la science dans l'accord de toutes ses données particulières avec la notion générale qui la constitue. Gorgias, qui prétend enseigner l'art de conduire les hommes par la parole, doit savoir ce que c'est que la justice; Protagoras, qui veut les instruire dans la sagesse, doit connaitre le bien; Hippias fait des conférences sur les arts et les lettres, il doit savoir ce que c'est que le beau; Alcibiade veut arriver à diriger l'État, il faut qu'il apprenne à en connaître tous les rouages et toutes les ressources. Ce fut, en présence des illusions des sophistes, une révolution complète dans la science de la pensée.

L'oracle de Delphes proclama Socrate le plus sage de tous les Grecs[1]. Il se passionne pour sa grande idée, va chez Théodote, la courtisane, chez Pistias, l'armurier[2], chez les artistes, les poëtes, les orateurs, et se persuade que tous ceux qui prétendent exceller dans leur art, leur métier ou leur science, ne savent pas même en quoi cet art, ce métier, cette science consiste. Tout devient de la science pour lui : « elle est le seul bien ; l'ignorance, le seul mal[3] » ; le menteur volontaire lui paraît meilleur que le menteur involontaire, parce que le premier connaît du moins la vérité[4] ; il définit le courage la connaissance du danger, parce que le courage irréfléchi lui paraît le propre des bêtes. C'est parce que le sage connaît la vanité des richesses et le danger des passions qu'il sait se contenter de peu, et devient le plus heureux des hommes[5] ; c'est parce qu'il connaît la beauté de la justice qu'il aime mieux souffrir le mal que de le faire[6]. La vertu, le juste, le bien, le beau s'identifient pour lui avec la science que nous pouvons en acquérir.

Socrate ne voulait pas instruire ses disciples dans les interprétations des phénomènes du ciel, qu'il connaissait cependant fort bien, nous assure Xénophon. Il ne voyait point de rapport entre les évidences de la vie pratique et les spé-

[1] XÉNOPHON, *Dits mémorables*, IV, 3.
[2] *Idem, ibid.*, III, x.
[3] DIOGÈNE DE LAERTE, II, 4.
[4] Xénophon aussi bien que Platon rapportent cette opinion de Socrate. (Voir p. 116, note 1.)
[5] XÉNOPHON, *Dits mémorables*, I, 4.
[6] PLATON, le *Criton*, 49.

culations imaginaires de l'époque. « Loin de disserter comme tant d'autres sur toute la nature, loin de rechercher l'origine de ce que les sophistes appellent le monde, et les causes nécessaires qui ont donné naissance aux corps célestes, il démontrait la folie de ceux qui se livrent à de telles spéculations... Il s'étonnait qu'ils ne vissent pas combien il est impossible à l'homme de pénétrer ces mystères, puisque ceux qui se piquent d'en parler le mieux, loin de s'accorder entre eux, ressemblent à des fous... Dans leurs recherches inquiètes sur la nature, les uns se figurent qu'il n'existe qu'une subtance ; les autres, qu'il y a des substances à l'infini ; celui-ci prétend que tout est dans un mouvement perpétuel ; celui-là, que rien ne se meut ; ceux-ci, que tout naît et périt ; ceux-là, que rien ne s'engendre, que rien ne se détruit[1]. » Pour la même raison il estimait qu'il suffisait de connaître de la géométrie ce qui était nécessaire pour mesurer ses champs. Partout où les évidences premières échappaient dans leur portée à sa pensée, il s'arrêtait et avouait son ignorance. Avec la même netteté qu'il voyait toutes les connaissances de la vie s'enchaîner et se coordonner, il entrevoyait les caractères de la science, et appliquait la même et grande méthode jusque dans l'aveu même de son ignorance.

Pour les mêmes motifs il ne reconnut point la valeur des idées abstraites et absolues. Il voyait que la vraie science consistait dans l'accord des idées entre elles, le beau dans l'harmonie des impressions, le bien dans l'entente des hommes les uns avec les autres ; il donna des modèles d'inductions vraies à Platon, il laissa des types de raisonnements justes à Aristote, mais il n'entrevit pas comment les uns et

[1] XÉNOPHON, *Dits mémorables*, I, 4.

les autres prenaient leur source dans sa propre pensée. Il resta un homme de science pratique pure parce qu'il en avait compris toute la grandeur et tous les caractères.

Les preuves qu'il donnait de l'existence d'une Providence n'étaient puisées que dans les analogies du monde concret. « Sachez que votre esprit tel qu'il est uni à votre corps le gouverne à son gré. Il faut donc croire aussi que la sagesse qui vit dans tout ce qui existe gouverne ce grand tout comme il lui plaît. Quoi! votre vue peut s'étendre jusqu'à plusieurs stades, et l'œil de Dieu ne pourra tout embrasser! Votre esprit peut en même temps s'occuper des événements d'Athènes, d'Égypte et de la Sicile, et l'esprit de Dieu ne pourra songer à tout en même temps[1]! » La croyance même dans la pluralité des dieux, dans les oracles et dans les présages n'eut point d'autre raison que les caractères de sa science. « Nous devons consulter les dieux, disait-il, dans les choses que nous ne pouvons connaître; mais il est insensé de le faire dans les choses qui sont à la portée de notre science et de nos efforts[2]. » Il fut logique jusqu'au bout et resta un Athénien et un Grec jusque dans ses aspirations vers la vérité.

Les sophistes, égarés dans leurs confusions, appelaient l'aveu que faisait Socrate de son ignorance, de l'ironie. La bonhomie spirituelle du plus attique des Athéniens n'avait rien de ce sentiment dédaigneux de supériorité personnelle qui est devenu de nos jours la source de l'ironie.

Nous pouvons nous rendre compte jusqu'à un certain point de la science et de la méthode de Socrate; mais sa dialectique, son art en un mot, nous échappe parce que nous

[1] Hénophon, *Dits mémorables*, I, 4.
[2] Platon, *De la République*, I, 337.

ne pouvons que difficilement concevoir la connaissance profonde qu'il eut des hommes et des choses de son temps. Pour les manier avec autant d'aisance qu'il l'a fait, pour conduire les esprits comme par eux-mêmes au point où il voulait les mener, il fallut qu'aucune de leurs pensées ne lui fût voilée, qu'aucun ressort de leurs caractères ne lui échappât. Ce fut le secret de son génie. Poser des questions et donner des réponses concises fut un talent que possédaient Protagoras et Gorgias; l'art de Socrate en fut bien différent. Platon dans le *Banquet* nous décrit la fascination merveilleuse qu'il exerçait sur les esprits; Xénophon nous en donne peut-être une idée plus exacte encore dans ses *Entretiens* si simples et si charmants, surtout dans celui du jeune Euthydème auquel Socrate démontre son ignorance[1]. Prenant un chacun dans ce qu'il croyait le mieux connaître, il lui révélait, par les questions les plus élémentaires en apparence, les vérités qu'il possédait en réalité, et tous les trésors de science que renfermait sa pensée confuse. La vie entière de Socrate ne fut qu'une illustration de l'inscription du temple de Delphes : Connais-toi toi-même. Il dédaignait les grands discours, dans lesquels le sophisme échappe dans le flux de la parole, où l'erreur se cache sous l'image, et l'ignorance se dérobe dans la tournure rapide des phrases. A chaque question qu'i faisait, il prévoyait la réponse; il s'emparait ainsi insensiblement des esprits, pour les conduire à ses fins, les dépouillait de l'opinion superbe, comme dit Platon, qu'ils avaient d'eux-mêmes, en leur montrant qu'ils ne savaient que ce qu'ils savaient en réalité, et pas davantage, et de toutes les déli-

[1] XÉNOPHON, *Dits mémorables*, IV, 2.

vrances, ce fut la plus agréable et la plus assurée[1]. Cette puissance de dialectique, dont nous ne pouvons nous faire qu'une idée fort obscure, Socrate disait qu'il l'avait apprise de sa mère, la sage-femme ; que c'était l'art de faire accoucher les esprits[2]. Platon en fera sa grande définition de l'induction[3], mais Socrate lui-même ne s'est jamais bien rendu compte du tact instinctif et de la connaissance spontanée qu'il possédait des hommes pour avoir pu les manier comme il le fit.

Nous avons une preuve qu'il ne s'expliquait pas son étrange puissance, dans sa croyance en son démon familier. Son acte d'accusation la lui reprochait; Xénophon nous le rapporte [4], et Platon nous dit en termes à peu près identiques que son maitre ne s'est jamais trompé dans les conseils qu'il donnait comme lui étant inspirés par son démon [5]. Ce ne fut donc point une espèce d'hallucination[6] : elle l'aurait trompé bien souvent ; ni une croyance profonde comme celle des prophètes : elle aurait absorbé sa vie et sa pensée entière. Aussi ne pouvons-nous l'expliquer autrement que par cette connaissance instinctive qu'il avait des hommes et des choses de son temps. Il lui dut des prévisions qui le surprirent ; il en prit l'habitude, et les attribua, n'en voyant pas la cause, aux inspirations d'un esprit supérieur, quand elles

[1] Cit. p. 70.

[2] PLATON, le *Théétète*, 150.

[3] Voir sa définition, p. 93.

[4] « Socrate parlait comme il pensait : il disait qu'un être supérieur l'inspirait, et c'était d'après ses inspirations qu'il conseillait à ses amis de faire telle chose et d'éviter telle autre. Les uns se sont bien trouvés de l'avoir cru ; les autres se sont repentis de n'avoir point suivi ses conseils. » (XÉNOPHON, *Dits mémorables*, I, 1.)

[5] Le *Phédon*, 242.

[6] SCHLEIERMACHER (*Platons* Werke, I, 2, 432) et E. ZELLER (*Phil. der Gr.* 2 th. 64) expliquent le démon socratique comme une inspiration, une voix divine; Grote fait de Socrate une espèce de prophète.

n'étaient que des effets naturels de sa pensée si juste et si lumineuse. Mieux du reste peut-être que les passages si précis de Platon et de Xénophon, l'opinion de Socrate que la vertu était un objet de science, que le menteur volontaire était meilleur que le menteur involontaire, démontre qu'il ne se rendait pas compte de son propre génie. Il ne vit point chez les autres la puissance des instincts et du caractère, l'influence des habitudes et des passions ; comment l'aurait-il vu chez lui-même ? Son objet était avant tout la recherche de la science ; mais dans les questions aussi où son expérience ne lui offrait point de solution, il s'abandonnait à sa foi naïve et simple, et, de même qu'il croyait aux oracles et aux présages, il expliquait par un démon les éclairs de son génie.

Son immortel principe de l'identité du bien et de la science du bien n'en est pas moins admirablement juste. Le premier il comprit la puissance de l'intelligience humaine, et si les données lui firent défaut pour pénétrer l'action des instincts et des caractères dans la suite des générations et à travers l'histoire des peuples, il n'en reste pas moins vrai que ce n'est que par la sciençe que les hommes parviendront un jour à la dominer et à la diriger. Il en fut de Socrate comme des sculpteurs athéniens. Ils eurent un sentiment merveilleux des formes et des mouvements de la vie, sans avoir remplacé le ciseau par le scalpel.

Ce que nous connaissons le moins de Socrate, c'est son rôle politique. Hoplite, il sauva Xénophon au combat de Délium, Alcibiade à Potidée, et lui céda le prix de la valeur [1]. Élu *épistate,* il résista aux colères du peuple, refusa de mettre

[1] Diogène de Laerte, II, 1.

en accusation les généraux qui n'avaient point ramené les cadavres [1], et se démit de ses fonctions de sénateur. Dès ce moment, il paraît s'être voué entièrement à l'instruction de ses concitoyens et de la jeunesse. « Il répondit à Antiphon, qui lui demandait pourquoi, se flattant de former des hommes d'État, il ne se mêlait point de la politique qu'il connaissait si bien : « Et de quelle manière puis-je mieux servir « l'État? est-ce en ne lui consacrant que ma personne, ou en « travaillant à lui donner un grand nombre de sujets capables « de conduire les affaires [2]? » « Il sortait le matin, allait à la promenade et dans les gymnases ; il se montrait sur la place aux heures où le peuple s'y rendait en foule, et passait le reste du jour où il devait trouver les plus nombreuses réunions. Il y parlait souvent ; et qui le voulait pouvait l'écouter [3]. » « Jamais il ne reçut aucune récompense pour le temps qu'il donnait, et communiquait également à tous la science qu'il possédait [4]. » Son influence a dû être considérable. Lorsque les trente tyrans arrivèrent au pouvoir, ils lui défendirent de s'entretenir, ainsi qu'il avait l'habitude, avec les hommes du peuple [5] ; et quand les démagogues reprirent la direction des affaires, ils l'accusèrent non-seulement de ne pas croire aux dieux de la cité et de vouloir introduire des dieux nouveaux, mais surtout de mépriser les lois reçues et de corrompre la jeunesse [6]. Il recherchait de préférence les jeunes gens de bonne famille pour les instruire dans les grands intérêts du bien public et du bien privé. Il aimait son

[1] XÉNOPHON, *Dits mémorables*, I, 1.
[2] *Idem, ibid.*, I, 4.
[3] *Idem, ibid.*, I, 2.
[4] *Idem, ibid.*
[5] PLATON, *le Premier Alcibiade.*
[6] XÉNOPHON, *Dits mémorables ; Entretien avec le fils de Périclès.*

Athènes et rendait justice à l'excellent caractère de son peuple[1] ; mais il déplorait ses institutions démagogiques et n'admettait point qu'une fève pût décider de la capacité politique des citoyens. Il préférait sous certains rapports les institutions de Sparte et de Crète[1]. La *Cyropédie* de Xénophon et la *République* de Platon ne peuvent être considérées que comme de pâles reflets de l'enseignement autrement vivant de leur maître. Il le paya de sa vie, et ses disciples devinrent plus prudents. Ses efforts, du reste, furent stériles. Les caractères avaient perdu leur trempe ; Alcibiade demeure bon tant qu'il est avec lui ; mais sorti de ses mains, il est entraîné comme Critias. « Enflés de leur noblesse, éblouis de leur fortune, étourdis de leur puissance, amollis par de vils complaisants, corrompus par toutes ces circonstances réunies[2] », ils furent entraînés par le courant qui conduisait Athènes à sa ruine. Xénophon se réfugie en Lacédémone, Platon ne s'occupe point des affaires. Il n'y avait plus de place à Athènes pour les esprits sérieux et sincères.

Socrate fut la victime de la haine des sophistes, des ambitieux et des démagogues. « Lorsqu'on alla aux voix, il y eut pour le condamner une majorité de deux cent quatre-vingt-un suffrages. Comme les juges délibéraient sur la peine ou l'amende, il se taxa lui-même à vingt-cinq drachmes, ou cent, suivant Eubulide. Les juges s'étant récriés, il dit : Je déclare que le châtiment que j'ai mérité, c'est d'être nourri au Prytanée. Aussitôt quatre-vingts voix nouvelles se prononcèrent pour la mort. » Il dédaigna de se défendre, refusa de s'échapper, et, fidèle à lui-même jusqu'au

[1] PLATON, le *Criton*, 14.
[2] XÉNOPHON, *Dits mémorables*, I.

dernier moment, mourut en donnant l'exemple du respect de la loi[1]. Ce fut sa meilleure défense. N'ayant pu rendre à Athènes ses Miltiade et ses Aristide, il succomba à la tâche, laissant à sa patrie deux penseurs incomparables, à l'humanité une des plus belles pages de son histoire, et à la science la révélation du génie humain à lui-même.

Grote assure qu'on ne trouve point de trace que jamais les Athéniens aient regretté la condamnation de Socrate. N'être point compris est le sort de tous les vrais génies aux époques de décadence. Le piédestal des hommes célèbres dans ces temps malheureux n'est fait que de la sottise de leurs contemporains. Leurs exagérations dans la politique sont prises pour de la force; leurs raffinements dans les lettres, pour du talent; leur faiblesse de caractère s'appelle savoir-vivre; leurs intrigues, adresse; leur absence de conscience, fortune; leurs sophismes, science; les déclamations remplacent les idées absentes; l'appel aux passions, la vérité qui fait défaut; l'admiration mutuelle des coteries tient lieu de mérite; les ambitions malsaines des partis font la puissance; et les peuples meurent pour n'avoir point su comprendre les seuls hommes qui auraient pu les sauver. On élève des statues d'or aux Gorgias, on confie les intérêts de l'État aux Cléon, et l'on condamne les Socrate à mort sans même être capable de les regretter.

[1] DIOGÈNE DE LAERTE, II, 4. — PLATON, le *Criton*.

LIVRE II

LES SOPHISTES CONTEMPORAINS ANGLAIS

I

LA PHILOSOPHIE DU DIX-HUITIÈME SIÈCLE

C'est par la recherche des idées simples, la grande pensée de Descartes, que la philosophie moderne sortit des distinctions, des subtilités et des sophismes que lui avait transmis la scolastique. La nouvelle méthode conduisit son auteur à des applications et à des conséquences aussi logiques que puissantes. Elle lui fit relever la grandeur de la pensée humaine dans son célèbre enthymème, concentrer dans la seule idée de Dieu la preuve de son existence, donner la définition de la matière par l'étendue, et de ses phénomènes par le mouvement. Mais la méthode était incomplète; elle força Descartes à faire des idées simples des idées innées, à les distinguer des idées sensibles, qui lui paraissaient, par suite, insuffisantes et incertaines. La mesure commune lui échappa; l'action du moi inétendu sur le corps et la matière étendus devint un mystère incompréhensible, et les tourbillons, qui résultèrent de la définition des phénomènes par le mouvement, une hypothèse insoutenable. Déjà Locke, son premier et peut-être son plus grand disciple, rejeta les idées innées : les enfants et les sauvages ne les possèdent point. Il prétendit que la réflexion les dégageait des idées complexes, et si, fidèle à la pensée de Descartes, il admit que les idées simples seules donnent la science et la certitude, ainsi que la preuve de l'existence divine, il distingua aussi les qualités des choses en qualités premières et en qualités secondes, selon qu'elles répondaient à nos idées simples ou à nos idées complexes. Mais il ne put pas mieux que le maître expliquer les rapports qui existent entre elles. Sa doctrine se heurta contre la même difficulté devant laquelle s'était arrêtée celle de Descartes.

Spinosa alla plus loin ; il admit que les idées simples et les idées sensibles étaient adéquates à leur objet, rechercha leur dépendance réciproque, arriva à l'idée de substance, supposée par toutes les autres, et conclut à l'existence d'une substance infinie dans ses attributs, mais finie dans les modes de ses attributs. La même difficulté renaissait sous une troisième forme. Il ne put pas mieux que Locke rendre compte des rapports entre les idées adéquates simples et les idées adéquates concrètes, entre la substance infinie et ses modes finis. Malebranche fit de l'idée de l'étendue infinie la notion fondamentale de sa doctrine, conclut à la vision en Dieu partout présent, et, ne pouvant pas plus que ses prédécesseurs expliquer les rapports des choses étendues et du moi inétendu, il supposa, pour mettre d'accord les phénomènes extérieurs et les phénomènes de la pensée, l'action miraculeuse des causes occasionnelles. Leibnitz enfin s'imagina dissiper toutes ces difficultés en transportant la monade agissante dans le monde concret; il n'expliqua rien, supposa l'existence d'une harmonie préétablie entre le monde idéal et le monde extérieur, et acheva de séparer d'une façon complète les vérités nécessaires des vérités contingentes.

Après Leibnitz, la philosophie perdit sa logique rigoureuse, sa franchise et son ampleur. Le dix-septième siècle laissait au dix-huitième des principes premiers dont il n'y avait pas moyen de douter : la sensation claire, nette, immédiate, que nous ne pouvons pas ne pas ressentir telle que nous l'éprouvons, et les idées absolues, nécessaires, que nous ne pouvons pas ne pas penser, une fois que nous les avons conçues. Le dix-huitième siècle les reçut et les fit siens; mais le dix-septième lui laissait également toute une série d'hypothèses ou mystérieuses ou chimériques : l'opposition du moi inétendu et du non-moi étendu, les qualités premières et les qualités secondes, les modes finis d'attributs infinis, la vision en Dieu, les causes occasionnelles, l'harmonie préétablie, hypothèses qu'il n'acceptera point; à peine daignera-t-il s'en moquer. Personne ne soupçonna un instant que la philosophie nouvelle allait entreprendre une œuvre impossible, car ces hypothèses qu'elle dédaignait étaient les conséquences rigoureuses des principes mêmes qu'elle acceptait. La contradiction se trouvait impliquée dans son point de départ; elle restera inhérente à toutes ses recherches et jaillira de toutes ses doctrines. Les uns nieront l'idée, les autres la sensation, d'autres voudront expliquer l'idée par la sensation, ou la sensation par l'idée, sans qu'ils puissent faire faire un pas à l'évidence ou à la science ni de l'une ni de l'autre. On fera appel au bon sens et à la raison, à l'histoire et à la science, à l'amour du vrai, du juste, du bien, à toutes choses, pour revenir toujours à la distinction première des idées sensibles et des idées nécessaires, qui entraînait les solutions du dix-septième siècle et n'en permettait point d'autres, et la philosophie du dix-huitième siècle prit forcément les caractères d'une sophistique nouvelle.

Berkeley, partant de la distinction des qualités premières et des qualités secondes de Locke, conclut que, les notions abstraites étant des produits purs de la pensée, les notions concrètes l'étaient également. Il confondit systématiquement la portée des idées sensibles avec celle des idées abstraites, et le monde objectif disparut devant lui. Hume chercha au contraire dans les qualités premières de Locke la source des qualités secondes, leur cause et leur substance, et ne voyant nulle part dans l'existence et dans la succession des phénomènes cette cause ni cette substance, il rejeta comme illusoire la certitude que ces idées nous donnent. Sa confusion fut la contre-partie de celle de Berkeley. Reid répondit au scepticisme de Hume par la croyance de tous les hommes dans la stabilité des phénomènes de la nature, et par leur confiance dans la parole les uns des autres. Il ne fit de toute sa doctrine qu'un long sophisme *elenchi,* car c'était précisément la cause de cette confiance et de cette croyance qu'il s'agissait de définir. Condillac ramena au contraire tous les phénomènes de notre intelligence aux sensations, et sa doctrine entière se réduisit à une pétition de principe continuelle. Comment la première sensation est-elle possible sans une activité quelconque qui soit propre à notre intelligence? Sa réponse ne fut qu'un tour de force littéraire, qui cacha sous la forme le vide du principe. Kant, enfin, concentra les erreurs de tous dans sa *Critique de la raison pure,* opposa les arguments des uns aux arguments des autres, les connaissances *à priori* aux connaissances *à posteriori,* et, se trompant sur le sens abstrait et le sens concret que peuvent prendre tour à tour nos idées, il devint le créateur de l'antinomistique. Ce fut l'époque des grands sophistes ; seuls ils peuvent être comparés pour la vigueur de leurs déductions, la force de leurs analyses ou leur exposition brillante aux Zénon d'Élée, aux Mélissus, aux Gorgias et aux Protagoras de l'antiquité.

Limités aux recherches de la métaphysique, les dangers que pouvaient présenter les écoles de la nouvelle sophistique eussent été peu graves, mais elles étendirent également leurs spéculations à la morale et à la politique. Leibnitz avait compris au nombre des vérités nécessaires les principes de la morale, et il avait conclu que ces principes étaient non moins nécessaires et se démontraient avec la même évidence que ceux des mathématiques. Wolf, son disciple, le prit au mot. S'il y a des principes de morale nécessaires, il y a des obligations qui sont inhérentes à la nature même de l'homme, et ces obligations donnent naissance à des droits qui leur répondent, non moins nécessaires et non moins naturels. « Comme tels, ces droits sont au même titre que les obligations inhérents à la nature de chaque homme : chacun jouit des mêmes droits, et tous acquièrent le droit de résister à quiconque y veut porter atteinte ; l'égalité de tous et la communauté primitive sont de droit naturel : chacun est obligé de contribuer à la perfection de l'autre. » Le *Contrat social* fut la conséquence légitime de ces prétendus droits [1]. Nul ne vit que la confusion entre le devoir abstrait et le

[1] J. C. Wolf publia ses *Institutiones juris naturæ et gentium* en 1748. Formey en fit paraître un extrait français en 1750 à Amsterdam, et le *Contrat social* est de 1762. (Cf. l'*Extrait* de FORMEY, XL.)

Quant à l'invention de l'état de nature abstrait, idéal, « état de raison et de paix », le mérite en revient à Pufendorf (*Droit de la nature et des gens*, l. II, II, 1672). Rousseau le cite dans le *Contrat social*.

devoir réel, entre le droit absolu et les droits concrets était de même nature que les confusions entre les notions abstraites et concrètes, absolues et particulières. Ce fut la morale de l'école idéaliste.

L'école sensualiste eut également la sienne. Si la sensation est la source de nos idées, la passion est aussi le critérium de nos actes. Adam Smith ramène toutes nos affections à la sympathie. Diderot croit les hommes fatalement bons ou mauvais; Helvétius voit dans l'égoïsme et l'intérêt les mobiles fondamentaux des actes des hommes. Il en fit des principes absolus et premiers de la même manière que Wolf et Rousseau avaient transformé les devoirs en droits imprescriptibles.

Tous indistinctement prétendirent chercher le vrai, le bien, le juste; on en fit la gloire des penseurs du dix-huitième siècle. Protagoras, Polus, Thrasymaque s'étaient efforcés également de définir le vrai, le bien, le juste; mais il leur avait été impossible d'y parvenir pour les mêmes raisons qui empêchèrent les penseurs du dix-huitième siècle d'y arriver ; encore les fables de l'état de nature ou de l'homme-machine ne valent-elles point celle d'Épiméthée. Lorsque Hegel assimila le rôle des sophistes de la Grèce à celui des libres penseurs [1], il eut, sans le soupçonner, une de ses vues historiques les plus remarquables. Les uns et les autres procédaient de principes absolus et exclusifs, et tous y ajoutaient une foi également sincère; les uns et les autres attaquèrent les croyances traditionnelles avec la même violence, et tous encore cherchèrent dans des définitions de l'état de nature, ou des aspirations vers le juste et le bien,

[1] Voir p. 28.

les principes de la morale. Enfin, de même qu'en Grèce, ce fut par les événements sociaux et politiques qui s'accomplirent au dernier siècle que les libres penseurs acquirent, comme les anciens sophistes, leur étrange ascendant sur la pensée publique. Comme en Grèce, l'instruction s'était répandue, et avec le progrès des connaissances, le besoin des solutions philosophiques était devenu plus vivace. En même temps, une transformation non moins profonde que durant la guerre du Péloponèse se préparait dans l'ordre social et dans l'ordre politique européens. Si en Grèce le phénomène fut plus rapide, limité aux citoyens des différentes cités; si dans les États modernes les agglomérations nationales et l'extension de l'action politique lui donnèrent plus d'éclat et en étendirent la durée, au fond la révolution fut semblable. Les grandes familles avaient perdu, avec le sentiment de leurs origines et de leur mission, leur autorité politique; les rois, au milieu d'institutions plus régulières et d'un ordre plus stable, la conscience de leurs devoirs; et avec le progrès du travail, de l'industrie et des relations internationales, les vieilles formes administratives étaient devenues insuffisantes, l'organisation financière et militaire vicieuse, en même temps que les classes populaires avaient acquis une importance plus grande. Il suffisait, comme en Grèce, que le génie manquât aux chefs pour que les grands États modernes, comme les petites républiques de l'antiquité, se trouvassent en proie à tous les abus et à tous les désordres.

La révolution éclata d'abord en Angleterre, mais celle-ci trouva dans ses traditions historiques des formes de constitution et de réorganisation intérieure qui firent défaut aux États du continent. Seul le génie de Frédéric II prévit en partie les caractères de la nouvelle époque; il introduisit l'uniformité des impôts et du service militaire, une administration régulière et ferme. En Autriche, Joseph II préluda par ses réformes religieuses à la désorganisation de l'Empire, tandis que, selon les progrès administratifs ou les désordres politiques, de nouvelles puissances, comme la Russie, surgirent, ou que d'autres, comme la Pologne, disparurent. Pour les mêmes causes encore, les colonies anglaises se révoltèrent; si la métropole avait trouvé dans ses traditions la force pour transformer ses institutions, les rapports avec ses colonies étaient nouveaux, et la même impuissance, les mêmes abus que partout ailleurs s'y dévoilèrent. En France, enfin, où toutes les aspirations nouvelles avaient trouvé leur expression la plus passionnée, où les besoins de réorganisation administrative, financière et militaire se faisaient sentir vivement, la classe dirigeante se montra incapable de leur donner aucune satisfaction. Où prendre, en effet, les principes de la direction nouvelle, la ligne de conduite à suivre, où trouver la communauté de sentiments, qui seules unissent les hommes dans leur action politique et sociale? Les anciens Athéniens, pour apprendre à gouverner le peuple, allèrent chez leurs sophistes; les Athéniens du dix-huitième siècle s'adressèrent aux libres penseurs. Ce fut la noblesse qui en montra le chemin. Elle se passionna pour les œuvres des modernes vainqueurs d'Olympie dans la beauté de la forme et la limpidité du langage. Voltaire, Rousseau et les encyclopédistes devinrent les héros du jour. La bourgeoisie à son tour se pénétra de leurs principes et de leurs doctrines. La religion devint l'infâme qu'il fallait écraser; l'état de nature, l'idéal à poursuivre; tout gouvernement, du despotisme; les droit abstraits, des formules de conduite : l'athéisme eut ses capucinades; la religion de la nature, ses sectaires, et enfin, comme à Athènes, les sophistes étrangers trouvèrent en France leurs échos les plus puissants. Survinrent quelques années de disette, et le pays fut bouleversé jusque dans ses fondements. Heureusement, si les sophismes des libres penseurs égarèrent bien des esprits et soulevèrent, avec la famine, toutes les mauvaises passions [1], au fond de la Révolution subsistaient des éléments autrement sérieux et solides. La France trouva dans son sein des jurisconsultes initiés à la vieille science du droit, une armée pénétrée du sentiment de l'honneur et de l'esprit de sacrifice, des organisateurs au fait de toutes les exigences du moment, des administrateurs merveilleux, et dans l'esprit de la nation continuaient à vivre, avec un besoin d'égalité nouveau, produit du développement social, des sentiments admirables de bon sens, d'ordre et de discipline. Ce furent les vraies, les grandes gloires de la Révolution. Si à cette époque un Socrate eût apparu, la France prenait des assises comme n'en trouva plus Athènes. Mais les sophismes des libres penseurs étaient trop vastes; le simple sens pratique, fût-il du génie, ne pouvait en découvrir les illusions. Un soldat heureux seul dédaigna les faux idéologues, et profita de toutes les gloires véritables de la Révolution pour étouffer sous sa main de fer les aspirations nouvelles. Les institutions des peuples ne se fondent que par une longue expérience ou une science précise, et non par des abstractions, si belles qu'elles soient.

Quant aux sophistes, ils continuèrent leur œuvre sous d'autres formes et d'autres noms. L'école sensualiste française

[1] Cf. H. TAINE, *Origines de la France contemporaine,* vol. II.

aboutit à l'idéalisme, les écoles idéalistes allemande et anglaise arrivèrent au sensualisme : comme des enfants qui tournent en cercle, l'un vient prendre successivement la place de l'autre, sans qu'ils avancent ni reculent.

En effet, de toute nécessité, nous ne jugeons nos idées les unes que par les autres; si nous accordons n'importe quelle différence de certitude et de vérité soit aux unes, soit aux autres, nous détruisons notre faculté de juger jusque dans ses sources; ce n'est plus que par une éloquence illusoire, des obscurités inintelligibles, des oppositions sans raison, des paralogismes sans fin, que nous dépassons en apparences les bornes que nous nous sommes aveuglément tracées.

Les contraires appartiennent au même genre, disait le Stagyrite, le grave et l'aigu au son, le doux et l'amer au goût; et pour démontrer une vérité quelconque, ajoutait-il, il faut le faire par le principe premier du genre dont il s'agit. C'est en suivant ce principe que la physique nous a expliqué les différentes couleurs par les caractères de la lumière, le chaud et le froid par la chaleur, les oppositions des sons et des timbres par les vibrations, et que toutes les grandes découvertes ont été faites en chimie, en mécanique et en astronomie. Ce n'est qu'en philosophie où nous croyons, en dépit d'Aristote, que nous puissions atteindre la vérité d'une autre façon. En vain l'idéalisme et le sensualisme changeront de nom et d'enseigne, deviendront le criticisme, le synthétisme, la philosophie du bon sens, le positivisme, l'éclectisme, l'évolutionisme, le nihilisme, la distinction première, admise au nom de son évidence propre, sans principe supérieur, ne pourra conduire à la solution d'aucune des difficultés impliquées dans la distinction même. L'impossibilité de conclure du moi au monde extérieur, de l'être nécessaire à l'être contingent, de la volonté déterminée à la volonté indéterminée, des notions absolues aux notions relatives, des idées abstraites aux idées concrètes, renaîtra sans cesse dans tous les paralogismes possibles, et se trouvera cachée sous tous les systèmes.

La sophistique moderne, comme la sophistique ancienne, ne sortira de son cercle vicieux qu'après avoir montré, par des excès dans toutes les directions, que la distinction de l'évidence des vérités nécessaires et de celle des vérités contingentes conduit au néant de la philosophie et de la certitude, à la perversion de tout sentiment de la réalité et de la vérité.

II

LES PRINCIPES DE LA LOGIQUE DE STUART MILL

Le philosophe qui parmi nos contemporains paraissait le moins destiné à se perdre dans la sophistique fut Stuart Mill. Doué d'une puissance d'analyse remarquable et de vastes connaissances, il fut de plus un critique de premier ordre, sévère souvent, mais aussi singulièrement indépendant. Il vit les fautes des auteurs dont il procédait, non moins que celles des philosophes qui lui étaient le plus opposés; sa mesure pour tous fut la même. Supériorité de vues, indépendance de caractère qui le rapproche des penseurs vraiment grands, avec lesquels il a encore cette autre ressemblance d'avoir compris l'importance de la méthode et d'avoir fait de ses études de logique son œuvre principale. Il bouleversa la science qui nous est enseignée sous ce nom, prétendit fixer les règles de l'induction, prescrire à la déduction ses conditions de certitude, et nous signala les différentes formes de sophismes, en nous montrant, avec une vigueur sans exemple de nos jours, les illusions auxquelles la pensée humaine succombe dans ses recherches et dans ses raisonnements.

Il est mort, en 1873, dans notre pays, mais sa doctrine est encore vivante dans l'esprit de ses disciples, et ses adversaires sont pleins de respect pour sa science comme pour son caractère. C'est donc par le philosophe qui nous donne le plus de garantie de n'être point un sophiste que nous commencerons cette étude. Il nous présente, en effet, le spectacle étrange d'un penseur tombant lui-même dans les sophismes qu'il a le mieux définis, sans le soupçonner et sans que sa sincérité puisse un instant être mise en doute. Par ses mérites comme par ses fautes, il nous donne la mesure la plus exacte de la valeur de ses rivaux, et mieux que tout autre il nous fait comprendre les égarements auxquels les esprits les plus distingués sont entraînés dans les époques de sophistique.

Par sa doctrine, Stuart Mill se rattache à celle d'Auguste Comte, et par celui-ci à l'école du sensualisme. « La spéculation humaine, répète-t-il d'après son maître, passe par trois phases successives : dans la première, elle tend à expliquer les phénomènes par des agents surnaturels ; dans la seconde, par des abstractions métaphysiques, et dans la troisième, elle se borne à constater leurs lois de succession et de similitude[1]. » C'est la loi des trois états du positiviste

[1] *Système de logique*, vol. II, p. 531. (Traduction de la 6e édit. angl. L. Peisse.) Nous citerons toujours cette traduction ; elle a été publiée du vivant de l'auteur, et l'on ne pourra nous reprocher de l'infidélité dans notre interprétation. Nous donnerons en note le texte anglais des passages un peu obscurs.

français, qui paraît à Stuart Mill « posséder ce haut degré scientifique qui résulte du concours des indications de l'histoire et des probabilités tirées de la constitution de l'esprit humain [1] ». Il cherchera donc à établir dans sa *Logique* les principes et les règles de la succession et de la similitude des phénomènes du raisonnement, et les inductions tirées de la constitution de l'esprit humain ne lui apparaîtront que comme des probabilités : « L'étude de la conception en elle-même, de la perception, de la mémoire et de la croyance, est de la métaphysique [2]. »

Il indique avec non moins de précision le côté par lequel sa logique se séparera de celle qui nous est enseignée par l'école idéaliste. « Tous les logiciens ont confondu à tort la proposition et le jugement; ils emploient indifféremment ces deux termes, et pour eux, l'un et l'autre consiste à affirmer ou à nier une idée d'une autre... C'est une des erreurs les plus funestes qui aient été introduites dans la logique, et la principale cause du peu de progrès qu'a fait cette science dans les deux derniers siècles... Les traités de logique publiés depuis l'intrusion de cette erreur capitale, bien qu'écrits quelquefois par des hommes de fort grand talent et très-instruits, impliquent presque toujours tacitement l'opinion que la vérité consiste dans la considération et le maniement de nos idées ou concepts des choses et non des choses mêmes, doctrine équivalente à l'assertion que la seule manière d'acquérir la connaissance de la nature est de l'étudier de seconde main, telle qu'elle est représentée dans notre esprit. De grandes et fécondes vérités sur les phénomènes de la nature se découvrent tous les jours par des procédés qui ne tirent

[1] *Système de logique* (trad. Peisse), vol. II, p. 531.
[2] *Ibidem*, vol. I, p. 8.

ni lumière ni secours de ces théories du jugement et du raisonnement[1]. » Il s'occupera donc aussi peu de l'idée en elle-même que des rapports des idées entre elles. « Quand je dis que le feu cause la chaleur, je ne veux pas dire que mon idée de feu cause mon idée de chaleur, mais j'entends que le phénomène naturel feu cause le phénomène naturel chaleur. Et lorsque je veux affirmer quelque chose de relatif aux idées, je leur donne leur propre nom, je les appelle des idées, comme quand je dis que l'idée que se fait un enfant d'une bataille n'est pas conforme à la réalité[2]. » La distinction paraît d'une évidence éclatante, l'opposition complète, et il semble, à ces seules lignes, qu'un souffle nouveau va animer la science si vieillie de la logique. L'objet de Stuart Mill ne sera point d'examiner les principes et les règles surannées du jugement, du sujet, de l'attribut, de la copule, mais il recherchera les procédés par lesquels de grandes et fécondes vérités se découvrent tous les jours dans les sciences; il n'envisagera plus les idées, mais les phénomènes; il trouvera les règles auxquelles obéit le génie d'un Newton et d'un Képler, et, débarrassé des chercheurs de la quintessence métaphysique, il nous dévoilera les lois qui régissent la pensée dans son intelligence directe de l'univers.

Nous en sommes bien loin. Déjà, dans les différentes définitions de cette science nouvelle et si pleine de promesses, il nous montre combien sa pensée reste obscure et confuse. La logique lui apparait à une page comme « la science du raisonnement et comme un art fondé sur cette

[1] *Système de logique* (trad. Peisse), vol. I, p. 95, 97.
[2] *Ibidem*, vol. I, p. 97.

science[1] » ; plus loin, il assure « qu'elle est la science de la preuve[2] » ; et plus loin encore, il dit qu'elle a pour objet « d'enseigner de procéder du connu à l'inconnu[3] ». La recherche de la vérité inconnue est cependant bien différente de la preuve de la vérité ; la science du raisonnement est tout autre chose que l'art de raisonner, et tout autre chose encore que la découverte. Si, dans une bonne logique, ces diverses fonctions de notre entendement doivent être définies, la logique, dans son ensemble, ne s'en distingue pas moins que toute science, dans son ensemble, des parties qui la composent.

Les différentes définitions de Stuart Mill ne nous sont intelligibles qu'à la condition de prendre chacune des expressions dans le sens le plus vague. Sa pensée reste confuse, et pour en découvrir la raison, nous n'avons qu'à ouvrir le chapitre des sophismes. « L'*opus magnum,* nous y dit-il, de la philosophie mentale la plus subtile... consiste à prendre la propriété de nos idées ou conceptions pour des propriétés des choses conçues[4]. » Dans son point de départ, dans les définitions qu'il donne, dans le but qu'il se propose, il ne fait que commettre mot par mot le sophisme qu'il nous dénonce. Quand il nous assure que le feu cause la chaleur, il ne veut pas dire que son idée feu cause son idée chaleur, mais que le phénomène naturel feu cause le phénomène naturel chaleur. Mais jamais logicien n'a prétendu que son idée feu causait son idée chaleur; le reproche qu'il leur adresse est un jeu sur le sens des mots, et quand lui-même nous

[1] *Système de logique* (trad. Peisse), vol. I, p 3.
[2] *Ibidem*, vol. I, p. 9.
[3] *Ibidem*, vol. I, p. 12.
[4] *Ibidem*, vol. II, p. 310.

assure qu'il n'entend par la chaleur causée par le feu que des phénomènes naturels, il prend précisément, comme il le dit dans sa définition du sophisme, la propriété de son idée pour la propriété de la chose conçue. Il ne connait le feu et la chaleur que par les idées qu'il en a; sans idées, il n'en jugerait en aucune façon. Mais il a fait sans s'en rendre compte un acte de foi, il appartient à l'école sensualiste et positiviste, et voilà pourquoi, malgré l'évidence, il affirme qu'il n'entend s'occuper que des phénomènes; il impose *à priori* sa croyance, et ne fera tout le temps autre chose que prendre la propriété de ses idées ou conceptions pour les propriétés des choses conçues; l'*opus magnum* de la philosophie mentale la plus subtile; « la cause, comme il dit encore, de la partie considérable d'erreurs qui existent dans le monde[1] ». Son idée chaleur lui représentera la chaleur véritable, tandis qu'elle n'est qu'une simple sensation, et toutes ses idées du monde sensible étant des phénomènes vrais, la preuve de la vérité se confondra chez lui avec sa recherche, l'art de raisonner avec les règles du raisonnement, la démonstration avec la découverte. Que les idéalistes tirent leurs doctrines de quelques propositions évidentes et nécessaires, que Stuart Mill parte des phénomènes pour en déduire la sienne, le point de vue est différent, mais la façon de procéder est entièrement la même. Que Protagoras défende le mouvement, que Gorgias soutienne l'être, ils tomberont tous deux dans les mêmes fautes et les mêmes illusions.

Nous verrons jusqu'à quel degré inimaginable Stuart Mill, malgré ses efforts et son talent, s'égarera dans la suite. Pour le moment, n'attachons pas trop d'importance à ses défini-

[1] *Système de logique* (trad. Peisse), vol. II, p. 310.

tions. « La définition, nous dit-il, n'est qu'une simple proposition identique, qui n'apprend rien autre chose que l'usage de la langue, et de laquelle on ne peut tirer aucune conclusion relative à des faits[1]. » Sa doctrine n'en est pas moins contenue tout entière dans sa définition. Il méconnait l'importance de la définition comme il a méconnu celle du jugement.

Il en est, suivant lui, des définitions comme des propositions identiques. « Tout homme est un être corporel; tout homme est un être vivant; tout homme est un être raisonnable, ne donnent aucune connaissance nouvelle à celui qui connaît déjà toute la signification du mot homme... Ce sont là des propositions identiques ou essentielles qui ne nous apprennent quelque chose que relativement au nom, et non à l'objet. Au contraire, les propositions non essentielles, accidentelles, peuvent être appelées réelles par opposition aux verbales. Elles affirment d'une chose quelque fait non impliqué dans la signification du nom employé pour le désigner... Toutes ces propositions ajoutent, si elles sont vraies, à notre connaissance... Il n'y a qu'elles qui soient instructives par elles-mêmes[2]. » Laquelle des propositions qu'émettront un enfant, un épicier et un chimiste sur les propriétés du sel, par exemple, sera verbale, identique ou essentielle? laquelle accidentelle? Celle de l'enfant sera certainement la plus verbale, la plus conforme à l'usage élémentaire de la langue. Celle de l'épicier aura déjà une portée plus grande, elle sera peut-être identique; il entendra par sel ce que tout le monde lui demandera sous ce nom; mais que la proposition du chimiste soit accidentelle, parce qu'elle seule nous apprend quelque chose de nouveau au sujet

[1] *Système de logique* (trad. Peisse), vol. I, p. 162.
[2] *Ibidem*, vol. I, p. 124-128.

de ce corps, et non pas essentielle, c'est ce qu'il nous est bien difficile à comprendre. Cette confusion nouvelle ne nous est explicable qu'à la condition de supposer que Stuart Mill, au lieu d'envisager les faits comme il se le propose, n'ait eu en vue que l'opinion des idéalistes sur les propositions essentielles, et pour combattre celle-ci, les propositions accidentelles deviennent vraiment pour lui les propositions essentielles. Ce n'est encore une fois qu'un jeu sur le sens des mots.

Si nous examinons les trois propositions du point de vue des faits, sans idées préconcues, la définition de l'épicier nous semblera certainement la plus verbale; il comprendra par le mot sel ce que tout le monde entend. La définition de l'enfant nous apparaîtra, au contraire, comme la plus accidentelle; personne ne peut prévoir la sensation que donnera à l'enfant le goût de cette substance : agréable ou amère, douce ou brûlante; tandis que la définition du chimiste sera seule scientifique et essentielle; elle comprendra non-seulement la composition chimique et les caractères propres du sel, mais encore son rang dans l'ordre des corps.

La seconde espèce de propositions que Stuart Mill rejette sont les propositions nécessaires; celles « dont on a dit qu'elles étaient non-seulement des vérités *à priori,* innées, mais que leur contraire encore nous était inconcevable[1] ». « Il est certain, continue-t-il, que si une longue habitude offre constamment à un individu deux faits liés ensemble, et si, pendant tout ce temps, il n'est pas amené soit par accident, soit par un acte mental volontaire, à les penser séparément, il deviendra probablement à la fin incapable de le faire, même avec le

[1] *Système de logique* (trad. Peisse), vol. I, p. 279.

plus grand effort... On voit dans l'histoire des sciences de curieux exemples d'hommes très-instruits rejetant comme impossibles des choses que la postérité, éclairée par la pratique et par une recherche plus persévérante, a trouvées très-aisées à concevoir, et que tout le monde maintenant croit vraies. Il fut un temps où les esprits les plus cultivés et les plus libres de tout préjugé ne pouvaient pas croire à l'existence des antipodes, ni, par suite, concevoir à l'encontre d'une association d'idées la force de gravité s'exerçant en haut, et non en bas[1]. » Il en est de même pour toutes les propositions dites nécessaires, et dont Stuart Mill prétend que le contraire est inconcevable. « Nous poursuivons une ligne à l'infini, et nous disons que deux lignes qui se croisent ne peuvent plus jamais se rencontrer. C'est que les lignes imaginaires que nous traçons dans l'espace ressemblent exactement aux lignes réelles desquelles elles procèdent, ce sont toujours les mêmes lignes que nous nous figurons, et avec les mêmes propriétés. Et si nous ajoutons que deux lignes qui se croisent ne peuvent jamais se rencontrer, ce n'est point que nous les poursuivions en réalité jusqu'à l'infini, mais c'est parce que nous savons par l'expérience qu'une ligne droite qui, après avoir divergé d'une autre droite, commence à se rapprocher, produit sur nos sens l'impression qu'on désigne par l'expression de ligne courbe, et non par celle de ligne droite[2]. »

Il n'y a donc pas de propositions nécessaires, toutes sont le produit d'associations d'idées devenues habituelles ; il n'y en a point dont le contraire nous soit absolument inconcevable, et nous ne possédons aucune garantie qu'il ne puisse

[1] *Système de logique* (trad. Peisse), vol. I, p. 272.
[2] *Ibidem*, vol. I, p. 267, 268

pas y avoir des mondes dans lesquels deux et deux fassent cinq et où les lignes parallèles puissent se rencontrer. Mais s'il en est ainsi, comment Stuart Mill peut-il soutenir que « le principe fondamental de tout raisonnement est que tout ce qui a une marque a ce dont il est la marque[1] »? Nous ne pouvons certainement pas nous imaginer que la marque d'une chose ne soit pas la marque de ce dont elle est la marque, qu'une chose puisse, en d'autres termes, être et n'être pas à la fois telle qu'elle est. Mais s'il nous est inconcevable qu'une chose puisse être et n'être pas à la fois telle qu'elle est, ce principe est valable non-seulement pour notre monde, mais encore pour tous les mondes possibles, et il nous est non moins inconcevable que deux et deux puissent faire cinq dans un monde quelconque; il faudrait que l'une des unités au moins fût et ne fût pas à la fois une unité; ni que deux parallèles puissent jamais se rencontrer parce que le même espace qui les sépare serait et ne serait pas à la fois le même espace. Il y a donc des vérités nécessaires, dont le contraire nous est inconcevable, en grand nombre, et Stuart Mill lui-même proclame le principe sur lequel ces vérités reposent. Il est vrai qu'au lieu de l'appeler *nécessaire,* il l'appelle *fondamental,* et revient au jeu sur le sens des mots, et à l'éternelle confusion des sophistes de la valeur différentielle de nos idées : si nos ancêtres n'ont pas voulu croire à l'existence des antipodes, c'est qu'ils ignoraient les lois de l'attraction terrestre; ce fut un fait concret. Quand nous affirmons qu'il nous est impossible de concevoir qu'une ligne droite que nous poursuivons par la pensée à l'infini ne soit pas réelle-

[1] *Système de logique* (trad. Peisse), vol. I, p. 299.
« The fundamental maxim of ratiocination is that what ever has a mark, has what it is a mark of. » (*System of log.*, 1re édit., vol. I, p. 287.)

ment une ligne infinie, c'est une confusion entre nos conceptions abstraites et nos idées des dimensions réelles; enfin, si nous déclarons que rien ne peut être et n'être pas à la fois, ou, suivant la formule de Stuart Mill, que la marque d'une chose est la marque de ce dont elle est la marque, c'est par suite d'une nécessité intellectuelle, conséquence de l'acte même de penser et dont le contraire nous est absolument inconcevable. Stuart Mill oppose des faits concrets, comme dans l'exemple des antipodes, à l'affirmation des propositions nécessaires; il les met sur la même ligne, commet ainsi la confusion entre la portée des idées abstraites et celle des idées concrètes qu'il reproche aux idéalistes dans l'*Opus magnum*, et revient, sous d'autres noms, au principe fondamental même de toutes les propositions nécessaires. C'est, si nous voulons faire des jeux intellectuels une question d'art, de la belle sophistique.

Il n'en demeure pas moins convaincu qu'il n'y a point de propositions nécessaires, comme il est persuadé que les propositions essentielles n'enseignent et ne démontrent rien. Son attention reste fixée sur les propositions concrètes et accidentelles, sa logique entière se groupera autour de ces propositions; il les divisera selon leur objet, il les distinguera selon leur contenu.

Aristote s'est arrêté également à la division des propositions, et il a établi les catégories de substance, quantité, qualité, relation, action, passion, lieu, temps. Stuart Mill trouve que « cette classification a des défauts trop évidents et des mérites trop insuffisants pour valoir la peine d'être examinée en détail. C'est un simple catalogue, dit-il, de distinctions grossièrement marquées par le langage de la vie ordinaire, sans qu'on ait même essayé de pénétrer, par l'analyse philosophique, jusqu'au *rationale* de ces distinctions vulgaires[1]. » C'est le prendre de bien haut avec le grand Stagyrite. « Existence, coexistence, succession, causation et ressemblance », voilà suivant lui la division véritable. « C'est toujours, continue-t-il, une de ces choses qui est énoncée dans toute proposition qui n'est pas purement verbale, et cette quintuple division comprend tout ce qui est point de fait, toutes les choses qui peuvent être crues ou proposées à la croyance, toutes les questions qui peuvent être posées et toutes les réponses qu'on y peut faire... » et au lieu de coexistence et de succession, il dira quelquefois, pour plus de particularisation, « ordre dans le lieu et ordre dans le temps[2] ». — Inutile de prouver que cette division n'est qu'un extrait de celle d'Aristote; inutile encore de montrer que les catégories de ce dernier ont une importance autrement grande dans son immense doctrine, que celles de Stuart Mill dans la sienne; emporté par ses illusions, il nous prouvera lui-même qu'elles sont sans aucune valeur.

« Il n'y a que peu de chose à dire, nous assure-t-il, des assertions qui se rapportent à l'existence; c'est un sujet qui appartient à la métaphysique![3] » « Quant aux sentiments de la ressemblance et de son contraire la dissemblance, ce sont des parties de notre nature, et des parties si peu susceptibles d'analyse qu'elles sont présupposées dans l'analyse de tous nos autres sentiments..., des choses *sui generis*. Ce sont des attributs fondés sur des faits, c'est-à-dire des états de conscience, mais sur des états particuliers *irréductibles* et

[1] *Système de logique* (trad. Peisse), vol. I, p. 49.
[2] *Ibidem*, vol. I, p. 115.
[3] *Ibidem*, vol. II, p. 138.

inexplicables[1]. » Restent, en dehors de la causation, la coexistence et la succession, ou l'ordre dans le temps et l'ordre dans l'espace. Mais le temps et l'espace, nous dit-il encore, et précisément dans son chapitre des sophismes, sont des entités pures. « Sophisme qui peut s'énoncer en cette formule générale : Ce qui peut être pensé à part doit exister à part... et par lequel les hommes ont eu de tout temps une propension à conclure que là où il y a un nom, il doit y avoir une entité distincte correspondant à ce nom[2]. » Mais si l'espace et le temps ne sont rien, qu'est-ce que l'ordre en eux? et que signifient la succession et la coexistence? Métaphysique que tout cela! dont Stuart Mill ne s'occupe pas, il nous l'a dit, et dont il fait cependant les assises de la logique entière, de tout ce que nous pouvons dire, entendre, supposer, demander, croire.

III

LES PROPOSITIONS GÉNÉRALES

Ces contradictions, Stuart Mill ne les aperçoit point, et il poursuit avec des apparences de logique d'autant plus rigoureuse le développement de son principe et de son système. « Nous ne pouvons observer que des cas particuliers. C'est de ces cas que toutes les vérités générales doivent être tirées, et à ces cas qu'elles doivent être réduites... Dès les premières lueurs de l'intelligence, nous tirons des conclu-

[1] *Système de logique* (trad. Peisse), vol. I, p. 75

[2] *Ibidem*, vol. II, p. 320

sions, et des années se passent avant que nous apprenions l'usage des termes généraux. L'enfant qui, ayant brûlé son doigt, se garde de l'approcher du feu, a raisonné et conclu, bien qu'il n'ait jamais pensé au principe général, le feu brûle[1]. » Stuart Mill est-il bien certain que l'enfant qui s'est brûlé le doigt et se garde de l'approcher du feu ait raisonné et conclu? Chat échaudé craint l'eau froide, dit le proverbe; a-t-il raisonné et conclu? A ce titre, tous les animaux raisonneraient et penseraient de la même manière que l'homme. Nous évitons les sensations pénibles, nous recherchons celles qui nous sont agréables, dès l'enfance, aussi naturellement et aussi spontanément que nous ouvrons les paupières pour voir, et que nous avançons le pied pour marcher; raisonnons-nous, concluons-nous pour ce motif? Et si, à la suite de ces actes spontanés ou réflexes de notre sensibilité, que nous partageons avec toutes les bêtes, nous nous élevons après des années, comme l'observe Stuart Mill, à concevoir les termes généraux, comment pouvons-nous raisonner et conclure avant d'avoir conçu les termes dont se composent tout raisonnement et toute conclusion? Le moindre jugement renferme toujours un terme général au moins. Mais Stuart Mill ne s'occupe pas de ce que c'est que la conception en elle-même; c'est toujours de la métaphysique; donc, nous concluons et nous raisonnons avant de raisonner et de conclure : le chat échaudé aussi bien que l'enfant qui s'est brûlé le doigt. Il échappe ainsi à une des questions les plus difficiles de la logique, la formation des idées générales; mais il commet aussi un sophisme contre lequel il a soin de nous prémunir : « Sophisme de généralisation dans lequel on

[1] *Système de logique* (trad. Peisse), vol. I, p. 205 à 210.

confond les lois empiriques, qui expriment seulement l'ordre habituel de la succession des effets, avec les lois de causation dont ces effets dépendent... et dont la forme la plus vulgaire est ce qu'on appelle *post hoc, ergo propter hoc*[1] » : c'est le raisonnement de l'enfant qui craint le feu après s'être brûlé, et qui, par suite, a raisonné et conclu en forme.

Ce qui explique cette nouvelle erreur, jusqu'à un certain point, c'est que Stuart Mill croit que « toutes les propositions générales ne sont que de simples formules pour inférer du particulier au particulier[2] ». « Non-seulement, ajoute-t-il, nous raisonnons habituellement sans les propositions générales dans les cas simples et peu compliqués, mais les esprits très-pénétrants le peuvent même dans les cas difficiles et compliqués, pourvu que l'expérience leur fournisse des exemples foncièrement semblables pour toute combinaison de circonstances qui pourrait se rencontrer. Mais d'autres esprits, ou les mêmes à qui manquerait ce précieux avantage de l'expérience personnelle, se trouvent, sans l'aide de propositions générales, tout à fait désarmés devant un cas qui présente la moindre complication, et, sans ce secours, beaucoup de personnes n'iraient guère au delà des simples inférences de simples animaux[3]. » Du sophisme, Stuart Mill tombe ici dans la contradiction. Toutes les propositions générales, nous dit-il, ne sont que de simples formules pour inférer du particulier au particulier, et si nous avions une expérience assez grande, une mémoire assez vaste et une faculté d'attention assez puissante, nos raisonnements pourraient se passer de propositions générales; ce qui revient à dire que si nous

[1] *Système de logique* (trad. Peisse), vol. II, p. 365.
[2] *Ibidem*, vol. I, p. 241.
[3] *Ibidem*, vol. I, p. 241.

avions une intelligence, une mémoire et une expérience plus grandes, nous penserions absolument comme les bêtes, qui concluent toujours du particulier au particulier. Et cependant, sans les propositions générales, nous assure-t-il d'un autre côté, nous n'irions guère au delà des simples inférences de simples animaux. Concilie qui voudra cette antinomie ; nous y renonçons ; non pas parce qu'il serait impossible de le faire en distinguant soigneusement les termes, mais parce que cela n'en vaut vraiment pas la peine.

Ce qui est plus intéressant, ce sont les conclusions auxquelles arrive Stuart Mill. « Toute proposition générale est selon lui le produit, non pas de l'intuition, mais de l'induction, et à mesure que les croyances se sont fondées, que les législations et les sciences se sont développées, des propositions de plus en plus générales et simples ont été mises à la disposition des hommes, leur permettant de juger facilement et de se décider avec promptitude dans les cas nouveaux qui se présentaient... Toutes les propositions générales, qu'on les appelle définitions, axiomes, ou lois de la nature, sont de simples énoncés abréviatifs, une sorte de tachygraphie de faits particuliers desquels, selon l'occasion, nous pouvons partir comme prouvés ou que nous entendons supposer. Il en résulte que nous devons, et nous le faisons tout naturellement, tendre à résumer notre expérience acquise dans des propositions générales qui nous permettent de nous élever à des connaissances plus exactes et plus étendues encore. De là la tendance propre à toutes les sciences de devenir déductives, d'inductives qu'elles étaient dans leur origine. Ainsi la mécanique, l'hydrostatique, l'optique, l'acoustique, sont devenues déductives; une multitude de vérités déjà connues, chacune séparément, par induction, y sont exposées comme des déductions ou des corollaires de propositions inductives plus simples et plus générales[1] ». — Il est certain que si nous oublions la façon un peu cavalière dont Stuart Mill a traité la formation des propositions générales, cette explication de leur genèse, de leur utilité et de leur transformation en sciences déductives, a un très-grand charme ; elle est d'une simplicité parfaite, en même temps qu'elle rend compte du progrès continu des sciences.

Mais si nous poussons un peu plus avant, les antinomies et les sophismes renaissent. « Le grand agent, continue-t-il, pour cette transformation des sciences expérimentales en sciences déductives, est la science des nombres... Elle est la science la plus déductive que nous possédions, et l'application de ses formules aux sciences de la nature les rend déductives également... Nous allons d'un fait donné, visible ou tangible, à travers les unités des nombres au fait cherché... Les mathématiques sont en ce sens une science complétement déductive, mais à une condition, de ne se rapporter qu'à des objets et à des propriétés d'objets purement imaginaires... Il n'y a pas de point sans étendue, pas de lignes sans largeur, pas de cercle à rayons exactement égaux, ni de carrés à angles parfaitement droits... Il n'y a ni dans la nature, ni dans l'esprit, aucun objet exactement conforme aux définitions de la géométrie. Il nous est impossible de concevoir un point sans dimension aucune, une ligne sans largeur, et de nous en faire mentalement des images... Quand on dit que les conclusions de la géométrie, par exemple, sont des vérités nécessaires, la nécessité consiste uniquement en ce qu'elles découlent régulièrement de suppositions dont elles

[1] *Système de logique* (trad. Peisse), vol. I. p. 248.

sont déduites. Ces suppositions sont si loin d'être nécessaires qu'elles ne sont pas même vraies[1]. » Que signifie cette série de propositions inconciliables : Il nous est impossible, dit-il, de concevoir un point sans dimension, une ligne sans largeur; il n'existe ni dans la nature, ni dans l'esprit, aucun objet exactement conforme aux définitions de la géométrie ; les suppositions de cette science sont si loin d'être nécessaires qu'elles ne sont pas même vraies, et les mathématiques sont cependant le grand agent par lequel progressent et se développent les sciences physiques? Nous avons évidemment affaire ici à de nouvelles confusions et à d'autres jeux sur le sens des mots. Quand nous nous imaginons un centaure, une sirène, ne les concevons-nous pas? Phidias, avant de créer sa Minerve du Parthénon, ne l'aurait-il point conçue? Pouvons-nous nous imaginer quoi que ce soit, fût-ce des définitions de la géométrie, sans les concevoir? Nous penserions sans penser. Nous ne pouvons nous représenter des lignes sensibles sans largeur, ni des points sans dimensions. Mais la pensée en allant immédiatement d'un objet à un autre, ce qui est la vraie définition de la ligne droite, décrit-elle une ligne sensible? Le sauvage qui n'a jamais vu de ligne droite dans la forêt vierge conçoit cependant en ligne droite sa direction à travers cette forêt; l'enfant, dont le regard va de son père à sa mère, décrit une ligne droite bien avant d'avoir observé les angles de la chambre tirée au cordeau. Si ces lignes ne sont pas sensibles, le fait n'en existe pas moins avec autant d'évidence que la forêt ou le père et la mère. Il en est de même du point que la pensée fixe dans l'espace, sans le concevoir comme un point sensible, et de

[1] *Système de logique* (trad. Peisse), vol. I, p. 254-258.

toutes les formes et nombres des mathématiques. Ils dérivent d'actes propres à notre intelligence, ou, pour parler le langage de l'école même de notre auteur, de mouvements propres au mécanisme intellectuel. Dans la suite, nous nous en formons des idées distinctes; nous établissons des définitions plus ou moins justes, nous formulons les axiomes. Mais tout cela se mêle et se confond dans la pensée de Stuart Mill. Il n'y a pas de vérités innées et *à priori*, donc il n'y en a pas qui soient nécessaires; toutes les lignes, les points, les grandeurs nous viennent du monde sensible; donc, celles que nous nous imaginons, nous ne pouvons les concevoir, et elles ne sont point vraies. L'illusion de Stuart Mill n'est encore une fois explicable qu'à la condition de supposer qu'il raisonne, non pas sur les faits qu'il prétend observer, mais sur les idées nécessaires telles que les définit l'école idéaliste. Les idées *à priori*, innées, de lignes sans largeur, de points sans dimensions, sont véritablement des hypothèses que nous ne pouvons nous représenter dans leur objet, pas plus que nous ne pouvons admettre que nous les concevions avant de les penser. Stuart Mill conclut donc que nous ne les concevons pas du tout et tombe dans l'excès opposé.

Les conséquences qu'il déduit de sa façon d'envisager les mathématiques comme une science purement imaginaire, et en même temps comme le grand agent du progrès des sciences physiques, ne sont pas moins étranges. « Il en résulte, dit-il, que les sciences déductives ou démonstratives sont toutes, sans exception... des sciences hypothétiques! Leurs conclusions sont vraies seulement sous certaines suppositions qui sont ou devraient être des approximations de la vérité, mais qui sont rarement, si elles le sont jamais, exactement vraies[1]. »

[1] *Système de logique* (trad. Peisse), vol. I, p. 288.

« Dans les recherches sur la population d'un pays, par exemple, il est indifférent que les individus soient des enfants ou des adultes, qu'ils soient forts ou faibles, grands ou petits; la seule chose à constater est leur nombre. Mais lorsque de l'égalité ou de l'inégalité du nombre, il y a à inférer une égalité ou une inégalité sous quelque autre rapport, l'arithmétique engagée dans cette recherche est une science aussi hypothétique que la géométrie... Toutes les sciences déductives sont donc hypothétiques. Elles procèdent en tirant des conséquences de certaines suppositions, laissant à un examen à part la question de savoir si les suppositions sont vraies ou non, et si n'étant pas rigoureusement vraies, elles le sont suffisamment par approximation... Aucune de nos lois de mécanique ou de physique ne répond exactement aux faits[1]. »

Toutes nos sciences ne sont donc que des hypothèses, car toutes procèdent, sous une forme ou sous une autre, de propositions générales hypothétiques; aucune ne nous présente, sauf précisément les mathématiques, dans ses formules générales, un caractère de certitude absolue. Mais les mathématiques étant elles-mêmes la première et la plus grande des hypothèses, tout croule; il semble qu'il ne reste que le scepticisme absolu. Protagoras prétendit que la sensation était la mesure de toutes choses, et il parut aboutir à un scepticisme complet. Stuart Mill soutient que les notions concrètes sont la source de toute science, et il arrive au même résultat; mais si le sophiste grec trouve dans la matière fluide une raison de certitude, le sophiste anglais croit la découvrir dans l'induction et dans ses règles.

[1] *Système de logique* (trad. Peisse), vol. I, p. 296, 297.

IV

L'INDUCTION ET LA LOI DE CAUSALITÉ

« Ce qui est vrai, continue Stuart Mill, pour les mathématiques comme pour toutes les autres sciences, ce sont les axiomes;... ils sont des inductions qui n'ont pas besoin de fiction pour être exactement vraies, ils ne reposent que sur des vérités expérimentales, des généralisations de l'observation [1]. » « Sans la sensation d'une ligne droite concrète, nous ne nous formerions jamais l'idée d'une ligne droite imaginaire, et de même, sans la sensation d'avoir vu deux lignes se croiser et s'éloigner de plus en plus l'une de l'autre, nous ne songerions pas à formuler l'axiome que deux lignes qui se croisent ne peuvent jamais se rencontrer [2]. » Inutile de répéter ce que nous venons d'observer au sujet de la genèse si simple des idées mathématiques; Stuart Mill poursuit son point de vue, et il en résulte pour lui que les sciences déductives ou démonstratives sont toutes, sans exception, « des sciences inductives, et que leur évidence est toute d'expérience ». Comment cela est-il possible? Nous voyons des lignes sensibles qui ont de la largeur et de la profondeur, des points qui possèdent des dimensions, mais jamais, dans les mathématiques ni dans leur application aux sciences physiques, nous ne raisonnons d'après ces lignes et ces points sensibles, que nous voyons; et cependant les mathématiques sont une

[1] *Système de logique* (trad. Peisse), vol. I, p. 258, 261.
[2] *Ibidem*, vol. I, p. 288.

science inductive de ces lignes et de ces points sensibles, et leur évidence est toute d'expérience. Peu importe à Stuart Mill la question de possibilité ou d'impossibilité; c'est la conséquence forcée de son principe, que nous concluons toujours du particulier au particulier, et l'induction devient par suite la source unique de nos sciences et de nos certitudes, absolument de la même manière que « le devenir » de Hegel devient le fondement de sa doctrine.

Il définit ensuite l'induction « l'opération de l'esprit par laquelle nous inférons que ce que nous savons être vrai dans un ou plusieurs cas particuliers sera vrai dans tous les cas qui ressemblent aux premiers sous certains rapports assignables[1] ». Cependant « la ressemblance est chose irréductible et inexplicable[2] », il nous l'a dit plus haut; sa définition de l'induction se réduit donc à un sophisme, qu'il nous signale lui-même sous le nom de cercle vicieux.

« Un chimiste, poursuit-il, qui annonce la découverte d'une substance nouvelle, trouve en nous une entière confiance, bien que son induction ne se fonde que sur un seul fait... Tous les exemples connus, au contraire, depuis le commencement du monde, de la proposition que tous les corbeaux sont noirs, sont insuffisants pour contrebalancer le témoignage d'un homme, non suspect d'erreur, qui affirmerait qu'il a vu dans une contrée encore inexplorée un corbeau gris. Pourquoi un seul exemple suffit-il dans quelques cas pour une induction complète, tandis que dans d'autres cas des myriades de faits concordants sont de si peu d'importance pour établir une proposition universelle? Celui qui peut répondre à cette question en sait plus en logique que le

[1] *Système de logique* (trad. Peisse), vol. I, p. 248.
[2] *Ibidem*, vol. II, p. 401.

plus savant des anciens, et a résolu le problème de l'induction[1]. » Or, c'est précisément au plus savant des anciens que Stuart Mill emprunte sans en avoir conscience la solutiou du problème. « Nous ne savons, dit Aristote, une chose qu'après avoir connu sa cause », « et la cause ne nous est enseignée que par l'expérience et l'induction[2] ». Mais Stuart Mill, qui croit avoir fait une découverte nouvelle, donne une forme plus pompeuse à la règle d'Aristote. « Pour résoudre la difficulté de l'induction, il est nécessaire de découvrir une loi telle, qu'elle embrasse l'universalité des faits. C'est le problème fondamental de l'induction... Or, cette loi, c'est la loi de causalité[3]. »

« Tout ce qui commence d'être a une cause; généralisation qui pourra ne pas paraitre grand'chose, puisque, après tout, elle se réduit à cette assertion : c'est une loi que tout événement dépend d'une loi; c'est une loi qu'il y a une loi pour toutes choses[4]. » Confusion de termes qui n'est évidemment qu'une concession à la doctrine des positivistes, car il ne pouvait pas ignorer que la formule du carré des distances, par exemple, ne fait pas tomber la moindre pierre; autre chose est la loi, autre chose la cause.

L'axiome de causalité est donc l'axiome le plus universel, qui embrasse la totalité des faits. « Cependant il n'est pas, poursuit Stuart Mill, un instinct, une des lois de notre faculté de croire, comme le suppose l'école des métaphysiciens, qui le regarde comme inné... Erreur profonde... Il n'est pas vrai que le genre humain ait toujours cru à une

[1] *Système de logique* (trad. Peisse), vol. I, p. 165.
[2] *Analytiques*, I, 4.
[3] *Ibidem*, I, 30.
[4] *Système de logique* (trad. Peisse), vol. I, p. 368.

succession uniforme des événements d'après des lois déterminées. Les philosophes grecs, et Aristote lui-même, rangeaient le hasard et la spontanéité parmi les agents de la nature... et les métaphysiciens les plus résolus en faveur du caractère instinctif de l'axiome croient que la volonté humaine forme une exception à ce principe[1]. » Chaque fois que Stuart Mill cite les métaphysiciens, on peut être certain qu'il va tomber dans l'erreur qu'il leur reproche. Il n'y a pas, nous dit-il, de causes spontanées, comme le croyait Aristote, et comme le croient encore les métaphysiciens, qui admettent la spontanéité de la volonté humaine; toujours des lois règlent la succession des effets. Mais en ce cas, il n'y a pas de causes du tout : les effets de la pesanteur sont régis par des lois, mais la pesanteur ne saurait être une cause agissant par elle-même, puisqu'il n'en existe pas; d'autres lois règlent donc encore son existence, et ces lois seront régies par d'autres indéfiniment, l'axiome étant universel. Stuart Mill prend l'axiome dans un sens beaucoup plus abstrait et plus absolu qu'Aristote et les métaphysiciens. S'il n'y a absolument pas de phénomènes sans cause, nous n'arriverons jamais à la science d'une cause quelconque, puisque nous ne pouvons connaître que les phénomènes. Il affirme et conteste à la fois l'axiome, en fait le principe de la science et de la certitude, et détruit la possibilité de cette science et de cette certitude.

Comment concevons-nous donc cet axiome étrange, qui n'est ni un instinct, ni une loi de notre intelligence, et de tous les axiomes cependant le plus universel, le secret de nos inductions et de tous les progrès de la science? « La croyance,

[1] *Système de logique* (trad. Peisse), vol. I, p. 96.

répond Stuart Mill, à l'universalité de la loi qui rattache tout effet à une cause est elle-même un exemple d'induction. Nous arrivons à cette loi universelle par la généralisation d'un grand nombre de lois moins générales, telles que : la nourriture entretient la vie ; le feu brûle ; l'eau noie. Mais il y a différents degrés dans ces inductions primitives, non scientifiques. Le perfectionnement consiste à corriger ces généralisations grossières... L'incertitude de la méthode de simple énumération est en raison inverse de l'étendue de la généralisation. Plus la sphère s'étend, moins le procédé offre de chances d'erreur ; et les classes de vérités les plus universelles, la loi de causalité, par exemple, ou encore les principes des nombres et de la géométrie, sont suffisamment prouvés par cette méthode toute seule[1]. » « L'incertitude de la méthode de simple énumération est en raison inverse de l'étendue de la généralisation », nous dit-il encore, et cependant il nous a assuré, quelques pages plus haut, « que parfois des myriades d'exemples, observés depuis le commencement du monde, comme dans la proposition que tous les corbeaux sont noirs, ne suffisaient point pour faire une induction complète ». L'axiome de causalité n'en est pas moins, selon lui, suffisamment prouvé par cette méthode, et n'admet pas d'autre preuve ! — Il est donc produit par cette méthode? Aucunement : « Nos procédés inductifs, continue-t-il, supposent la loi de causalité, et la loi de causalité est un produit de l'induction, ce qui ne serait un paradoxe que dans la vieille théorie du raisonnement, où la majeure, c'est-à-dire la vérité universelle, est considérée comme la preuve réelle des vérités qu'on en infère ostensi-

[1] *Système de logique* (trad. Peisse), vol. I, p. 100.

blement. Suivant notre doctrine, au contraire, la majeure n'est pas la preuve de la conclusion. Cette proposition, tous les hommes sont mortels, n'est pas la preuve de cette autre : lord Palmerston est mortel. C'est de notre expérience passée de la mortalité que nous inférons à la fois, avec le même degré de certitude, la vérité générale et le fait particulier[1]. » Ce n'est plus un exemple, mais tout un traité de sophistique. D'abord, au lieu d'expliquer comment la loi de causalité peut être à la fois la condition et le produit de l'induction, il répond par la proposition de la mortalité de tous les hommes, et de celle de lord Palmerston en particulier, ce qui constitue le sophisme *ignoratio elenchi*, qu'il appelle lui-même, d'après l'archevêque Whately, le « sophisme par conclusion étrangère à la question[2] ». Ensuite la proposition que tous les hommes sont mortels est pour nous vraiment une proposition universelle ; nous ne sachions pas qu'un homme qui a vécu ne soit pas mort, tandis que la loi de causalité, d'après Stuart Mill, n'a pas le même degré d'universalité, puisque Aristote et les métaphysiciens n'y croient pas ; ce qui constitue, d'après lui-même toujours, un sophisme de composition. « La manière la plus ordinaire de l'employer est détablir d'abord, et séparément, une chose vraie de chaque individu d'une classe, et d'inférer de là qu'elle est vraie de tous *collectivement*[3]. »

Il soutient ensuite que nous induisons l'axiome de causalité de la même façon que la mortalité de tous les hommes ; mais il s'agit de démontrer que l'axiome de causalité est la condition de nos inductions, tandis que la proposition que tous les

[1] *Système de logique* (trad. Peisse), vol. I, p. 103.
[2] *Ibidem*, vol. II, p. 409.
[3] *Ibidem*, vol. II, p. 398.

hommes sont mortels n'est aucunement la condition de la moindre opération intellectuelle, troisième illusion qu'il définit comme un sophisme, par « ambiguïté des termes[1] ». Enfin, comment une chose qu'une autre suppose peut-elle en être le produit? Si l'axiome de causalité est la loi souveraine, la cause de nos inductions, comment l'induction peut-elle le produire? la cause deviendrait son propre effet, et l'effet sa propre cause; ce qui n'est plus un paradoxe, ni un sophisme, mais une absurdité.

« Il n'y a pas une induction, si restreinte qu'elle soit, n'en continue pas moins Stuart Mill, dont la certitude n'augmente, si nous pouvons la rattacher à l'induction la plus vaste possible de la causalité... C'est le dernier degré d'évidence auquel puisse parvenir une assertion obtenue par voie d'inférence... La plus haute certitude que nous puissions atteindre, c'est qu'un tel phénomène a telle cause, ou qu'il n'en a aucune[2]. » Chacune de ces phrases est encore un sophisme. La certitude d'aucune induction n'augmente si nous la rattachons à la loi de causalité, par la raison fort simple que l'axiome y est déjà contenu. Locke l'a admirablement démontré, et Aristote, bien avant lui, a dit qu'on ne prouvait rien par les vérités communes. La loi de causalité n'est pas davantage le dernier degré d'évidence auquel nous puissions parvenir, car par lui-même il ne nous enseigne absolument rien, ni la plus petite cause, ni le moindre effet. Et si Stuart Mill conclut que la plus haute certitude que nous puissions atteindre est qu'un tel phénomène a telle cause, ou qu'il n'en a aucune, il nous dévoile le monde de confusions et d'erreurs dans lequel il s'est perdu jusque-là. La notion

[1] *Système de logique* (trad. Peisse), vol. II, p. 386 à 398.

[2] *Ibidem*, vol. I, p. 102 à 104.

abstraite de cause est pour lui la même chose que les idées du feu qui brûle, de l'eau qui noie ; mais du point de vue de l'universalité de l'axiome, l'eau est un effet, le feu est un effet; où prend-il donc l'idée de cause? La confusion est complète. Cependant, dans la dernière phrase, il revient à lui-même et nous affirme ce qu'Aristote nous avait déjà dit, que la science progresse, non pas par l'idée de cause, mais par la découverte des causes réelles.

Revenu sur son terrain, Stuart Mill ne sera guère plus heureux dans la définition qu'il nous donnera des causes réelles, ni dans celle des règles de leur induction et de leur découverte. Les mêmes confusions le poursuivront sans cesse. « Certains faits succèdent, nous dit-il, et, croyons-nous, succéderont toujours à certains autres faits. L'antécédent invariable est appelé la cause ; l'invariable conséquent, l'effet[1]. » Deux pages plus loin, il avoue cependant qu' « il y a des effets qui commencent simultanément avec leur cause, et dans lesquels l'antécédent et le conséquent n'existent pas ». — « Que la cause et son effet, continue-t-il, soient nécessairement successifs ou non, toujours est-il que le commencement d'un phénomène est ce qui implique une cause, et que la causation est la loi de la succession des phénomènes. Si ces axiomes sont admis, on est libre, quoique je n'en voie pas la nécessité, de laisser de côté les mots *antécédent* et *conséquent,* appliqués à la cause et à l'effet[2]. » Nous voulons bien admettre ces axiomes, mais que devient la définition, si nous laissons les mots *antécédent* et *conséquent* de côté? Elle se réduit à l'étrange affirmation que, dans la succession des phénomènes, la cause invariable est la cause

[1] *Système de logique* (trad. Peisse), vol. I, p. 370.
[2] *Ibidem,* vol. I, p. 386.

de l'invariable effet! Paralogisme qui n'est explicable de la part de Stuart Mill que par sa confusion des causes concrètes qu'il connait, et de la notion abstraite de cause qu'il prétend en dériver pour la définir; les faits lui échappent, et la notion absolue, vide par elle-même, s'impose : la cause est ce qui est la cause. Il aurait fallu distinguer : il confond, et déclare sérieusement « que cette notion de cause est la racine de toute la théorie de l'induction[1] ».

Il n'est pas plus heureux dans ses règles de l'induction. « Déterminer, dit-il, quelles sont les lois de causation dans la nature; déterminer les effets de chaque cause et les causes de tous les effets, c'est la principale affaire de l'induction, et montrer comment cela se fait est l'objet principal de la logique inductive[2]. » Les conditions premières de cette logique sont, suivant lui, l'observation et l'expérimentation. « Observer ne consiste pas à voir seulement la chose qui est devant les yeux, mais à voir de quelles parties elle est composée[3]. » Quant à l'expérimentation, « elle n'est qu'une immense extension de l'observation... Elle nous met à même d'obtenir d'innombrables combinaisons de circonstances qui ne se rencontrent pas dans la nature... et nous permet de l'observer dans ses plus minutieux détails. Les hommes ne seraient jamais parvenus à connaître l'électricité, s'ils avaient toujours dû se contenter d'observer les phénomènes de l'éclair et du tonnerre. Les machines électriques nous ont fait voir, au contraire, qu'elle était un des grands agents de la nature... L'observation sans expérimentation peut constater les séquences et les coexistences, elle ne peut pas prouver la

[1] *Système de logique* (trad. Peisse), vol. I, p. 368.
[2] *Ibidem*, vol. I, p. 414.
[3] *Ibidem*, vol. I, p. 416.

causation[1]. » A lire ces pages si mesurées et si sages en apparence, on a de la peine à découvrir les confusions qu'elles cachent, et qui poursuivent Stuart Mill avec la persistance d'une idée fixe.

Pendant des siècles, les hommes ont observé l'eau bouillante qui soulève le couvercle, personne n'y vit une force; pendant des siècles encore, ils ont expérimenté la chaleur sous toutes ses formes, personne encore n'y vit le produit de la combinaison des corps. Les immortelles inductions de Papin et de Lavoisier auraient dû cependant fixer un instant son attention sur l'acte intellectuel qui les a produites. Stuart Mill n'y songe pas; il demeure confiné dans le fait matériel, et les conditions premières de l'induction restent l'observation et l'expérimentation. Mais « l'observation ne peut constater que les séquences et les coexistences », il nous le dit; un moment il est prêt à voir la vérité, ce n'est que pour tomber aussitôt dans une confusion plus grande; l'expérimentation, ajoute-t-il, prouve la causation. — Stahl et bien d'autres ont fait des expériences nombreuses sur la phlogistine, et ils ont cherché à en prouver l'existence; mais leur induction était fausse, et leurs expériences ne prouvèrent rien, tandis que l'induction de Lavoisier était juste, et il la confirma par ses expériences. Les expériences par elles-mêmes ne démontrent donc ni le juste, ni le faux, encore moins la causation; mais la cause véritable étant découverte par une induction vraie, les expériences la confirment comme chez Lavoisier. Chaque expérience, du reste, est elle-même le produit d'une induction; elle ne saurait pas plus en être la condition que l'axiome de causalité

[1] *Système de logique* (trad. Peisse), vol. I, p. 418, 419.

n'est à la fois la cause et l'effet de l'induction. Les machines électriques ne prouvèrent pas l'existence de l'électricité résineuse et de l'électricité vitrée, mais leurs auteurs n'ont songé à les construire que parce que ces deux électricités avaient été découvertes. Tout se mêle dans la pensée de Stuart Mill, non-seulement les notions concrètes et abstraites, les effets et les causes, mais encore l'induction et la démonstration, l'expérience et l'observation.

Ses règles de l'induction en seront la preuve la plus complète. « Les modes les plus simples et les plus familiers de détacher du groupe de circonstances qui précèdent ou suivent un phénomène, celles auxquelles il est réellement lié par une loi invariable, sont au nombre de deux. L'un consiste à comparer les différents cas dans lesquels le phénomène se présente; l'autre, à comparer les cas où le phénomène a lieu, avec des cas semblables sous d'autres rapports, mais dans lesquels il n'a pas lieu. On peut appeler ces deux méthodes, l'une la méthode de concordance, l'autre la méthode de différence[1]. »

« *Premier canon :* » Nous demandons pardon au lecteur de citer les explications abstraites qui vont suivre; elles sont nécessaires pour comprendre à la fois les règles de Stuart Mill et son éternelle sophistique. « *Si deux cas ou plus du phénomène, objet de la recherche, ont seulement une circonstance com-*

[1] « The simplest and most obvious modes of singling out from among the circumstances which precede or follow a phenomenon, those with which it is really connected by an invariable law, or two in number. One is, by comparing together different instances in which the phenomenon occurs. The other is, by comparing instances in which the phemenon does occur, with instances in other respect similar in which it does not. These two methods may be respectively denominated, the method of agrement and the method of difference. » (*Syst. of log.*, v. I, 393. 1re édit., trad. Peisse, vol. I, p. 424, 425.)

mune, la circonstance dans laquelle seule tous les cas concordent est la cause (ou l'effet) du phénomène[1]. » « Soit A un agent, une cause, et supposons que la recherche ait pour objet de déterminer les effets de cette cause, si l'on peut rencontrer ou produire l'agent A au milieu de circonstances variées, et si les différents cas n'ont aucune circonstance commune, excepté A, l'effet quelconque qui se produit dans toutes les circonstances est signalé comme l'effet de A. Supposons, par exemple, que A est mis à l'essai avec B et C, et que l'effet est *a b c;* puis que A étant joint à D et E, mais sans B ni C, l'effet est *a d e*. Ceci posé, voici comment on raisonnera : *b* et *c* ne sont pas des effets de A, car ils n'ont pas été produits par A dans la seconde expérience ; *d* et *e* ne le sont pas non plus, car ils n'ont pas été produits dans la première. L'effet réel de A, quel qu'il soit, doit avoir été produit dans les deux cas ; or, il n'y a que la circonstance *a* qui remplisse cette condition. Le phénomène *a* ne peut pas être l'effet de B ni de C, puisque il s'est produit en leur absence, ni de D et de E par la même raison. Donc, il est l'effet de A. Exemple : L'antécédent A est le contact d'une substance alcaline et d'une huile. Cette combinaison étant opérée dans des circonstances variées qui ne se ressemblent en rien autre, les résultats concordent dans la production d'une substance grasse détersive et savonneuse. On en conclut donc que la combinaison d'une huile et d'un alcali cause la production d'un savon. Et c'est là la recherche, par la méthode de concordance, de l'effet d'une cause donnée[2]. »

Intervertissons l'exemple : L'antécédent A est une substance grasse, détersive et savonneuse ; la décomposition de

[1] *Système de logique* (trad. Peisse), vol. I, p. 429.
[2] *Ibidem*, vol. I, p. 426.

cette substance étant opérée dans des circonstances variées qui ne se ressemblent en rien autre chose, les résultats concordent dans la production d'une substance alcaline et d'une huile. On en conclut que la décomposition d'un savon est la cause de la production d'un alcali et d'une huile. Et c'est là la recherche par la méthode de concordance de l'effet d'une cause donnée! Mais c'est dans l'explication abstraite, qu'il nous donne de sa règle, que Stuart Mill dévoile son illusion entière. A ne peut produire de lui-même *a;* il y aurait des causes spontanées, comme il nous l'assure dans sa critique d'Aristote et des métaphysiciens. Mais A produit dans sa combinaison avec BC et DE toujours *a;* ce n'est donc pas A qui est la véritable cause de *a,* mais la propriété qu'il possède de se combiner avec BC et DE, ainsi que la propriété que possèdent ceux-ci de se combiner avec A. La règle de Stuart Mill et son explication non-seulement ne nous enseignent pas à induire une cause d'un effet donné, mais elle nous démontre que cette cause n'est pas réellement la cause. Le sophisme est double ; d'abord il confond l'idée abstraite de cause, qui se présente toujours à nous dans son unité, avec la causalité complexe et multiple des choses. Grâce à cette faute, nous avons pu intervertir son exemple, et grâce à elle encore, A lui apparaît réellement comme la cause de *a,* quoique, d'après lui-même, cela ne soit pas possible. Quant à la seconde forme de son erreur, c'est lui-même qui nous la signale sous le nom de sophisme de « non-observation, qui consiste à négliger des faits et particularités qu'il fallait remarquer[1] ».

« *Deuxième canon : Si un cas dans lequel un phénomène se*

[1] *Système de logique* (trad. Peisse), vol. I, p. 341.

présente et un cas où il ne se présente pas ont toutes leurs circonstances communes, hors une seule, celle-ci se présentant seulement dans le premier cas, la circonstance par laquelle, seule, les deux cas diffèrent est l'effet (ou la cause) ou partie indispensable du phénomène[1]. » En d'autres termes, « dans la méthode de différence, il faut trouver deux cas qui, semblables sous tous les autres rapports, diffèrent par la présence ou l'absence du phénomène étudié... Il n'est guère besoin, continue-t-il, de donner des exemples d'un procédé logique auquel nous devons presque toutes les conclusions inductives que nous tirons à tout instant dans la vie. »

« Lorsqu'un homme est frappé au cœur par une balle, c'est par cette méthode que nous connaissons que c'est le coup de fusil qui l'a tué, car il était encore plein de vie immédiatement avant, toutes les circonstances étant les mêmes sauf la blessure[2]. » Mais c'est une induction absolument hypothétique. Pour qu'elle fût rigoureusement exacte, il faudrait savoir si l'homme n'est pas mort d'un coup d'apoplexie, de la rupture d'un anévrisme, ou de frayeur, avant que la balle l'ait touché, et, en éloignant même toutes ces circonstances, il restera encore à prouver, pour que l'induction soit juste, qu'une balle qui a touché le cœur est de toute nécessité mortelle, ce que contesteront encore bien des médecins légistes. Son exemple est simplement, d'après lui toujours, un sophisme de mal-observation. « Il y a mal-observation lorsqu'une chose n'est pas inaperçue seulement, mais est mal vue ; lorsque le fait ou phénomène, au lieu d'être reconnu pour ce qu'il est en réalité, est pris pour quelque autre chose[3]. »

[1] *Système de logique* (trad. Peisse), vol. I, p. 430.
[2] *Ibidem*, vol. I, p. 429.
[3] *Ibidem*, vol. I, p. 341.

Du reste, la règle renferme la même confusion que la précédente. B et C, D et E ne produisent jamais *a*, mais la présence de A suffit pour que *a* surgisse. A par lui-même n'en est cependant pas la cause : il le produirait spontanément ; la véritable cause est donc dans les propriétés de B et C, de D et E de s'unir à A, et dans la propriété de A de s'unir aux autres. Comment découvrir ces propriétés? comment les isoler? et, les ayant découvertes, comment démontrer la justesse de l'induction? C'est à ces questions que Stuart Mill aurait dû répondre pour définir sérieusement l'induction scientifique, ses règles et ses preuves. Il ne peut y songer ; non-seulement ses sophismes de « mal-observation et de non-observation » lui en barrent le chemin, mais le principe de toute sa doctrine l'en empêche.

Remonter aux propriétés des choses, c'est remonter à ce par quoi elles existent, se transforment et agissent ; c'est rechercher les causes fondamentales et primitives, et ces causes, Stuart Mill nous le déclare en termes formels, nous resteront éternellement voilées. « Nous ne pouvons rien savoir de l'origine des causes primitives ou permanentes... Bien plus, nous ne pouvons découvrir aucune régularité dans leur distribution ; nous ne pouvons la soumettre à une uniformité, à une loi quelconque... La coexistence des causes primordiales est pour nous au rang des causes purement fortuites [1]. » Rien ne manque, le système est complet. Les règles ne nous enseignent ni la découverte ni la preuve des causes véritables, et nous ne pouvons par suite jamais en rien savoir. Si la conclusion est étrange, elle est du moins logique.

Nous ne dirons qu'un mot des deux dernières règles de

[1] *Système de logique* (trad. Peisse), vol I, p. 389.

Stuart Mill; il en reconnaît du reste lui-même le peu de valeur. Il appelle l'une la méthode de résidu. « Son principe est très-simple. En retranchant d'un phénomène donné tout ce qui, en vertu d'inductions antérieures, peut être attribué à des causes connues, ce qui en reste sera l'effet des antécédents qui en ont été négligés, ou dont l'effet était encore inconnu[1]. » Ce qui veut dire : quand nous retranchons d'un phénomène les effets et les causes qui nous sont connues, ce qui en reste sont les effets de causes, ou les causes d'effets inconnus. Les esprits les plus raffinés ont parfois des naïvetés qui surprennent.

La dernière des quatre règles a encore moins de portée. « Elle est applicable aux causes permanentes, aux agents indestructibles qu'il est à la fois impossible d'exclure et d'isoler, ni faire qu'ils se présentent seuls... C'est la méthode des variations concomitantes... Elle est soumise au canon suivant : *Un phénomène qui varie d'une certaine manière toutes les fois qu'un autre phénomène varie de la même manière, est une cause ou un effet de ce phénomène, ou y est lié par quelque fait de causation*[2]. » Mais c'est précisément ce qu'il s'agit de découvrir, et c'est la règle de cette découverte qu'il aurait fallu donner. Un phénomène varie d'une certaine manière toutes les fois qu'un autre phénomène varie de la même manière ; quand en est-il la cause? quand en est-il l'effet? et quand les deux sont-ils liés par quelque fait de causation? — Une pierre tombe, et la distance parcourue varie avec sa chute. La pierre serait-elle la cause de la distance? ou la distance, celle de la pierre? ou bien la pesanteur serait-elle à la fois la cause de la pierre et de la distance?

[1] *Système de logique* (trad. Peisse), vol. I, p. 439.
[2] *Ibidem*, vol. I, p. 442.

« Ces quatre méthodes », comme les appelle pompeusement Stuart Mill, n'en sont pas moins, suivant lui, « les seuls modes possibles de la recherche expérimentale[1] ». « Elles composent, avec l'aide de la déduction, la somme des ressources de l'esprit humain pour déterminer la succession des phénomènes[2]. » Stuart Mill publie son chapitre des sophismes.

V

LA DÉDUCTION

« Il est des sciences, poursuit Stuart Mill, dont les causes et les effets présentent une telle complexité, que jamais deux cas semblables ne se présentent dans des circonstances semblables, et se présenteraient-ils, il ne serait pas possible de savoir s'ils sont exactement semblables. Dans ces cas compliqués, il ne saurait être question d'une application quelconque de la méthode expérimentale... La pluralité des causes est presque infinie dans ces sciences, et les effets y sont pour la plupart inextricablement enchevêtrés les uns dans les autres... L'opinion vulgaire que les bonnes méthodes d'investigation dans les matières politiques, par exemple, sont celles de l'induction baconienne, que le vrai guide en ces questions n'est pas le raisonnement, mais l'expérience spéciale, sera un jour citée comme un des signes les moins équivoques de l'abaissement des facultés spéculatives de l'époque où elle a été accréditée[3]. » Nous craignons bien que ce ne soit

[1] *Système de logique* (trad. Peisse), vol. I, p. 492.
[2] *Ibidem*, vol. I, p.449.
[3] *Ibidem*, vol. I, p. 508.

le cas pour la déduction de Stuart Mill. Un continent qui se soulève, une tempête de l'Océan, un tremblement de terre sont-ils des faits beaucoup plus simples et moins complexes que la mort d'un roi, par exemple, une guerre qui éclate ou la révolte d'un peuple? — Nous constatons un fait politique contemporain par les mêmes moyens et avec la même évidence qu'un fait physique. Et si nous ne jugeons des faits de l'histoire que par les monuments et les débris qui en restent, les géologues établissent-ils autrement leur science, sinon par les débris du passé et par les traces qui subsistent des transformations terrestres? Les faits auxquels les uns font appel sont-ils moins palpables et moins évidents que ceux qui servent de données aux autres? Voyons-nous avec un autre œil les phénomènes de la nature, éprouvons-nous par une autre sensibilité ses forces, que la sensibilité par laquelle nous éprouvons les passions des hommes, que l'œil avec lequel nous voyons leurs actes? Stuart Mill n'a compris ni l'induction ni ses règles, il a confondu la découverte et ses preuves; il en est résulté que les faits tant soit peu compliqués lui échappèrent, et qu'il fut forcé d'envisager la découverte de leurs lois d'un point de vue à la fois artificiel et faux qui le conduira de chute en chute.

« Dans ces sciences donc, continue-t-il, il faut considérer forcément les causes séparément et inférer l'effet d'après la balance des différentes tendances qui le produisent; il faut en un mot employer la méthode déductive ou *à priori*[1]. » Transformation subite de la logique inductive, qui paraîtra incompréhensible à quiconque prendra l'expression à la lettre et l'auteur au mot. Mais il s'explique : Il y a une bonne

[1] *Système de logique* (trad. Peisse), vol. I, p. 509.

déduction, et il y en a une qui est mauvaise; la première nous enseigne quelque chose et procède des propositions accidentelles, la seconde ne nous enseigne rien et ne procède que de propositions essentielles. « La première, la bonne déduction, consiste en trois opérations : 1° une induction directe; 2° un raisonnement; 3° une vérification... C'est à cette méthode, ainsi définie dans ses trois parties constituantes, l'induction, le raisonnement et la vérification, que l'esprit de l'homme doit ses plus éclatants triomphes dans l'investigation de la nature[1]. » Malgré cette belle affirmation, les trois parties de sa déduction ne sont cependant que la majeure, la mineure et la conclusion de l'ancienne logique. Toute majeure, nous dit cette logique, est le produit d'une induction, la mineure en développe le contenu par un jugement ou un raisonnement, et la conclusion montre que le fait particulier, l'affirmation à vérifier en dérive véritablement. D'après Stuart Mill, au contraire, ce genre de raisonnement ne démontre rien; il nous l'a prouvé au sujet de lord Palmerston et de la mortalité de tous les hommes. « Ce sont des propositions et des raisonnements identiques et essentiels. » Il faut donc entendre les termes dont il se sert d'une façon différente de celle de l'ancienne logique, et la vérification surtout ne doit être comprise en aucune façon comme l'expression de l'antique conclusion. C'est la vérification expérimentale, la vérification par les faits qu'il faut entendre. « Le critère de la vérité, c'est l'expérience, nous dit-il; elle se suffit à elle même. » « Il est des sciences cependant dont les causes et les effets présentent une telle complexité que jamais deux cas semblables ne se présentent dans des circonstances semblables, et se

[1] *Système de logique* (trad. Peisse), vol. I, p. 520.

présenteraient-ils, il ne serait pas possible de savoir s'ils sont exactement semblables. Dans ces cas compliqués, il ne saurait être question d'une application quelconque de la méthode expérimentale. » Comprenne qui pourra ! On peut expliquer en apparence cette contradiction par trop choquante en supposant que dans l'un des cas Stuart Mill entend la connaissance des faits qui précèdent l'induction, et dans l'autre cas, dans la vérification, il songe aux faits auxquels l'induction doit être appliquée. Mais si l'expérience est impossible dans le premier cas, comment peut-elle suffire dans le second? Y aurait-t-il deux sortes d'expériences et deux ordres de faits? — Les contradictions se resserrent ; notre auteur y a la main forcée. Son induction mal conçue et mal définie le pousse à la déduction expérimentale ; son point de vue a changé et avec lui la façon d'envisager les faits. Il le changera une troisième fois, et aboutira finalement à la méthode absolument contraire, à celle de l'*à priori* pur. C'est le sort de tous les sophistes. Leur pensée entière s'impose à leurs vaines spéculations et les force de se compléter à travers leurs illusions.

Stuart Mill poursuit donc, et nous prions le lecteur de le suivre avec attention : « L'opération déductive par laquelle nous dérivons les lois d'un effet des lois des causes qui le produisent par leurs concours, peut avoir pour but, ou de découvrir la loi, ou d'expliquer une loi déjà découverte... Une loi de la nature est expliquée lorsqu'on indique une autre ou d'autres lois dont cette loi n'est qu'un cas particulier, et desquelles elle pourrait être déduite... Et il y a trois groupes de circonstances dans lesquels une loi de causation peut être expliquée par d'autres lois ou, comme on l'a dit souvent, se résoudre en d'autres lois... comme la loi du mouvement des planètes qui se résout dans celles de la force tangentielle et de la force centripète : c'est le premier cas. Le second cas est celui où, entre ce qui semblait être la cause et ce qui était supposé l'effet, l'observation continuée découvre un chaînon intermédiaire..... comme entre le contact d'un objet et la sensation, qui n'est pas une loi ultime, mais se résout en d'autres lois; la loi que le contact d'un corps produit un changement dans l'état du nerf, et la loi que le changement dans l'état du nerf produit une sensation... Le troisième mode enfin est la supsomption d'une loi sous une autre, ou, ce qui revient au même, l'agglomération de plusieurs lois en une loi plus générale qui les renferme toutes. Le plus magnifique exemple de cette opération fut la réunion de la pesanteur terrestre et de la force centrale du système solaire sous la loi générale de la gravitation [1]. » — A première vue l'illusion est complète, surtout pour ceux qui ont en horreur les déductions creuses et les syllogismes de l'école de l'*à priori*. Leurs connaissances générales en désordre, les lois sans liens qu'ils connaissent sont groupées et coordonnées en formes régulières et précises, pour aboutir à des déductions comme celles de Newton.

Malheureusement, si nous ôtons le prisme du kaléidoscope, il ne reste que des débris de verroterie. Des trois groupes, cas ou modes de la méthode déductive, « le premier est celui par lequel nous dérivons les lois d'un effet des lois des causes qui le produisent par leurs concours; elle a pour but de découvrir la loi ou d'expliquer la loi déjà découverte ». Mais si l'opération a pour but de découvrir une loi nouvelle, c'est une induction, et non pas une déduction, et si elle a pour objet d'expliquer simplement une loi déjà découverte, elle ne fait

[1] *Système de logique* (trad. Peisse), vol. I, p. 521, 522, 527.

que développer le contenu de cette loi, et elle n'est en réalité qu'un syllogisme procédant par majeure, mineure et conclusion. Ce qui trompe le lecteur et Stuart Mill lui-même, c'est l'exemple qu'il donne. « La loi du mouvement des planètes se résout dans celle de la force tangentielle et de la force centripète. » Ce qui signifie en réalité que le mouvement des planètes est expliqué par la loi de la force centripète et par celle de la force tangentielle. En admettant qu'une propriété qui découle de la simple inertie de la matière soit une force, quelle opération, cas ou mode de déduction y a-t-il en cela? Le mouvement des planètes et les lois des forces tangentielle et centripète sont une seule et même chose, et s'il plait à Stuart Mill de parler d'une loi du mouvement des planètes, et de la distinguer des lois de ce mouvement, ce n'est que parce qu'il met un mot à la place de la chose. Sophisme qu'il nous dénonce « comme un préjugé des plus répandus, qui consiste à prétendre que les différences dans la nature correspondent à nos distinctions, que les effets auxquels le langage donne des noms différents doivent être de nature différente[1] ».

Le second mode déductif « consiste à découvrir entre ce qui semblait la cause et ce qui était supposé l'effet, un chaînon intermédiaire ». Ou bien le chainon est contenu dans ce qui semblait la cause, alors ce n'est encore une fois qu'une déduction syllogistique ; ou bien il n'y est point contenu, en ce cas c'est une découverte nouvelle, une induction, et non pas une déduction. Quant à l'exemple de ce mode de déduction, Stuart Mill le prend dans la même classe de sophismes que le précédent. « C'est une loi que le contact d'un objet produise

[1] *Système de logique* (trad. Peisse), vol. II, p. 315.

une sensation; elle se résout en deux autres : que le contact d'un objet produit un changement dans les nerfs, et que le changement dans les nerfs produit une sensation. » Mais le changement dans les nerfs et la sensation sont une seule et même chose, et la prétendue découverte de la loi, chaînon intermédiaire, se réduit à dire que le contact d'un objet produit un changement dans les nerfs, qui est une sensation. A ce titre nous pourrions faire autant de découvertes de lois nouvelles que nous pouvons intercaler de mots entre les deux termes. Il est une loi que le contact d'un objet pour produire une sensation doit toucher la peau; il est une loi que la peau pour être sensible doit être munie de papilles nerveuses; il est une loi que les papilles nerveuses pour être sensibles à leur tour doivent communiquer avec les centres nerveux; il est une loi que les filets nerveux pour communiquer l'impression des papilles doivent être intacts, etc.; nous n'en finirions pas. Cet exemple et cette règle de déduction n'est pas même un sophisme; c'est un enfantillage.

Le dernier mode enfin est « la supsomption d'une loi sous une autre, ou, ce qui revient au même, l'agglomération de plusieurs lois en une loi plus générale qui les renferme toutes; et le plus magnifique exemple en fut la réunion de la pesanteur terrestre et de la force centrale sous la loi générale de la gravitation ». Ce fut aussi le plus magnifique exemple, non pas de déduction, mais d'induction, qui existe dans l'histoire de la science moderne. Newton nous le dit, et Stuart Mill lui-même cite sa lettre. « On ne saurait convenir, dit Newton dans une de ses lettres au docteur Bentley, que la matière inanimée puisse, sans l'intermédiaire de quelque autre chose non matérielle, agir sur une autre matière sans contact mutuel; que la pesanteur, ajoutait-il, soit innée, inhérente et essentielle à la matière, de telle sorte qu'un corps agisse sur un autre à distance, à travers le vide, sans la médiation de quelque chose par quoi l'action et la force peuvent être transmises de l'un à l'autre, me parait une absurdité si grande qui ne peut, je crois, tomber dans l'esprit d'aucun homme possédant quelque compétence de philosophie[1]. » Newton transporta donc la pesanteur ou ses lois, pour parler avec Stuart Mill, découvertes par Galilée, dans les rapports des planètes et des astres, et ce fut si peu une déduction, qu'il avoue que c'est une hypothèse impossible à comprendre et à expliquer. Cela ne fait pas l'affaire de Stuart Mill, et, ce qui est plus étrange, cette lettre si sage et si prudente de Newton, il la cite dans son fameux chapitre des sophismes comme un exemple à éviter à jamais. « Ce passage de la lettre de Newton devrait être affichée dans le cabinet de tout savant qui serait tenté de déclarer impossible un fait parce qu'il lui semble inconcevable. » Voudrait-il élever l'absurde à la hauteur d'un principe scientifique? Mais quand il ajoute « qu'il n'est pas plus étonnant pour nous que les corps agissent les uns sur les autres « sans contact », que s'ils agissent étant en contact; que nous sommes familiarisés avec l'un et l'autre fait; que nous les trouvons également inexplicables, mais également faciles à croire[2] », il renouvelle les sophismes d'Euthydème et de Dionysodore.

Nous prenons un corps, nous le tenons en main, nous le rejetons : c'est une vérité sensible et tangible, comme c'est encore une vérité que nous pouvons agir à distance sur ce corps par une canne, par exemple, que nous tenons à la main. Si nous ignorons la nature de la force par laquelle les

[1] *Système de logique* (trad. Peisse), vol. II, p. 317.
[2] *Ibidem*, vol. II, p. 318.

corps en contact agissent les uns sur les autres, nous ne nous expliquons pas moins le fait par le principe fondamental même de Stuart Mill, que la marque d'une chose est la marque de ce dont elle est la marque, c'est-à-dire que l'espace occupé par un corps est occupé par lui, et non par un autre; tandis que nous ne nous expliquons en aucune façon comment nous puissions agir à distance sur un corps sans intermédiaire absolument aucun, précisément à cause du même principe, parce que nous ne pouvons penser que la marque d'une chose puisse exister dans l'espace sans la chose dont elle est la marque. Stuart Mill abuse simplement du double sens du mot « expliquer » : autre chose est ne pouvoir expliquer un fait par sa cause, autre chose est ne pouvoir l'expliquer du tout. C'est absolument le même procédé que celui d'Euthydème[1]. Il n'y a qu'une différence entre le sophiste grec et le sophiste anglais, c'est que celui-ci, non satisfait de commettre le sophisme, en accuse au contraire un des plus grands génies de nos temps.

En somme, il ne reste de la méthode déductive de Stuart Mill que la règle suivie par Newton, et cette règle, Newton l'a si peu suivie, qu'au lieu de faire une déduction, il fit au contraire l'induction la plus belle et la plus hardie de la science moderne. Quel en fut le principe, la règle véritable? Stuart Mill se trouve dans l'impossibilité de répondre. Les méthodes de concordance, de différence, de concomitance et de résidu ne sont pas applicables aux sciences complexes; donc la découverte de Newton fut une déduction, et son admirable lettre un sophisme.

Comment s'étonner de voir Stuart Mill soutenir ensuite

[1] Voir p. 91.

« qu'entre la méthode déductive ancienne et celle qu'il a cherché à définir, il y a toute la différence qui existe entre la physique d'Aristote et la théorie newtonienne du ciel[1] » ! Les prétentions des sophistes sont en raison directe de leurs erreurs; il n'y a que leur bonne foi et leur naïveté qui les excusent.

VI

LA LOGIQUE DES SCIENCES MORALES

Il serait fastidieux de suivre plus longtemps la logique newtonienne de Stuart Mill dans l'élimination du hasard et le calcul des probabilités, dans les définitions de l'analogie et de l'hypothèse; les chapitres se succèdent et se ressemblent, en ce qu'ils n'apportent aucune lumière nouvelle aux propositions fondamentales, qui ne sont pas nécessaires; à l'induction, qui n'en est pas une, et à la déduction, qui est presque l'induction.

Il n'est pas un sophisme que notre auteur ne réprouve et qu'il ne commette; les jeux sur le sens des mots sont continuels, l'abus de la double portée des termes intarissable; la lecture en est aussi fatigante que difficile. La pensée se trouve finalement comme ahurie devant tant de puissance dans le confus. Nous ne pouvons cependant passer sous silence les derniers chapitres sur la logique des sciences morales; ils couronnent l'œuvre, et nous expliquent les caractères de ses autres ouvrages.

[1] *Système de logique* (trad. Peisse), vol. I, p. 543.

La logique des sciences morales commence par des observations préliminaires où toutes ses illusions se renouvellent, et par des considérations sur la liberté et la nécessité dans lesquelles il se perd jusqu'à « se plaindre d'une application aussi impropre que celle de l'expression de nécessité à la doctrine de la causalité, quand il s'agit du caractère humain ; cela lui semble un des exemples les plus frappants en philosophie de l'abus des termes [1] » ; et il conclut, une page plus loin, qu'avec « ses corrections et ses explications » sur le fatalisme des Turcs et le *fatum* des Grecs, « la doctrine de la causation de nos volitions par des motifs, et des motifs par des objets désirables, combinés avec nos propensions particulières, explique suffisamment la volonté humaine [2] » ; ce qui n'est absolument que la théorie de la nécessité, mais avec le plus joli abus des termes que l'on puisse voir.

Ce qui est plus important pour nous, parce que c'est une question de méthode, c'est la façon dont il envisage les conditions auxquelles les connaissances que nous possédons des hommes pourraient devenir une science parfaite. « Les phénomènes dont s'occupe la science de la nature humaine étant les pensées, les sentiments et les actions des êtres humains, elle aurait atteint la perfection scientifique idéale, si elle nous mettait à même de prédire comment un individu sentirait ou agirait dans le cours de sa vie, avec une certitude pareille à celle de l'astronomie quand elle prédit les positions et les occultations des corps célestes. Il est à peine besoin de dire qu'on ne peut rien faire d'approchant. Les actions des individus ne peuvent être prédites avec une exactitude scientifique, ne fût-ce que parce que nous ne pouvons prévoir les

[1] *Système de logique* (trad. Peisse), vol. II, p. 435.

[2] *Ibidem*, vol. II, p. 437.

circonstances dans lesquelles les individus seront placés [1]. » De prime abord le point de vue paraît de toute évidence; on ne soupçonne pas le mirage dont on est la victime. Stuart Mill veut connaître les pensées, les sentiments et les actions des êtres humains pour établir la science de la nature humaine; Kepler et Newton ne connaissaient cependant pas la composition moléculaire des astres lorsqu'ils ont formulé les lois de leurs mouvements; et si nous ne pouvons prévoir toutes les circonstances dans lesquelles un individu se trouvera placé dans le courant de sa vie, Kepler et Newton ne connaissaient pas davantage les transformations successives qui se sont passées et qui s'opèrent encore journellement dans les corps célestes. Les conditions qu'exige Stuart Mill pour atteindre la perfection astronomique dans la science humaine ne sont donc pas celles auxquelles obéirent les deux grands astronomes dans leurs découvertes. S'il nous fallait tirer une conclusion de la comparaison, nous dirions que les traits fondamentaux du caractère des hommes sont aussi peu changés par les circonstances de la vie qu'une tempête ne hâte la marche d'une planète, ou qu'un continent soulevé n'en change le poids; et nous ajouterons que si Stuart Mill avait mis un génie égal à celui de Kepler ou de Newton à l'observation des traits fondamentaux du caractère d'un individu, il aurait pu prédire avec une certitude égale la conduite qu'il tiendra dans les différentes circonstances de sa vie.

La conclusion de Stuart Mill sera fort différente, nous pouvions la prévoir avec la certitude qu'il exige. Ne voyant aucun rapport entre la science du ciel et celle de l'homme, il ne peut songer à appliquer à cette science la méthode rigou-

[1] *Système de logique* (trad. Peisse), vol. II, p. 431.

reuse des grands astronomes, et conclut « que dans les recherches sur les phénomènes sociaux une *généralisation approximative* équivaut pour la plupart des besoins à une *généralisation exacte*[1] ». Il ouvre un libre champ aux hypothèses gratuites; les règles de méthode, si informes qu'elles aient été, disparaissent; nous nous trouvons en plein *à priori*.

Stuart Mill se souvient parfois encore de ses anciennes expressions et formules : la recherche de la cause, l'antécédent et le conséquent; d'un mot il s'en débarrasse! « L'antécédent immédiat de la sensation est un état du corps, mais la sensation elle-même est un état de l'esprit[1]. » Plus haut l'antécédent immédiat d'une sensation, c'était le feu qui brûle; maintenant c'est un état du corps. Plus haut, encore, les idées formées par les sensations représentaient directement leur objet, et maintenant elles représentent un état de l'esprit. Et dans la même page où il vient de nous donner la première assurance, il nous dit : « Ce qu'est l'esprit, ce qu'est la matière, ou toute autre question relative aux choses en soi, en tant que distinctes de leur manifestion sensible, est étrangère au but de ce traité. » Pourquoi alors affirme-t-il que la sensation est un état de l'esprit, et que son antécédent est un état du corps, puisqu'il ne s'occupe ni de ce que c'est que le corps, ni de ce que c'est que l'esprit? Qui veut-il tromper? Hélas! c'est lui-même.

Le but qu'il veut atteindre est de déterminer les lois de l'association de nos idées, c'est le fondement, selon lui, de la science de la nature humaine. Mais les lois de l'association de nos idées supposent dans une doctrine comme la sienne, qui ne relève que des impressions du monde sensible, les

[1] *Système de logique* (trad. Peisse), vol. II, p. 436.

lois de l'association de nos sensations. Comment formons-nous par nos organes de la vue, du toucher, de l'ouïe, etc., une idée d'un objet sensible? Stuart Mill ne sait que répondre à cette question, et la physiologie, qui seule aurait mission pour le faire, est muette à ce sujet. Pour se débarrasser de cette difficulté, il lui fallait prouver d'abord que la physiologie était une science absolument arriérée, et ensuite que l'expérience seule de nos idées suffisait pour en déterminer les lois d'association. Un sophisme lui suffit pour démontrer l'un, et le même lui suffit encore pour prouver l'autre. « La physiologie, nous assure-t-il dans le chapitre de la déduction, il s'y est pris d'avance, est moins susceptible de progrès que la science sociale, parce qu'il est moins difficile d'étudier les lois et les opérations d'un esprit à part des autres esprits, que les lois d'un organe ou tissu du corps humain à part des autres tissus ou organes[1]. » La pensée, cependant, d'hommes indépendants les uns des autres n'a aucune analogie avec les rapports des organes et tissus d'un même organisme. Si Stuart Mill n'avait pas voulu se tromper lui-même, il aurait comparé les différentes fonctions d'un même organisme aux différentes fonctions d'une même pensée. Mais alors son illusion devenait évidente. Les fonctions du cœur, du foie, des poumons, de la vue et de l'ouïe, s'étudient avec infiniment plus de facilité que les fonctions de penser, d'aimer et de vouloir. Les progrès de la physiologie et ses découvertes nombreuses depuis Harwey jusqu'à Claude Bernard le démontrent, tandis que les élucubrations de Stuart Mill sur l'induction et la déduction prouvent à elles seules combien la science des opérations de l'esprit est en retard. Mais il fallait atteindre

[1] *Système de logique* (trad. Peisse), vol. I, p. 512.

les lois de l'association de nos idées qui se forment par les sensations; la science qui s'occupe précisément de l'étude de nos sens et de nos sensations se trouve sur son chemin; il s'en défait donc par une fausse comparaison, comme un jongleur fait disparaître une noix muscade, et nos sensations, états du corps, deviennent sans autre raison des états de l'esprit.

« Il faut donc, continue-t-il, abandonner la physiologie et rechercher les uniformités de successions propres aux phénomènes de l'esprit ou les lois de l'association de nos idées, en tant qu'elles sont sujettes à notre observation[1]. » La seconde muscade vient de disparaître. Les sensations étant maintenant des états de l'esprit, il semble qu'il aurait fallu au moins rechercher comment elles concourent, en tant qu'états de l'esprit, à la formation de nos idées. Mais la muscade n'y est plus; il faut, quoi que nous fassions, nous contenter de rechercher les lois de l'association de nos idées, en tant qu'elles sont sujettes à notre observation, et faire, comme dit Stuart Mill, de l'analyse, de l'expérience psychologique[2]. » C'est peut-être une troisième muscade qui va disparaître.

Faire l'analyse, l'expérience de nos idées, et faire des analyses et des expériences psychologiques, n'est pas du tout la même chose. Nous soumettons facilement nos idées, qui sont indifférentes, à des analyses, et nous en faisons l'expérience en les appelant simplement devant notre esprit: un cheval blanc, une ligne droite, du feu, de l'eau; mais nous ne pouvons faire de la même manière l'analyse et l'expérience de nos émotions. Elles ne reviennent point dans leur spontanéité première; les mêmes causes et les mêmes circonstances

[1] *Système de logique* (trad. Peisse), vol. II, p. 436.
[2] *Ibidem*, vol. II, p. 437.

qui les ont éveillées font défaut; nous n'en conservons qu'un souvenir effacé; et quand nous prétendons les soumettre à notre analyse dans le moment même où nous les éprouvons, elles n'existent plus; un homme en colère qui voudrait analyser sa colère cesserait aussitôt de l'éprouver. L'analyse, la peinture des passions et des caractères, est un art dans lequel les Molière et les Shakespeare peuvent exceller; en faire une science expérimentale au même titre que la logique est une utopie.

Stuart Mill n'en confond pas moins les deux espèces d'expériences; « il n'y a qu'*une* expérience mentale, comme il n'y a qu'*une* expérience physique [1] »: ce qui le conduit à de nouveaux tours d'escamotage. D'abord tous les états de l'esprit ne peuvent pas être analysés et expérimentés dans les moments où ces états nous échappent, soit par une émotion trop vive, soit par inattention, soit parce que les forces de l'esprit ne nous permettent pas de les suivre; il faut donc que ces états de l'esprit, pour être soumis à l'analyse et à l'expérience, soient des « états de conscience ». Qu'est-ce que les états de conscience? « Ce sont des sentiments. » Deux et deux font quatre est un sentiment! Soit: les états de l'esprit sont des états de conscience, qui sont des sentiments! Tant que le sens des mots ne devient pas double, ce genre de définition ne peut nous arrêter; ce sont des transformations de termes inventées pour le besoin de la cause. Puisqu'il n'y a qu'une expérience mentale, et que l'expérience de nos idées est la même que celle de nos sentiments, nos idées sont des états de conscience, et les états de conscience des sentiments.

[1] *Système de logique* (trad. Peisse), vol. II, p. 432.

« Les états de conscience donc, qui sont des sentiments, continue Stuart Mill, se subdivisent en sensations, pensées, émotions, volitions [1]. » Il aurait été peut-être plus logique, de son point de vue, de dire que les états de conscience, qui sont des sensations, se subdivisent en pensées, sentiments, émotions, volitions. Il aurait pu dire aussi qu'ils sont des pensées qui se subdivisent en sensations, sentiments, émotions, volitions; ou bien des émotions qui se subdivisent en sensations, pensées, sentiments, volitions. Chacun des termes aurait pu lui servir pour désigner le genre ou l'espèce. C'est une forme de sophisme qu'il a oublié dans son chapitre, mais qu'Aristote signale déjà sous le nom de classification arbitraire [2]. Figurez-vous Cuvier soutenant, au nom de l'expérience qu'il avait des êtres vivants, que la race féline était les tigres, lesquels se subdivisaient en lions, chats, panthères, jaguars.

« Il en résulte, poursuit Stuart Mill, tous les états de conscience étant des sentiments, les lois de l'association de nos idées! » La transition est rapide; la séance de prestidigitation continue : « De ces lois, les unes sont générales, les autres spéciales. Premièrement : Toutes les fois qu'un état de conscience a été déterminé par une cause quelconque, un état de conscience ressemblant au premier, mais d'intensité moindre, *peut* se produire sous la présence d'une cause semblable à celle qui l'avait produit d'abord. Ainsi, lorsque nous avons une fois vu ou touché un objet, nous *pouvons* ensuite penser à l'objet, quoique nous ne le voyions plus. » Mais nous pouvons aussi ne plus y penser du tout. C'est comme si nous disions : Il est une, loi que nous pouvons

[1] *Système de logique* (trad. Peisse), vol. II, p. 432.

[2] Voir PRODICUS, p. 104.

nous souvenir des choses, et que nous pouvons aussi ne pas nous en souvenir. C'est aussi peu une loi que si Galilée nous avait dit que les corps peuvent s'attirer en raison inverse du carré des distances, mais qu'ils peuvent aussi ne pas le faire. Et quand Stuart Mill ajoute « que sa loi s'énonce en disant, dans le langage de Hume, que chaque impression a son idée », c'est à la fois une erreur et un sophisme. C'est une erreur : chacune de nos impressions n'a pas son idée; la moindre de nos idées suppose tout un monde d'impressions. C'est un sophisme, et un sophisme *elenchi;* au nom d'une loi qui n'en est pas une, mais qui est la constatation d'un fait, il prétend démontrer ce qui n'est pas du tout en question : que chaque impression a son idée, tandis qu'il ne s'agit que de la faculté de nous souvenir.

« Secondement : Ces idées ou états mentals secondaires, sont excités par nos impressions ou par d'autres idées, suivant certaines lois qu'on appelle les lois d'association. De ces lois, la première est que les idées semblables tendent à s'éveiller l'une l'autre [1]. » Mais les idées contraires tendent à s'éveiller plutôt que les idées semblables : blanc et noir, bon et mauvais, plutôt que rose et lilas, charitable et généreux.

« La seconde loi est que, lorsque deux impressions ont été fréquemment éprouvées (ou seulement rappelées à la pensée) simultanément ou en succession immédiate, toutes les fois que l'une de ces impressions ou de ces idées réapparait, elle tend à éveiller l'idée de l'autre [2]. » *Tend à éveiller* est, pour une loi, une expression bien élastique ; l'une de ces impressions peut donc aussi ne pas tendre à éveiller l'autre ; c'est

[1] *Système de logique* (trad. Peisse), vol. II, p. 437.
[2] *Ibidem*, vol. II, p. 437.

comme pour la loi du souvenir. Que nous prenions des habitudes intellectuelles, point de doute; mais cette prétendue loi ne constate encore une fois qu'un fait et n'explique rien. C'est du reste un sophisme que Stuart Mill commet sans cesse, qui rentre dans le genre de ses confusions éternelles; il prend la loi, qui est toujours la formule d'une nécessité, dans le sens de la simple constatation des faits, qui n'est jamais que relative et conditionnelle. Lui-même et le lecteur naïf y sont pris : cela donne tant d'apparence de rigueur et d'exactitude.

« La troisième loi est qu'une intensité plus grande de l'une de ces impressions ou de toutes les deux équivaut, pour les rendre aptes à s'exciter l'une l'autre, à une plus grande fréquence de conjonction[1]. » Mais l'intensité plus grande de l'une peut aussi complétement effacer l'autre; et l'intensité plus grande des deux peut aussi les fondre en une seule, comme chez bien des Français l'idée de l'empire et l'idée des désastres de 1870 ne font plus qu'une seule et même impression. « Telles sont les lois des idées », termine Stuart Mill, et il trouve « qu'il ne doit pas s'étendre davantage sur elles[2] ».

C'est en effet inutile; et nous ne l'aurions pas suivi jusque là, sans l'importance extrême qu'il attribue à ces prétendues lois. « Les lois de l'esprit constituent, selon lui, la partie universelle ou abstraite de la philosophie de la nature humaine, et toutes les vérités d'expérience commune doivent, en tant qu'elles sont des vérités, être les résultats de ces lois[3]. » « Les observations relatives aux affaires humaines

[1] *Système de logique* (trad. Peisse), vol. II, p. 437.
[2] *Ibidem*, vol. II, p. 438.
[3] *Ibidem*, vol. II, p. 446.

que peut fournir l'expérience... ne sont que de simples *lois empiriques,* qui n'offrent aucune garantie qu'elles soient vraies au delà des limites de l'observation[1]. » Mais ces prétendues lois de l'association des idées sont absolument dans le même cas. Peu importe, il lui fallait un point de départ. Il aurait pu expliquer les affaires humaines par les lois qui régissent nos instincts et nos passions mieux peut-être que par les lois de l'association des idées ; mais c'est à cette explication qu'il veut précisément arriver ; les lois de l'association des idées lui servent de transition. « La loi de la formation du caractère est le principal objet de l'étude de la nature humaine... mais l'investigation expérimentale du caractère... ne peut se faire ni complétement, ni même approximativement... cette étude est impossible[2]. » « Il en résulte que nous nous trouvons forcé de recourir au mode d'investigation qui, lors même qu'il n'est pas le seul possible, est toujours le plus parfait... et qui consiste à dériver les lois de la formation du caractère des lois générales de l'esprit[3]. » « Ainsi se forme une science, à laquelle je proposerai de donner le nom d'éthologie... qui peut aussi être appelée la science exacte de la nature humaine[4]. »

On croit rêver en lisant ces affirmations successives, qui se réduisent en dernière analyse à la question de savoir si la poule a été avant l'œuf ou l'œuf avant la poule. Les caractères se forment-ils suivant l'association des idées, ou l'association des idées se fait-elle suivant les caractères? Stuart Mill termine ces étonnantes considérations en déclarant

[1] *Système de logique* (trad. Peisse), vol. II, p. 446, 447.
[2] *Ibidem,* vol. II, p. 451, 452.
[3] *Ibidem,* vol. II, p. 456.
[4] *Ibidem,* vol. II, p. 456, 457.

« qu'il est hors de doute que la façon dont Newton a découvert les lois de la gravitation s'applique à sa découverte de l'éthologie »; heureusement qu'il ajoute, quelques lignes plus bas, que « cette science est encore à créer[1] ».

« Les phénomènes de la pensée, du sentiment et de l'activité humaine, n'en continue pas moins notre auteur, sont assujettis à des lois fixes, les phénomènes de la société doivent donc aussi être régis par des lois fixes, conséquences des précédentes[2]. » « L'objet de la science sociale est de prédire les événements politiques et sociaux des peuples[3] » ; de même que l'éthologie a pour but de prédire la conduite future des individus; toujours commé dans l'astronomie, nous allions dire comme dans l'astrologie.

« Deux conceptions radicalement fausses du mode de philosopher en matière sociale et politique... ont été suivies jusqu'ici par presque tous ceux qui ont spéculé ou disserté sur la logique politique... Ces méthodes fautives (si le mot de méthode peut s'appliquer à ces tendances vicieuses) sont l'une le mode expérimental ou *chimique*, l'autre le mode abstrait ou *géométrique*[4]. » Le premier mode consiste « à négliger le fait que les hommes dans l'état de société sont toujours des hommes, et que leurs actions et leurs passions obéissent aux lois de la nature humaine ». Les partisans de cette méthode « procèdent comme si la nature de l'homme n'était pas en jeu... traitent les raisonnements fondés sur les principes de la nature humaine « de théories abstraites... » et font profession d'exiger dans tous les cas sans exception une

[1] *Système de logique* (trad. Peisse), vol. II, p. 460, 461.
[2] *Ibidem*, vol. II, p. 446.
[3] *Ibidem*, vol. II, p. 467.
[4] *Ibidem*, vol. II, p. 468.

expérience spécifique[1] ». Il semble que l'auteur, qui conclut toujours du particulier au particulier, devrait se trouver dans le même cas. Il n'en critique pas moins la méthode, et du même point de vue, il condamne encore la seconde méthode.

« Elle est particulière aux esprits réfléchis et studieux... Ils ont recours aux lois de la nature humaine qui agissent dans les phénomènes sociaux... Mais faute d'avoir suffisamment réfléchi à la nature toute *spéciale* du sujet... c'est à la géométrie plutôt qu'à l'astronomie et aux sciences naturelles qu'ils assimilent, sans en avoir conscience, la science déductive des faits sociaux[2]. » « Ils n'admettent aucune modification d'une loi par une autre, et déduisent leurs conclusions politiques non de lois naturelles, non de successions de phénomènes, mais de maximes pratiques inflexibles. Tels sont ceux qui fondent leur théorie politique sur ce qu'on appelle le droit abstrait... Tels sont encore ceux qui supposent un contrat social[3]. »

Après ces considérations, Stuart Mill établit les vraies méthodes d'investigation dans les sciences sociales et politiques, et ces méthodes — nous pouvions le prévoir avec la plus grande précision — sont absolument les mêmes que celles qu'il vient de nous signaler comme des conceptions vicieuses et des méthodes fautives. « Il y a, dit-il, dans l'investigation sociologique une place considérable pour la méthode déductive directe, aussi bien que pour le procédé inverse[4]. » Seulement, comme nous aurions pu le prévoir également, il change les noms étranges qu'il leur a donnés.

[1] *Système de logique* (trad. Peisse), p. 469.
[2] *Ibidem*, vol. II, p. 479.
[3] *Ibidem*, vol. II, p. 481.
[4] *Ibidem*, vol. II, p. 491.

Le mode chimique ou expérimental devient la « méthode physique ou déductive concrète [1] »; le mode géométrique ou déductif direct [2], « la méthode déductive inverse ou historique ». Transformation grossière des termes, qui se réduit à une illusion sur le sens des mots, mais qu'il n'en a pas moins préparée avec soin. « Ceux qui suivent la méthode chimique, nous a-t-il dit, procèdent comme si l'homme en tant qu'individu n'était pas en jeu, exigent une expérience spécifique. » Cependant toute expérience, toute analyse ne devient intelligible qu'en se résumant dans une proposition générale si concrète qu'elle soit. Or, c'est précisément ce que Stuart Mill appelle la méthode de déduction concrète ou physique. L'expression d'induction eût été plus juste, mais nous savons qu'elle s'est transformée en déduction chez Stuart Mill.

Le reproche qu'il adresse aux partisans de la méthode géométrique ou déductive directe, d'établir leur doctrine d'après des maximes inflexibles et non d'après les faits réels, est non moins erroné. Dans son *Contrat social,* Jean-Jacques Rousseau fait appel à la constitution des vieux cantons de la Suisse ; les partisans les plus passionnés des droits abstraits ne sauraient en expliquer aucun sans recourir aux idées concrètes, et tous indistinctement ne croient à leurs doctrines que parce qu'ils s'imaginent qu'elles sont entièrement conformes aux faits. Or, c'est précisément ce que Stuart Mill exige pour ce qu'il appelle la méthode déductive inverse ou historique. Il demande la « vérification » des lois suprêmes par les faits, et il n'y a aucun des auteurs qu'il cite, Rousseau, Hobbes, Bentham, qui n'ait cherché à la donner de la même façon que

[1] *Système de logique* (trad. Peisse), vol. II, p. 488.
[2] *Ibidem,* vol. II, p. 508.

lui. Quelques faits de plus ou de moins ne changent pas le caractère d'une méthode. Aussi est-ce en vain que nous avons cherché sous les noms extraordinaires la moindre règle précise, la plus petite indication nouvelle; les critiques des opinions des autres abondent; et finalement Stuart Mill revient à la loi des trois états d'Auguste Comte, qu'il recommande comme la règle suprême de la déduction historique, ce qui le ramène à son point de départ

En somme, ce n'est pas la méthode des grands astronomes qu'il suit, mais celles des astrologues. Comme ceux-ci s'imaginaient que les astres étaient des esprits supérieurs, il croit que nos impressions sont des idées; et il observe l'association et la désassociation des idées pour établir l'éthologie de la même façon que les premiers observaient les mouvements et les conjonctions des astres pour établir leur science de l'astrologie; enfin, de même que les astrologues prétendaient prédire aux hommes leur destinée, il veut prévoir l'avenir des peuples et des individus. Ambition folle, qu'il n'a heureusement poursuivie que théoriquement, à la façon de l'école de l'*à priori* des Rousseau et des Bentham.

C'est aussi à leur méthode qu'il s'arrête définitivement. Dans ses ouvrages, médiocres du reste, sur le gouvernement représentatif et sur l'économie politique, il n'est plus question des méthodes directes et inverses. Il y suit franchement, dans le premier, l'école doctrinaire, qui procède directement de Rousseau; dans le second, il s'attache à Ricardo et Adam Smith, qui ne voient dans leur science que définitions et déductions. Il demande pour la femme, au nom d'une justice abstraite, l'égalité des droits politiques et civils; et, au nom de la même justice, la représentation des minorités aux parlements. Changeant complétement le caractère de ses sophismes, il confond l'absolu et le concret, à la façon des idéalistes. Il ne voit pas que la constitution morphologique et physiologique de la femme lui prescrit sa destinée, et que, traitée par les lois contrairement à sa nature, elle succomberait à une nouvelle espèce d'esclavage. De même, il ne voit pas que les majorités factices des minorités n'ont jamais eu d'autres résultats que de rendre le gouvernement représentatif impossible. Comme tous les idéalistes, il arrive à détruire le principe abstrait qu'il proclame. Le gouvernement par la majorité factice des minorités, c'est l'anarchie, qui est la négation même de la justice. Que les lois et les institutions soient imparfaites n'est pas une raison pour les rendre absurdes.

De tous ses ouvrages, le plus remarquable sans contredit est sa critique de la philosophie d'Hamilton Ce fut aussi le plus facile : à sophiste, sophiste et demi.

VII

LA CAUSE DES SOPHISMES DE STUART MILL

Nous paraissons sévère pour Stuart Mill; nous l'avons étudié du point de vue de la vérité, et nous lui avons appliqué sa propre mesure. Si nous l'étudions du point de vue de notre époque en lui appliquant la mesure de tout le monde, il est et il restera le plus puissant penseur de tous nos contemporains.

Les écoles qui succédèrent aux grands philosophes du dix-septième siècle se sont attachées à leur méthode, sans distinguer ce qu'il pouvait y avoir de vrai et de faux en elle, comme en toute chose humaine, et, au lieu de chercher la vérité plus haut, les uns ont admis de préférence l'opinion de Leibnitz qui croyait qu'il y avait des idées *à priori,* les autres, celle de Locke, qui s'imaginait que nous détachions ces idées par la réflexion des idées concrètes. Tous commirent un acte de foi et continuèrent à rechercher la vérité, quand par cet acte de foi ils s'étaient mis dans l'impossibilité de l'atteindre. En distinguant nos idées les unes des autres, sans raison plus profonde que l'évidence de principes exclusifs, ils furent fatalement conduits à méconnaître leur portée véritable et à les confondre entre elles. C'est là l'essence du sophisme; il est toujours une confusion de la nature différentielle de nos idées, et au lieu de dépendre d'une erreur passagère, il consiste au contraire à systématiser toutes les illusions et toutes les erreurs. Chaque raison alléguée pour défendre le principe, la moindre preuve, le plus petit exemple, toute conclusion, toute critique, se transforment en des confusions nouvelles, et finalement tous arrivent au contraire de ce qu'ils prétendaient démontrer. La pensée n'est une et la vérité ne lui est intelligible qu'autant que ses idées s'enchaînent, s'accordent et se soutiennent. Pour en définir la valeur propre et différentielle, il aurait fallu découvrir un principe supérieur et commun par lequel toutes les idées se seraient enchaînées, accordées, soutenues. Ce principe, personne ne le chercha, et l'unité de la pensée s'imposa par des contradictions et des confusions de toute espèce.

Platon disait des sophistes de son temps que les uns, en soutenant l'être immuable, démontraient, par cela seul qu'ils en émettaient l'idée, que le mouvement existait, et que les autres, en prétendant que tout était mouvement, prouvaient de la même façon que l'être, toujours le même, était également, puisqu'ils l'affirmaient du mouvement. Nous n'avons qu'à changer les termes, à tel point les sophistiques se ressemblent : les sensualistes, en démontrant que les idées de substance, de cause dérivent de nos idées sensibles, prouvent par cela même qu'elles n'y sont pas contenues, elles nous en enseigneraient les causes et les substances ; et les idéalistes, en soutenant que la certitude ne provient que de ces idées, démontrent de la même façon que ces idées comme telles ne nous enseignent rien puisqu'ils croient devoir démontrer le contraire. Ces contradictions, inhérentes à toutes les doctrines des sophistes, sont surtout remarquables chez Stuart Mill. Si nous lui en avons fait le reproche, nous lui devons aussi de déclarer que ce n'est que parce qu'il est parmi les penseurs modernes un des plus rigoureux et des plus puissants, qu'il nous dévoile ses erreurs avec tant de force et tant d'éclat. Les sophistes filandreux ne prouvent jamais que leur faiblesse d'esprit. Stuart Mill est un des rares hommes qui ait compris que les questions de la philosophie ne trouvent leur solution dernière que dans celle de la méthode. Et si, en s'attachant à l'école positiviste et sensualiste, sa pensée est étouffée dès son principe, il serait aussi injuste de lui en faire un crime que de lui reprocher de parler et d'écrire la langue de son temps.

Voilà plus d'un siècle que les doctrines les plus illusoires en philosophie, morale, politique, s'accumulent, et, depuis Wolff et Rousseau, Hume et Condillac, elles se sont infiltrées sous des formes infinies dans la pensée de tous. Les révolutions se succèdent, les guerres se maintiennent, les luttes des partis sont plus amères et celles des peuples plus sanglantes que jamais. Pendant ce temps, les sciences positives progressent dans leurs directions infinies, elles se multiplient dans leurs inventions et dans leurs découvertes. Comment concilier ces faits? Où trouver les liens qui les unissent, la raison qui les explique? Il semble que ce n'est que dans les sciences positives, dans leurs principes, leurs méthodes, leurs progrès, que nous puissions trouver la réponse à ces questions. Auguste Comte le proclame, Stuart Mill le suit, et tous deux croient découvrir dans les sciences exactes le remède contre les illusions d'une philosophie chimérique. Le premier établit la hiérarchie des sciences et voit le secret de leur méthode dans la dépendance des sciences plus complexes de celles qui sont plus simples; le second fait un pas de plus et pénètre jusqu'à l'observation minutieuse de leurs procédés. Mais toutes les sciences positives relèvent des données sensibles; par le fait, tous les deux renouvellent sous une autre forme les illusions et les erreurs de l'école sensualiste.

Stuart Mill voit bien l'importance immense de l'induction, le grand levier des sciences, mais il la confond avec les procédés du physicien et du chimiste; l'idée créatrice lui échappe, et il se perd dans les formes de l'exposition. Mais la forme sous laquelle on expose une induction n'est pas la preuve que cette induction soit juste, et la preuve encore se dérobe. En vain il s'adresse à la déduction, la transforme en induction. Le boulet qu'il s'est attaché sous la forme du principe de l'école entrave de plus en plus son essor. Le sens des mots se transforme, les jeux sur la portée des termes se multiplient, les confusions augmentent, et finalement il revient, sous d'autres noms, aux méthodes qu'il a le plus vivement critiquées. Il y a la main forcée, son talent même, l'originalité et la rigueur de son esprit l'y portent. Un chercheur vulgaire aurait été incapable de suivre aussi loin les difficultés amassées sous ses pas et se serait perdu immédiatement dans le rêve.

Il n'entrevoit que d'une manière obscure l'importance de la méthode en philosophie, ne soupçonne pas le caractère de la spéculation des grands penseurs, s'arrête à la simple expérience et à la déduction vulgaire, et s'il leur a donné d'autres noms, ce n'est que parce qu'il les avait pénétrés plus profondément que ses prédécesseurs et ses adversaires. C'est le secret de la force extrême de ses critiques; les doctrines d'un Hamilton ou d'un Mansel tombent comme des châteaux de cartes devant lui; mais quand il critique les grands philosophes du passé, dont les doctrines n'ont que des rapports lointains avec celles du présent, sa pensée se trouble et le boulet le retient. Il dresse un tableau des sophismes comme pour compléter ses études sur la méthode, et ne voit pas en quoi consiste le véritable sophisme. La plupart des fautes, que nous avons relevées d'après ses propres définitions, ne sont pas en réalité des sophismes, quoiqu'elles n'en soient pas moins des fautes. La mal-observation et la non-observation, les inférences précipitées, les généralisations hâtives ne sont que de simples erreurs; le *post hoc, ergo propter hoc* n'est qu'une illusion fort excusable, et le sophisme qu'il appelle de l'*à priori* est un défaut inhérent à l'esprit humain.

Nous ne jugeons jamais les choses d'après elles-mêmes, mais toujours d'après les idées que nous en avons. Si les idéalistes soutiennent qu'il y a des idées *à priori*, il n'y a pas plus de sophisme de ce nom qu'il n'y a un sophisme *à posteriori*, parce que les sensualistes prétendent que toutes les idées nous viennent de l'expérience. Mais aux mots d'inné et d'*à priori*, Stuart Mill se souvient des sottises qui ont été soutenues sous leurs formes, tandis que le mot de loi, par exemple, lui apparaît avec la rigueur que lui ont donnée les sciences positives; les expressions de fondamental et d'universel remplacent chez lui celles de nécessaire et d'absolu, et lui cachent sous les fausses apparences d'une justesse plus grande les confusions et les erreurs qu'il commet à leur sujet. La double portée qu'il accorde à ses idées, le jeu sur le sens des mots se maintiennent, et Stuart Mill reste un sophiste jusque dans son tableau même des sophismes. Dominé par l'esprit de tout un siècle, nous ne pouvons lui en faire un reproche du point de vue de l'esprit de ce siècle Nul n'est tenu d'être un Platon ou un Aristote.

Nous avons poursuivi le développement de sa pensée, laissant de côté bien des erreurs et des sophismes, mais aussi bien des pages dans lesquelles l'esprit de système ne l'égare point, où il voit les faits avec une précision remarquable et les observe d'une très-grande hauteur. Nous n'en citerons qu'un exemple, que nous ne pourrons assez méditer en France. « Les lieux communs, dit-il, de la politique dans ce pays, sont des maximes pratiques très-larges, posées comme prémisses, desquelles on déduit les applications particulières. C'est là ce que les Français appellent être logique et conséquent. Par exemple, ils concluent que telle ou telle mesure doit être adoptée parce qu'elle est une conséquence du principe sur lequel le gouvernement est fondé; du principe de la légitimité ou de la souveraineté du peuple. A cela on peut répondre que, si ce sont là réellement des principes pratiques, ils doivent reposer sur des fondements théoriques. La souveraineté du peuple, par exemple, doit être une bonne base de gouvernement, parce que ce gouvernement ainsi constitué tend à produire certains effets avantageux. Cependant, comme aucun gouvernement ne produit tous les effets avantageux possibles, mais que tous sont accompagnés de plus ou moins d'inconvénients, et comme ces inconvénients ne peuvent être combattus par les moyens tirés des causes mêmes qui les produisent, ce serait souvent une meilleure recommandation pour une mesure pratique d'être indépendante de ce qu'on appelle le principe général du gouvernement que d'en être une conséquence. Sous un gouvernement reposant sur le principe de la légitimité, la présomption serait en faveur des institutions populaires; et dans une démocratie, en faveur des arrangements qui tendent à tenir en échec l'impétuosité populaire. La manière de raisonner qu'on prend si communément en France pour de la philosophie politique, tend à cette conclusion pratique, que nous devons faire tous nos efforts pour aggraver, au lieu de les atténuer, les imperfections caractéristiques, quelles qu'elles soient, du système d'institutions que nous préférons ou sous lequel nous vivons[1]. » Nous pourrions citer maints autres passages, sa critique du système de Bentham, ses observations sur l'influence que la coutume exerce sur les salaires, quelques-unes de ses vues sur la méthode historique; mais cet exemple suffit pour montrer jusqu'où Stuart Mill aurait pu s'élever s'il n'avait pas été entraîné par la force des choses.

En nous signalant les vices de notre politique intérieure, il ne les réprouve que parce qu'il les attribue à un oubli de la véritable méthode *déductive;* « oubli, ajoute-t-il, qui a si fort discrédité dans l'opinion des autres pays l'esprit généralisateur qui distingue si honorablement le génie français[2] ». Hélas! le reproche qu'il nous adresse n'est fondé que parce

[1] *Système de logique* (trad. Peisse), vol. II, p. 554.
[2] *Ibidem,* vol. II, p. 554.

que nous avons précisément perdu cet esprit généralisateur qui nous distinguait autrefois, pour tomber dans l'esprit de système, qui s'est étendu à notre politique intérieure pour les mêmes raisons qu'il a aveuglé Stuart Mill sur la valeur de sa propre doctrine.

Au moyen âge, la sophistique s'est arrêtée aux classes savantes et lettrées; la nation conserva sa spontanéité naturelle, sa fraîcheur de pensée, et une époque d'éclat, de généralisation puissante, de génie, a pu succéder aux égarements des réalistes et des nominalistes. En Grèce, au contraire, les sophistes étaient devenus innombrables [1], l'instruction publique était tombée entre leurs mains, et dans les cités les dissensions politiques avaient pris les mêmes caractères d'oppositions systématiques que leurs doctrines. Si les époques d'impuissance intellectuelle prennent en philosophie le nom de sophistique, elles prennent celui de décadence des peuples, lorsque leurs effets s'étendent jusqu'aux couches profondes de la société. La vérité que les uns et les autres se figurent n'est pas la vérité, les droits qu'ils s'imaginent ne sont pas des droits, la justice qu'ils demandent n'est pas la justice. Malheur alors aux hommes qui, grâce au hasard de leur naissance ou d'une éducation irrégulière selon l'époque, ne sont pas touchés par les influences délétères du moment! Esprits déclassés, ils se trouvent sans écho, restent isolés au milieu de la foule, désespérant du présent, désespérant de l'avenir; tandis que ceux que le moindre talent distingue, mais que les égarements à la mode ont profondément pénétrés, sont portés en avant par une impulsion irrésistible. Leurs fautes deviennent des mérites, leurs er-

[1] PLATON, l'*Euthydème*, 307.

reurs des vérités, leurs sophismes des éclairs de génie, les passions qu'ils excitent font leur gloire, et au lieu de diminuer le désordre, ils l'augmentent. La postérité s'étonnera, sans comprendre, qu'un Socrate puisse être mis à mort, un Platon ne pas prendre part aux affaires, un Aristote rester sans influence sur sa patrie. C'est que c'est l'heure des sophistes. Stuart Mill en eut tous les succès. Il fut admiré comme philosophe, eut des disciples nombreux; les étrangers traduisirent ses ouvrages, ses concitoyens le députèrent au Parlement, et se proposent de lui ériger un monument pour éterniser sa mémoire. Dans les nébuleuses, les étoiles de troisième rang apparaissent de première grandeur.

VIII

LES ANTINOMIES DE M. HERBERT SPENCER

Nous avons eu l'honneur de faire personnellement la connaissance de M. Herbert Spencer; c'était au moment où nous commencions l'étude de ses ouvrages. Avant d'en faire l'analyse, nous lui devons la déclaration, car notre jugement sera sévère, qu'il n'y a personne parmi nos contemporains dont nous admirions autant le grand savoir, ainsi que l'aisance avec laquelle il manie les notions métaphysiques les plus abstraites et les plus difficiles.

Comme Stuart Mill, M. Herbert Spencer croit trouver dans le monde concret la source de la vérité. Comme lui, il repousse les spéculations métaphysiques; mais tandis que Stuart Mill prétend ne pas vouloir s'en occuper, M. Herbert Spencer veut démontrer, en les développant encore, les contraditions qui leur sont inhérentes. Le premier s'arrête à l'observation des modes et formes de l'exposition et de la découverte, le second s'élève plus haut et cherche la vérité dans l'accord de nos croyances scientifiques. Celui-ci se perd, en l'absence d'un principe certain, dans un monde d'hypothèses imaginaires ; l'autre tombe, à la suite de son principe exclusif, dans des abîmes de confusions et d'erreurs. Enfin tous deux sont également sincères et convaincus ; il n'y a point de méthode certaine en dehors des sciences exactes ; il n'y a point de vérité au-dessus de l'accord de tous les faits ! et l'un comme l'autre succombent aux préjugés et aux illusions du siècle. M. Herbert Spencer est cependant plus difficile à comprendre que son rival ; son entreprise est infiniment plus vaste, et les difficultés métaphysiques qu'il soulève, comme en se jouant, exigent de la part du lecteur une grande habitude des abstractions.

Dans la préface de son grand ouvrage, il expose le but qu'il veut atteindre, les moyens qu'il songe à employer. Il étudiera successivement les premiers principes, les principes de la biologie, ainsi que ceux de la psychologie, les principes de la sociologie, les principes de la morale ; encyclopédie qui le conduira, il le croit, à trouver la conciliation de la foi et de la science ! « Problème à la solution duquel il s'attachera avec persévérance, qui ne sera ni un expédient, ni un compromis, mais une paix réelle et permanente, sans restriction mentale, sans l'ombre d'une concession[1]. » A lire ce programme, on dirait un de ces rêveurs systématiques qui veulent concilier l'inconciliable, le cercle et le carré, la richesse et la misère, la liberté complète et le pouvoir

1 *Premiers Principes* (trad. E. Gazelles), p. 21.

absolu, et non un des esprits les plus vastes de notre temps. Sa doctrine se distingue du rêve vulgaire, non-seulement par son étendue scientifique; nous ne nous y serions point arrêté, il est si facile de rêver science et si difficile d'en faire; mais elle se distingue du rêve par ses origines qui sont prises dans les questions les plus ardues de la philosophie, dans l'antinomistique de Kant.

« Nous pouvons faire, nous dit-il, trois suppositions intelligibles verbalement sur l'origine de l'univers. Nous pouvons dire qu'il existe par lui-même ou qu'il se crée lui-même, ou qu'il est créé par une puissance étrangère [1]. »

« L'existence par soi de l'univers signifie l'existence de l'univers sans commencement. Or, concevoir l'existence à travers l'infini du temps passé, c'est concevoir un temps infini écoulé, ce qui est une impossibilité [2]. »

« La seconde hypothèse, la création par soi, qui n'est autre chose que le panthéisme, n'est pas plus susceptible d'être conçue... Nous ne cherchons à nous expliquer l'existence actuelle de l'univers que parce que nous ne la connaissons point; admettre que cette existence est l'effet des changements propres à l'univers lui-même est demander l'explication à ce que nous connaissons moins encore que l'univers actuel, les changements successifs de l'univers. Et quand même nous pourrions remonter de quelques pas dans cette direction, l'univers devenant de lui-même autre qu'il n'est, suppose une nécessité immanente ou des changements sans cause qui nous sont absolument inexplicables [3]. »

« Reste la troisième hypothèse, la création par un pouvoir

[1] *Premiers Principes* (trad. E. Gazelles), p. 31.
[2] *Ibidem*, p. 32.
[3] *Ibidem*, p. 33-34.

extérieur... La production de la matière de rien est le mystère de cette hypothèse, et son caractère inconcevable devient encore plus manifeste quand, au lieu de l'univers, on examine l'espace. N'existât-il rien qu'un vide incommensurable, il faudrait encore l'expliquer. D'où vient ce vide? Pour qu'une théorie de la création fût complète, elle devrait répondre que l'espace a été fait de la même manière que la matière... et il n'y a point d'effort d'esprit qui puisse faire imaginer la non-existence de l'espace[1]. » « Enfin, supposant même toutes ces difficultés résolues, le mystère n'en resterait pas moins insoluble, car une nouvelle question se poserait immédiatement : d'où vient l'existence de ce pouvoir? Ce qui nous ramène aux trois hypothèses possibles de l'existence par soi, de la création par soi, et de la création par une nouvelle puissance extérieure... Ainsi ces trois suppositions », que M. Herbert Spencer appelle les idées dernières de la religion, « bien qu'elles soient intelligibles verbalement et que chacune d'elles semble tout à fait rationnelle à ses adhérents, finissent, quand on les soumet à la critique, par devenir littéralement inconcevables[2] ».

Les hypothèses que nous pouvons faire sur l'origine des choses sont infiniment plus nombreuses que ne le croit M. Herbert Spencer. Nous pouvons supposer encore que la matière inconsciente, mais infinie et éternelle, ait été ordonnée et organisée par un être, intelligence suprême, également infini et éternel; c'est l'hypothèse du dualisme. Nous pouvons supposer encore que l'univers, dans ses transformations successives, s'est incarné un moment dans un homme ou un être supérieur qui en a révélé le secret. De

[1] *Premiers Principes* (trad. E. Gazelles), p. 35.
[2] *Ibidem*, p. 36.

même nous pouvons admettre que c'est l'auteur de toutes choses qui a voulu que son existence restât incompréhensible aux hommes, afin d'éprouver leur désir de le connaître et leur amour de la perfection souveraine. Les possibilités sont infinies; elles ont reçu de tout temps le nom de croyances. Mais quand, dans la science qui a pour objet l'étude de la valeur et de la portée de nos idées, on arrive à soutenir que les notions d'éternité et d'infini, de l'être ou devenir absolus, sont évidentes par elles-mêmes, ou qu'elles sont inconcevables, alors on tombe intellectuellement plus bas que tous les croyants du monde. On enseigne comme des vérités scientifiques ce que les croyants ne regardent que comme un objet de leur foi, on corrompt les certitudes instinctives de l'esprit, on mêle les termes, on confond les idées, et l'on se perd dans une dégradation de la pensée plus dangereuse que toutes les religions des siècles passés et à venir.

Du point de vue de la science, le temps, que nous disons éternel, l'espace, que nous supposons infini, l'univers ou son créateur, que nous proclamons absolus, sont des idées de notre esprit, qui ont des rapports, mais des rapports que nous ignorons, avec l'étendue réelle, que nous ne franchissons que pas à pas, la durée, que nous ne mesurons qu'avec peine, les choses, dont nous ne pénétrons les propriétés que par des efforts incessants. Toutes ces données de notre existence, nous les unissons dans notre besoin de certitude de la façon la plus naturelle et la plus spontanée, de même que nous unissons nos idées abstraites de ligne, de cercle, de nombre, aux lignes, aux cercles, aux nombres concrets que nous percevons, sans connaître davantage les rapports qui existent entre eux. Unions naturelles, nécessaires au développement de notre esprit, et que nous appelons dans la science aussi bien que dans la religion nos croyances, parce que nous en ignorons la cause réelle.

En physique et en astronomie, nous formulons, au moyen des nombres et des grandeurs mathématiques, les lois qui régissent les phénomènes de la nature. Aucune de ces lois cependant n'est entièrement d'accord avec les faits. Les lois du pendule en donnent aussi peu les oscillations rigoureuses, que les lois de la gravitation ne nons enseignent les mouvements exacts des planètes. Il ne s'est cependant jamais formé dans les sciences deux écoles, dont l'une aurait prétendu que les formules des lois seules sont évidentes et que les phénomènes manquent de précision et de certitude, tandis que l'autre aurait soutenu que les phénomènes sont certains et que les lois sont chimériques. Il appartenait à la philosophie moderne de tomber dans ces excès, et de les résumer dans l'antinomistique. Ne se donnant pas la peine de rechercher les différences qui distinguent les notions abstraites et les notions concrètes, ni la loi des rapports qui les unissent, les uns revendiquèrent la certitude pour les idées abstraites, les autres pour les idées concrètes; contradiction que les antinomistes systématisèrent en trouvant cette façon de raisonner parfaitement légitime, tandis qu'elle leur aurait paru absurde dans les sciences.

Ce qui est curieux dans les antinomies de M. Herbert Spencer, c'est qu'il nous donne, dans la deuxième, le secret même de ses illusions. « Nous ne cherchons, dit-il, à nous expliquer l'existence actuelle de l'univers que parce que nous ne la connaissons point; admettre que les changements successifs de l'univers nous donnent cette explication, c'est croire que l'inconnu puisse nous expliquer le connu. » De même il s'adresse aux différentes hypothèses qui ont été émises sur les origines de l'univers, parce qu'il ignore la portée réelle des idées dont ces hypothèses sont formées, et, ignorant cette portée, il trouve naturellement ces hypothèses incompréhensibles, parce qu'il leur demande précisément de lui enseigner la portée des idées qu'il ignore. Il résulte de ce procédé, que lui-même reconnait absurde et que tout le monde peut imiter, que ses antinomies n'ont ni terme ni fin. Non-seulement il ne se contente pas de répéter presque mot à mot les arguments des sophistes grecs, mais il trouve encore des contradictions inconcevables dans les grandes découvertes des sciences modernes, et jusque dans la certitude que nous avons de notre propre existence.

« Si nous supposons, poursuit-il, la matière divisible à l'infini, c'est un produit de notre imagination : en réalité, concevoir la divisibilité infinie de la matière, c'est suivre mentalement les divisions à l'infini, mais il faudrait pour cela un temps infini. D'autre part, affirmer que la matière n'est pas infiniment divisible, c'est affirmer qu'elle se compose de parties dont aucune puissance concevable ne peut opérer la division ; et cette supposition verbale ne peut pas plus être représentée que l'autre, car chacune de ses parties élémentaires, s'il en existe, doit avoir une face supérieure et une face inférieure, un côté droit et un côté gauche... et, quelle que soit la force de cohésion que l'on suppose à ces parties, il est impossible d'exclure l'idée d'une force supérieure capable d'en triompher. Pour l'intelligence humaine, une hypothèse ne vaut pas mieux que l'autre [1]. » — « Un capitaine qui va avec la même vitesse de l'ouest à l'est sur son navire

[1] *Premiers Principes* (trad. E. Cazelles), p. 53.

qui marche en sens inverse, est à la fois en mouvement et en repos. Et si le navire marche plus vite, dans quelle direction marche le capitaine? Mais le navire, à son tour, est emporté par le mouvement de la terre, et la terre est emportée avec tout le système solaire... Ce qui semble se mouvoir est en réalité stationnaire, ce qui semble stationnaire se meut en réalité; ce qui, d'après nous, se dirige dans une direction se meut au contraire avec une rapidité plus grande dans un sens opposé[1]. »

« Nous disons qu'un corps qui choque un autre corps lui communique du mouvement; mais qu'est-ce qu'il lui communique? Il ne lui a communiqué ni une chose ni un attribut. Et si nous suivons ce mouvement communiqué, comment peut-il s'arrêter? Suivons par la pensée une vitesse qui décroît, il reste encore *quelque vitesse*. Prenez la moitié, et ensuite la moitié de la somme de mouvement, et cela à l'infini, et le mouvement le plus petit est séparé de zéro mouvement par un abîme infranchissable[2]. » Ne dirait-on pas entendre Zénon d'Élée? Il n'y a qu'une différence entre l'argumentation du sophiste anglais et celle du sophiste grec, c'est que celui-ci prétendait démontrer par l'impossibilité de concevoir le mouvement et la divisibilité de la matière l'existence de l'être immuable, tandis que M. Herbert Spencer trouve cet être tout aussi inconcevable. La sophistique grecque s'est perfectionnée avec le temps; mais en se transformant en antinomistique, elle n'a changé ni de nature ni de procédé.

Rien n'arrête M. Herbert Spencer, et nous ne pouvons que regretter la science et le talent qu'il a dépensés dans

[1] *Premiers Principes* (trad. E. Gazelles), p. 58.
[2] *Ibidem*, p. 60.

une si triste cause. « La lumière, la chaleur, la gravitation, et toutes les forces qui rayonnent d'un centre, varient en raison inverse du carré des distances ; et les physiciens dans leurs recherches supposent que les unités de matière agissent l'une sur l'autre d'après la même loi, et ils sont bien obligés de faire cette hypothèse, puisque cette loi n'est pas simplement empirique, mais qu'elle peut se déduire mathématiquement des relations d'espace, et que sa négation est inconcevable. Mais dans une masse de matière en équilibre interne, que va-t-il arriver ? Les attractions et les répulsions des atomes constituants sont neutralisées. En vertu de cette neutralisation, les atomes restent à leurs distances naturelles, et la masse de matière ni ne se dilate ni ne se contracte. Mais si les forces avec lesquelles deux atomes adjacents s'attirent et se repoussent mutuellement, varient à la fois en raison inverse du carré des distances, ce qui doit être, et si les atomes sont en équilibre à leurs distances actuelles, il faut nécessairement qu'ils soient en équilibre à toutes les autres distances. Supposons que les atomes soient séparés par un intervalle double, leurs attractions et leurs répulsions seront les unes et les autres réduites au quart de leur valeur actuelle. Supposons qu'ils soient rapprochés de la moitié de leur distance, leurs attractions, leurs répulsions, seront chacune quadruplées. Il en résulte que cette matière prend avec la même facilité toutes les densités et ne peut offrir de résistance à des agents extérieurs. Ainsi donc nous sommes obligés de dire que ces forces moléculaires antagonistes ne varient pas toutes les deux en raison inverse du carré des distances, ce qui est inconcevable ; ou encore que la matière ne possède pas cet attribut de résistance par lequel nous la distinguons de l'espace vide, ce qui est absurde[1]. » Voilà ce que M. Herbert Spencer appelle les idées dernières de la science.

La dernière antinomie qu'il cite est certainement une des plus intéressantes. Elle se rapporte à la conscience que nous avons de notre personnalité. « Je suis sûr de cela autant que de mon existence! est l'expression la plus énergique de certitude. Le fait de l'existence personnelle attesté par la conscience universelle de l'humanité est devenu la base de plusieurs systèmes de philosophie; elle est pour le penseur aussi bien que pour le vulgaire hors de toute contestation. Nulle hypothèse ne nous permet d'éviter la croyance en notre propre réalité... Le sceptique lui-même, qui a décomposé la conscience de sa personnalité en impressions et en idées, doit avouer que ce sont *ses* impressions et *ses* idées, et admettre l'esprit individuel... Eh bien, cette croyance n'est pas justifiable devant la raison. Il est hors de doute que nos états de conscience arrivent successivement. Cette chaîne est-elle finie ou infinie? Nous ne pouvons dire qu'elle est infinie, parce que l'infini nous est inconcevable; et nous ne pouvons prétendre qu'elle est finie, parce que nous ne lui connaissons pas de bout... Un dernier état de conscience, comme tout autre état de conscience, ne peut exister que par la perception de ses relations avec les états antérieurs. Mais la perception de ces relations doit constituer un état postérieur au dernier, ce qui est une contradiction[2]... Bref, l'embarras est le même que pour les relations de mouvement et de repos. » « Nous ne réussissons pas mieux quand, au lieu de l'étendue de la conscience, nous en considérons la substance... La condition fondamentale de toute conscience, c'est l'anti-

[1] *Premiers Principes* (trad. E. Gazelles), p. 64.
[2] *Ibidem*, p. 65 à 67.

thèse du sujet et de l'objet... ce qui implique un sujet percevant et un objet perçu. Mais si l'objet perçu est le soi, quel est le sujet qui perçoit? Ou si c'est le vrai soi qui pense, quel est l'autre soi qui est pensé? Évidemment une vraie connaissance du soi implique un état dans lequel le connaissant et le connu ne font qu'un, dans lequel le sujet et l'objet soient identifiés, et cet état, c'est l'anéantissement du sujet et de l'objet[1]. »

Nous proposons à M. Herbert Spencer la solution de l'antinomie suivante : que deux et deux fassent quatre est une vérité « incontestable, universelle » ; le plus savant et le plus ignorant reconnaissent également qu'elle est non-seulement évidente et nécessaire, mais encore pratique et journalière. Cependant il nous est inconcevable comment, ne pouvant dire que deux chiens et deux chevaux font quatre chiens, ni quatre chevaux, nous pouvons prétendre que ce sont quatre bêtes. Est-ce que le mot bête ajoute quoi que ce soit aux deux chiens et aux deux chevaux pour les rendre différents d'eux-mêmes? Les deux chiens et les deux chevaux restent les deux chiens et les deux chevaux, et si nous disons qu'ils forment quatre bêtes, c'est une simple façon de parler, « un symbole qui nous est verbalement intelligible », mais qui en réalité nous est parfaitement inconcevable. D'un autre côté, si nous ne pouvons prétendre que deux chiens et deux chevaux font quatre bêtes, nous ne pouvons pas prétendre non plus que Pierre et Paul sont deux hommes, car l'expression « homme » n'ajoute rien à leur nature, et par eux-mêmes chacun est complétement différent de l'autre. Il n'y a pas une partie de Paul qui ressemble à la

[1] *Premiers Principes* (trad. E. Gazelles), p. 69.

même partie de Pierre ; la couleur des cheveux, les traits du visage, leur façon de marcher, de parler, tout diffère de l'un à l'autre. Il en est de même de tous les objets et de tous les êtres de la nature, aucun ne ressemble à l'autre, et nous ne voyons en réalité que des choses particulières sans quantité ni nombre aucun, ce qui nous est non moins inconcevable.

Ce sont toujours les mêmes illusions : l'idée générale de bête, que nous nous formons, et le rapport entre cette notion et les deux chiens et les deux chevaux, que nous ne connaissons point ; la personnalité humaine, dont nous avons conscience, et cette conscience, dont nous ignorons la nature ; l'attraction et la répulsion, dont nous formulons les lois, et l'attraction, la répulsion, envisagées comme forces absolues, dont nous ne savons absolument rien. Dans l'éristique, il suffisait de prendre une idée tantôt dans le sens particulier, tantôt dans le sens général, pour pouvoir prétendre le pour et le contre indistinctement. Dans l'antinomistique, il suffit d'opposer à une notion quelconque, prise dans sa portée concrète, la même notion ou une notion correspondante, prise dans le sens absolu, pour pouvoir conclure à la fausseté de l'une et de l'autre, parce que, en les confondant, nous pouvons attribuer l'ignorance de l'une à la connaissance de l'autre, et détruire par suite l'évidence propre à chacune d'elles. Il eût été cependant si simple de les distinguer et de continuer à rechercher leur valeur réelle, comme nous le faisons dans toutes les sciences, car toutes ne procèdent que de nos idées !

« Dans quelque sens, conclut M. Herbert Spencer, que le savant porte ses investigations, elles le ramènent toujours en présence d'une énigme insoluble, et il en reconnait toujours plus clairement l'insolubilité. Il apprend à la fin à reconnaitre la grandeur et la petitesse de l'intelligence humaine, sa puissance dans le domaine de l'expérience, son impuissance dans le domaine où l'expérience ne pénètre pas. Il se fait *une idée très-nette de l'incompréhensibilité* du plus simple fait considéré en lui même. » Lorsque le sauvage rencontre sur sa route une pierre à contours tortueux, il en est frappé, s'en fait un fétiche et l'adore ; quand l'antinomiste trouve sur son chemin des difficultés insolubles, il en est saisi, s'en fait un principe et en dérive ses croyances philosophiques ; au fond, les deux méthodes se valent.

IX

LE RÊVE EN PHILOSOPHIE ET LES SOPHISMES DOUBLES

Après avoir fait la critique de la raison pure et formulé ses antinomies, Kant se réfugia dans la raison pratique et chercha un soutien dans les préceptes de morale et de convenance. Auguste Comte alla plus loin ; il rejeta non-seulement la métaphysique, mais encore toutes les spéculations de la philosophie, et crut trouver dans la hiérarchie des sciences un moyen de coordination de nos connaissances. Tous deux furent dépassés par M. Herbert Spencer ; de quelque côté qu'il se tourne, vers les sciences, vers la philosophie, vers la religion, il ne trouve que des solutions inconcevables et conclut à l'impossibilité pour l'intelligence humaine d'atteindre jamais une certitude dernière.

Il semble qu'un scepticisme complet doive sortir de sa conclusion. M. Herbert Spencer n'est pas plus sceptique que

Gorgias et Protagoras, Kant, Auguste Comte ou Stuart Mill. Le scepticisme est souvent le fruit de la légèreté d'esprit; comme tel, il est de tous les temps; d'autres fois il est l'effet d'une croyance aveugle dans des principes inconciliables; il prend alors le nom de scepticisme dogmatique, et n'apparaît sous cette forme que dans les époques d'impuissance et de dégradation intellectuelle. Ce fut le cas pour la Grèce dans sa chute. Les erreurs de ses sophistes, ses croyances troublées, ses connaissances imparfaites, la laissèrent aussi incapable de comprendre ses derniers grands penseurs, que de lutter contre les difficultés que son développement intellectuel, si rapide et si brillant, avait comme entassées. M. Herbert Spencer est un esprit trop puissant et trop sûr de lui-même pour se laisser aveugler comme les sceptiques grecs par les erreurs d'autrui.

« Toutes nos connaissances, observe-t-il, sont relatives; nous ne pouvons atteindre dans aucune direction les vérités dernières; mais au fond de toutes ces connaissances, continue à subsister dans la conscience humaine une conception de l'absolu, indéfinie, indéfinissable, mais qui est positive[1]. » « De même, lorsque nous pensons un espace borné, il se forme une conception rudimentaire d'espace au delà; de même, quand nous pensons une cause définie, il se forme une conception rudimentaire de cause au delà.... L'impulsion de la pensée nous porte inévitablement par delà l'existence conditionnée à l'existence inconditionnée, et celle-ci demeure toujours en nous comme le corps d'une pensée à laquelle nous ne pouvons donner de forme. De là notre ferme croyance à la réalité objective, croyance que la critique

[1] *Premiers Principes* (trad. E. Gazelles), p. 97.

métaphysique ne peut ébranler un seul moment. » « Il nous est impossible de nous défaire de la conscience d'une réalité cachée derrière les apparences, et de cette impossibilité résulte notre indestructible croyance à cette réalité[1]. » Voilà de belles et bonnes pages! Pourquoi, étant capable de faire de la philosophie si sage et si mesurée, M. Herbert Spencer s'est-il rangé sous la bannière de l'antinomistique, au lieu de rechercher simplement la valeur de ces conceptions qu'il appelle rudimentaires? L'esprit de système, l'idée préconçue l'ont emporté, et au lieu de persévérer dans la grande voie qu'il avait entrevue, il revient au sophisme. Il y arrive d'un mot : la réalité, dont nous avons une certitude indestructible, nous ne pouvons l'atteindre, dit-il, que par des hypothèses. Comment! nous avons une certitude positive qu'il existe une réalité derrière les apparences, et pour atteindre cette certitude nous allons faire des hypothèses? Il n'existe point de meilleure définition du rêve en philosophie. Nous avons la certitude que la vérité existe, mais nous ne pouvons l'atteindre, donc rêvons-la. « C'est la seule voie qui s'ouvre devant la philosophie. Il faut admettre provisoirement celles de nos conceptions qui sont vitales, ou ne peuvent être séparées du reste sans amener la dissolution de l'esprit. Les intuitions fondamentales, essentielles à l'application de la pensée, doivent être temporairement admises comme incontestables; on laissera aux résultats le soin de justifier cette hypothèse. » Sophisme double : il s'agit de définir la certitude que nous possédons, et au lieu de répondre à la question, M. Herbert Spencer va faire des hypothèses, sophisme *elenchi,* qui consiste à ne pas répondre à la question qu'il

[1] *Premiers Principes* (trad. E. Gazelles), p. 99.

s'est cependant posée lui-même. Et ces hypothèses, il ne les fait que parce que la certitude qu'il possède lui paraît inconcevable, à cause de ses antinomies, sophisme en cercle, comme dirait Stuart Mill.

M. Herbert Spencer se débarrasse encore de son double sophisme par un mot : « Il n'y a d'autre moyen, continue-t-il dans la même page, pour prouver la validité d'une croyance que de montrer qu'elle s'accorde avec nos autres croyances[1]. » S'il avait conservé l'expression d'hypothèse, il aurait dit : Il n'y a d'autre moyen pour prouver la validité d'une hypothèse que de montrer qu'elle s'accorde avec nos autres hypothèses ; nous étions et nous restions dans le rêve. Il fallait en sortir pour conserver du moins les apparences de la science. Il confond donc la réalité, dont nous avons une certitude indestructible, avec l'hypothèse, et la change en croyance. Stuart Mill lui avait donné de nombreux exemples de ce genre d'escamotage. La croyance cependant a une tout autre portée en philosophie que l'hypothèse ; confondue avec nos certitudes les plus palpables, elle tend à en partager l'évidence indestructible, conduit en religion au martyre ; mais transportée dans la science, elle mène droit aux extravagances de la philosophie alexandrine. Les croyances deviennent contradictoires aux croyances, et, unies à des certitudes indestructibles, elles se transforment, non plus en scepticisme dogmatique, mais en mysticisme philosophique ; les deux frères puînés de la sophistique.

M. Herbert Spencer tombera aussi peu dans le mysticisme que dans le scepticisme. Il a ajouté que « nos croyances devaient être d'accord entre elles ». C'est un critère, pres-

[1] *Premiers Principes* (trad. E. Gazelles), p. 145.

qu'une définition de la vérité, vague, confuse, il est vrai, mais qui nous donne du moins une garantie qu'il ne s'abandonnera pas absolument à ses rêves. Son critère relèverait même notre confiance, car, quel que soit le nom que nous donnions à l'objet de nos recherches, croyances, hypothèses, phénomènes, faits, l'homme ne trouve jamais la vérité que dans l'accord de ses idées entre elles. Malheureusement M. Herbert Spencer éteint aussitôt ces lueurs d'espérances qu'il nous avait données. Les croyances premières fondamentales qu'il admet, les hypothèses, « les conceptions vitales qui ne peuvent être séparées du reste sans amener la dissolution de l'esprit », ce sont, nous dit-il, « l'indestructibilité de la matière et la persistance de la force ». Tout autre que lui aurait pu admettre ces hypothèses premières et fondamentales; à lui, l'antinomiste, cela est impossible sans retomber dans les sophismes doubles. Si la matière est indestructible, elle est infinie dans le temps, et si la force est persistante, elle est infinie dans l'espace, et l'un et l'autre, il nous l'a démontré, sont inintelligibles et inconcevables. Ce n'est que la première partie du sophisme. Si la force est persistante, elle divisera la matière, la divisera encore et toujours, et si petites que nous supposions les dernières parties, elles auront encore un haut et un bas, un côté droit et un côté gauche, que la force persistante divisera encore jusqu'au point où il n'en restera rien qui nous soit intelligible sous le nom de matière; elle n'est donc pas indestructible. Si, au contraire, nous devons absolument croire que la matière est indestructible, alors ses plus petites parcelles conservent un haut et un bas, un côté droit et un côté gauche, qui ne seront plus divisés par la force; mais en ce cas la force n'est pas persistante. Déjà les premières hypothèses ou croyances, comme on voudra, de M. Herbert Spencer sont non-seulement contradictoires avec ses antinomies, mais, loin d'être d'accord, elles sont contradictoires entre elles.

Il en est de même de toutes ses allégations suivantes. Quand il nous parle de relations entre les forces, de leur transformation et de leur équivalence, des lois du rhythme et de la direction du mouvement, il oublie qu'il nous a démontré qu'il n'y avait point de direction, que le mouvement n'était qu'une illusion, qu'il nous était aussi impossible de nous en faire une idée que d'en saisir les modes d'action et les variations. Sophismes doubles que tout cela, et qui prennent des proportions de plus en plus insensées.

Il n'existe cependant point de contradictions ni dans la nature ni dans la pensée humaine, et si les philosophes en découvrent, ce n'est qu'à la suite de jeux sur le sens des mots et de confusions dans la portée de leurs idées[1]. M. Herbert Spencer, par la persistance qu'il y met, semble au contraire démontrer qu'elles sont vraiment inhérentes à la pensée.

En établissant ses premières antinomies, il suit les illusions de toute une école, sa façon de raisonner et de confondre systématiquement des notions et des expressions différentes. En continuant à lui reprocher le même genre de contradictions, nous devenons injuste envers lui. Il ne veut admettre que provisoirement ce genre de conceptions, il nous l'a dit, et qu'autant qu'elles ne peuvent être séparées de nos autres certitudes rudimentaires « sans amener la dissolution de l'esprit ». Il ne veut leur accorder aucune portée absolue, il les envisage de la façon la plus superficielle, la plus ordinaire, et se contente de l'accord de ce genre de croyances

[1] Voir p. 98.

avec les autres. Il ne s'occupe pas de savoir si la matière est absolument indestructible, la force absolument persistante; mais il constate que dans nos certitudes de tous les jours et dans nos croyances de chaque instant nous pensons et nous agissons comme si la matière était indestructible, la force persistante. Le point de vue a changé, le sens des mots n'est plus le même; un philosophe du bon sens, de l'école sensualiste, a pris la place du métaphysicien. Si, au fond, dans son désir de mettre toutes nos croyances d'accord entre elles, la prétention d'atteindre l'absolu subsiste, nous n'avons cependant pas le droit de le forcer à nous l'avouer tant qu'il ne l'affirmera pas de lui-même. Nous devons donc, sous peine de ne pas comprendre sa pensée, le suivre dans sa nouvelle évolution, comme il dirait, admettre nos croyances sous leur forme la plus rudimentaire, et chercher avec lui leur accord. Aussi lui laisserons-nous, pour qu'il expose son nouveau point de vue, la parole sans plus l'interrompre.

« Qu'il soit question d'un seul objet ou de tout l'univers, une explication qui le prend avec une forme concrète, et qui le laisse avec une forme concrète, est incomplète, puisqu'une époque de son existence connaissable reste sans histoire, sans explication[1]. » « L'histoire d'une chose doit la prendre au sortir de l'imperceptible, et la conduire jusqu'à sa rentrée dans l'imperceptible[2]..... Or, il est un axiome que nous avons à connaître, c'est qu'une consolidation progressive implique une décroissance du mouvement interne, et que l'accroissement d'un mouvement interne implique une déconsolidation progressive[3]..... Prises ensemble, les deux opéra-

[1] *Premiers Principes* (trad. E. Gazelles), p. 298.
[2] *Ibidem*, p. 299.
[3] *Ibidem*, p. 301.

tions opposées que je viens de formuler constituent l'histoire de toute existence sensible sous sa plus simple forme. Perte de mouvement et intégration consécutive, suivies en définitive par une acquisition de mouvement et une désintégration consécutive ; voilà un énoncé compréhensif de la série entière des changements accomplis : compréhensif au plus haut degré, comme doit l'être un énoncé qui s'applique à toutes les existences sensibles en général ; compréhensif encore dans le sens que tous les changements accomplis y ramènent[1]..... Toutes les masses, depuis un grain de sable jusqu'à une planète, rayonnent de la chaleur vers les autres masses, et absorbent de la chaleur rayonnée par les autres; en rayonnant, elles s'intègrent, et en recevant de la chaleur, elles se désintègrent[2]... Partout et jusqu'à la fin, les changements qui s'opèrent à un moment quelconque appartiennent à l'une et à l'autre des deux opérations. Si, d'une part, l'histoire générale de tout agrégat peut se définir un changement allant d'un état imperceptible diffus à un état perceptible concentré, pour revenir à un état imperceptible diffus; d'autre part, chaque détail de cette histoire peut se définir une partie de l'un et de l'autre des changements. Il faut donc que ce principe soit la loi universelle de la redistribution de matière et de mouvement, qui en même temps unifie les groupes de changements divers en apparence, aussi bien que la marche entière de chaque groupe. » — « Ces opérations qui se montrent partout en antagonisme, qui obtiennent partout l'une sur l'autre, ici un triomphe temporaire, là un triomphe plus ou moins permanent, nous les appelons évolution et dissolution. L'évolution sous la forme la plus

[1] *Premiers Principes* (trad. E. Gazelles), p. 302.
[2] *Ibidem*, p. 306.

simple et la plus générale, c'est l'intégration de la matière et la dissipation concomitante du mouvement, tandis que la grande dissolution, c'est l'absorption du mouvement et la désintégration de la matière[1]. »

Nous avons laissé la parole à M. Herbert Spencer, sans relever la moindre des antinomies que ses hypothèses ou croyances, comme il le voudra, renferment; sans lui faire même cette observation qu'elles prennent, quand il parle de l'évolution et de l'histoire de chaque chose et de toutes choses, un caractère absolu qu'il n'est certainement pas dans son intention de leur donner. Le sophisme serait par trop grossier et la troisième transformation de son point de vue par trop visible. Nous voulons nous en tenir à nos croyances les plus indestructibles et les plus rudimentaires, et examiner avec lui si elles sont vraiment d'accord avec l'exposé général qu'il vient de nous en faire. D'après ces croyances indestructibles et rudimentaires, il nous semble d'abord qu'une particule de matière, un équivalent d'oxygène par exemple, qui se trouve dans l'air n'y est pas plus à l'état diffus que la même particule s'unissant à du fer pour former de la rouille. Nos professeurs de chimie nous en démontrent l'existence dans l'un et l'autre cas avec la même précision, et quand ils nous en font ensuite l'histoire, ils ne commencent pas plus à son état gazeux qu'ils ne finissent par le même état; mais ils nous exposent simplement les propriétés de cette particule d'oxygène. L'histoire d'un homme qui commence à sa naissance pour finir avec sa mort ne saurait être, selon nos croyances, toujours les plus élémentaires, appliquée à l'histoire de la matière, précisément parce que, d'après ces mêmes

[1] *Premiers Principes* (trad. E. Gazelles), p. 305.

croyances, elle est indestructible. La particule, l'équivalent d'oxygène, reste, quoi qu'on fasse, toujours la même particule, le même équivalent d'oxygène.

En second lieu, il est non moins contraire à nos croyances es plus indestructibles et les plus rudimentaires que l'histoire complète d'une chose doive être prise dès son état imperceptible pour être suivie jusqu'à son retour à l'état imperceptible. Où commence et où finit l'état imperceptible ? Nous mesurons avec une précision admirable des sons qui nous sont insensibles, des couleurs que nous ne voyons pas ; l'histoire d'une chose commencerait-elle, pour M. Herbert Spencer, comme dans un conte d'Hoffmann dont les héros entendent croître les herbes et voient pousser les feuilles?

En troisième lieu, l'axiome qu'il énonce et auquel il donne coup sur coup trois formes différentes, est sous sa première forme simplement chimérique. Si M. Herbert Spencer avait jamais tenu de l'acide sulfurique concentré en main, il aurait compris que la concentration progressive n'implique pas une décroissance du mouvement interne. Sous la seconde forme, c'est si peu un axiome, que ce n'est même pas une loi empirique. En passant de l'état liquide à l'état solide, l'eau perd du mouvement interne, si nous admettons la synonymie de M. Herbert Spencer; mais loin de s'intégrer, elle se désintègre, elle se dilate ; croyance modeste que nos carafes qui sautent et nos cuvettes qui éclatent n'autorisent que trop. Sous la troisième forme, enfin, le prétendu axiome est non-seulement contraire à nos croyances les plus élémentaires, mais il est encore, et à la fois, un sophisme et une absurdité. Il est sophisme, parce qu'il nous porte à confondre la chaleur et le mouvement ; chacun sait que par le refroidissement, comme par la chaleur, nous rendons tour à tour les corps solides, liquides, gazeux ; mais si dans ces cas M. Herbert Spencer entend par chaleur le mouvement, c'est un jeu sur le sens des mots, et nous commençons à en avoir assez. Si nous entendons, au contraire, par la chaleur, une des nombreuses causes du mouvement, comme l'électricité, la pesanteur, la lumière, qui sont des forces propres à la matière, alors l'axiome bouleverse toutes nos croyances aussi bien les plus indestructibles que les plus rudimentaires, et « amène la dissolution même de notre esprit ». Comme force, la chaleur est une propriété inhérente aux corps, aussi bien que la pesanteur ; admettre que les corps puissent accepter et recevoir les propriétés les uns des autres, c'est croire qu'ils puissent changer de nature, que l'oxygène puisse devenir le fer, le fer le soufre ; c'est une hypothèse contraire à l'inertie de la matière, le *vade mecum* de tout élève en chimie ou en physique. Enfin, si toutes les masses, depuis un grain de sable jusqu'à la planète, rayonnent de la chaleur et absorbent la chaleur rayonnée par les autres, et que c'est une loi uniforme, universelle, alors il devient inutile de chercher davantage et de nous inquiéter autrement de nos croyances ; nous avons trouvé le mouvement perpétuel. Prenez deux masses, fussent les deux grains de sable : l'un en se contractant dégage de la chaleur, que l'autre absorbera en se dilatant ; mais rayonnant de la chaleur à son tour, il dégagera la même chaleur qui reviendra à l'autre, et ainsi de suite ; nous les placerons sur nos locomotives, dans nos paquebots, à l'intérieur de nos maisons, dans nos fabriques ; ils travailleront pour nous, nous chaufferont et nous éclaireront ; ce sera l'âge d'or de l'humanité. Nous sommes sortis des hypothèses et des croyances pour entrer en pleine utopie. Nos croyances les plus indestructibles et les plus rudimentaires sont aussi contraires à l'intégration et à la désintégration concomitantes, à la grande évolution et à la grande dissolution de M. Herbert Spencer que ses antinomies, ses hypothèses et ses croyances sont contradictoires entre elles.

Il reste cependant une dernière chance de vérité à M. Herbert Spencer, mais à une condition qu'il n'a point prévue, quoiqu'il l'ait pressentie dans sa vaste ambition de mettre toutes nos croyances d'accord entre elles.

X

LE CONTE

Shéhérazade, Perrault, Hoffmann, nous font accepter les données les plus invraisemblables ; des lampes enchantées, des portes qui entendent, des bêtes qui parlent, des fées bonnes et mauvaises, des magiciens tout-puissants, des princesses plus belles que le soleil. Leurs contes cependant nous plaisent et nous charment ; les caractères ont tant de relief, les événements s'enchaînent avec tant de grâce, ils sont mêlés si finement à des circonstances réelles ou possibles, qu'ils prennent toutes les apparences de la vérité, et que les enfants comme les esprit simples y croient. C'est à ce genre de certitude que M. Herbert Spencer peut encore prétendre. Nous acceptons volontiers l'indestructibilité de la matière et la persistance de la force, les intégrations et les désintégrations concomitantes, l'état diffus et l'état concret. Nous acceptons même que le mouvement, les forces, la chaleur soient la même chose, et que le grain de sable, aussi bien que les astres, soit doué d'un mouvement perpétuel, si invraisemblables que soient ces hypothèses. Pourvu que dans la suite M. Herbert Spencer reste fidèle à lui-même, que ses hypothèses ne changent pas plus que les caractères dans les contes, que leurs conséquences se déroulent avec la régularité de leurs événements, et que l'ensemble prenne, ainsi que dans ces petits chefs-d'œuvre, du moins les apparences de la réalité ; alors, comme un enfant naïf, nous nous déclarons prêt à y croire.

« Toutes les existences, commence notre conteur, doivent d'une manière ou d'une autre, à un moment ou à un autre, arriver à leurs formes concrètes par des opérations de concentration... Notre système sidéral, par sa forme générale, par ses rassemblements d'étoiles qui nous présentent tous les degrés de densité, par ses nébuleuses où nous retrouvons tous les degrés de condensation, nous donne lieu de penser que la concentration s'opère partout, dans l'ensemble comme dans les parties[1]. » — « Admettre l'opinion si plausible que le système solaire provient d'une nébuleuse, c'est admettre qu'il est formé par intégration de matière et perte concomitante de mouvement. Le passage du système solaire d'un état incohérent et diffus dans une vaste étendue à un état solide et cohérent, nous offre un exemple clair et simple du premier aspect de l'évolution[2]. » — « L'histoire de la terre, telle que la révèle la structure de la croûte solide, nous ramène à cet état de fusion où aboutit l'hypothèse nébulaire ; les changements dits ignés sont les suites de la consolidation progressive de la substance de la terre... A côté de l'intégration générale, des intégrations partielles et secondaires ont marché... de petites îles et des amas d'eau se formèrent... et lorsque la

[1] *Premiers Principes* (trad. E. Gazelles), p. 328-329.
[2] *Ibidem*, p. 329.

croûte du globe eut acquis de l'épaisseur, les terres formèrent des continents séparés par les océans... L'affaissement d'une croûte mince autour de son contenu en voie de refroidissement et de contraction produit des crêtes peu élevées, et lorsque la croûte eut acquis une épaisseur et une forme relativement grandes, de vastes systèmes de montagnes se formèrent[1]. »

Jusque-là le conte se tient parfaitement, nous semble-t-il. Les esprits sérieux nous objecteront bien que le système sidéral ne nous présente tous les degrés de concentration des étoiles qu'à la condition de les mettre toutes sur un même plan ; que l'hypothèse de Laplace, que notre système planétaire a formé primitivement une nébuleuse, n'est rien moins que démontrée ; que les géologues attribuent la solidification de la croûte terrestre aux propriétés inhérentes aux corps qui la composent, lesquels, dès l'origine, se sont toujours unis d'après des lois invariables dont l'intégration et la désintégration ne peuvent que fausser la notion. Vous ne voyez pas, diront-ils encore, que tout cela n'est qu'un conte d'alchimiste. Les chercheurs du treizième siècle prétendaient transformer les corps moins denses en un corps plus dense, l'or, en leur désintégrant, comme on vous le dit, de la chaleur, et l'on veut vous faire accroire que non-seulement tous les corps, mais l'univers entier, se transforment selon la perte ou le gain de chaleur. Les esprits ignorants du moyen âge ont pu croire à des contes pareils et attribuer aux alchimistes un pouvoir magique ; de notre temps, les enfants mêmes s'y refusent ! — Peu nous importe ; nous voulons nous plaire au conte de M. Herbert Spencer, et nous lui avons

[1] *Premiers Principes* (trad. E. Gazelles), p. 330-331.

concédé ses hypothèses. Continuons donc à le suivre dans un nouvel épisode de l'évolution qui, d'inorganique, devient organique.

« Chaque plante grandit en concentrant en elle les éléments qui auparavant étaient diffus sur une plus grande surface... Les cellules engagées dans le stroma de l'ovaire ne deviennent des œufs qu'en s'accroissant aux dépens des matériaux adjacents... Dans l'embryon des mammifères, le cœur, qui n'est d'abord qu'un long vaisseau sanguin pulsatile, se tend peu à peu lui-même et s'intègre. Les cellules qui constituent le foie rudimentaire, non-seulement s'isolent de la paroi de l'intestin... mais elles s'en éloignent encore en se consolidant sous la forme d'un organe... Les segments antérieurs de l'axe cérébro-spinal... subissent une union graduelle, la tête se forme et s'intègre à peu près de la même manière qu'un mouchoir déployé, avec ce qu'il contient, s'intègre quand on en relève les coins et qu'on les noue pour en faire un paquet[1]. »

Nous ne comprenons plus. L'intégration, la concentration, la contraction, expressions plus ou moins synonymes, se trouvent être subitement la croissance, ce qui nous semble absolument le contraire. Les éléments dont se nourrit l'être organisé sont à l'état diffus, et l'animal est à l'état concentré; l'herbe que mange le troupeau dans la prairie est à l'état diffus, et le troupeau lui-même est à l'état contracté. Les éléments qui concourent à la formation de l'ovule se trouvent à l'état diffus dans l'ovaire, qui lui-même est cependant beaucoup moins à l'état diffus que l'ovule. Le foie qui se *détache* des intestins accomplit la même évolution

[1] *Premiers Principes* (trad. E. Gazelles), p. 332-333.

que le cerveau qui s'*enferme*, et tous les deux s'intègrent, se concentrent, se contractent, et croissent comme le mouchoir dont on relève les bouts, lequel ne s'intègre, ne se contracte et ne croît en aucune façon, mais reste absolument le même. Un conte dans lequel le chaperon rouge devient subitement sa grand'mère, où le loup n'est plus le loup, mais un chien, dans lequel les événements se succèdent sans lien, où les personnages changent sans raison, est un conte fait à la façon des tout jeunes enfants, qui font les premières tentatives pour coordonner leurs petites idées et leurs petits souvenirs. M. Herbert Spencer prétendrait-il nous faire prendre au sérieux un conte pareil ?

Il reprend : « La redistribution primaire s'accompagne de redistribution secondaire, c'est-à-dire qu'à côté des changements allant de l'état diffus à l'état concentré se fait un changement allant d'un état homogène à un état hétérogène... Les contrastes qui indiquent une opération agrégative dans toute l'étendue du système solaire supposent qu'une diversité de structure s'y établit aussi d'une manière croissante... La substance du système solaire est devenue plus multiforme durant sa concentration. Le sphéroïde gazeux en voie d'agrégation a subi des différenciations de plus en plus nombreuses. L'état primitif fut la nébuleuse homogène dans toutes ses parties... L'hétérogénéité s'est manifestée par des contrastes divers. Il y a des contrastes immenses entre le soleil et les planètes pour le poids et le volume ; il y a aussi des contrastes secondaires entre les planètes et leurs satellites[1]. »

A condition, aurait pu continuer M. Herbert Spencer,

[1] *Premiers Principes* (trad. E. Gazelles), p. 353.

que nous envisagions ces contrastes de la façon la plus superficielle. Du moment que nous réfléchissons un peu, nous voyons que c'est absolument le contraire qui est conforme à la réalité.

L'état primitif du système solaire, aussi bien que de tous les systèmes sidéraux, loin d'avoir été homogène, paraît avoir été l'état le plus hétérogène. Toutes les parties et particules de la matière se trouvèrent dans la nébuleuse primitive absolument indépendantes les unes des autres, dans un désordre sans nom, dans une confusion inimaginable. Mais selon que ces parties et particules à l'état diffus eurent plus d'affinités les unes pour les autres, elles se séparèrent, formèrent dans les espaces immenses des systèmes homogènes, ainsi que notre système solaire, tandis que d'autres masses persistèrent, comme nébuleuses, dans leur état hétérogène. Dans le système solaire, le même phénomène continua, selon les rapports de situation et d'affinités : des anneaux distincts se formèrent, la concentration devint croissante, et une régularité admirable, une homogénéité de plus en plus parfaite s'établit dans l'ensemble comme pour chaque planète et les satellites.

« La terre, poursuit M. Herbert Spencer, a été autrefois une masse de matière en fusion... Elle avait donc originellement une consistance relativement homogène, et elle devait aussi avoir une température homogène à cause des courants qui s'établissent dans les fluides chauffés... Le refroidissement a produit à la longue une différenciation entre la masse et la partie la plus susceptible de perdre sa chaleur... L'eau et la séparation de ce fluide d'avec l'air ont produit une seconde différenciation marquée... A ces exemples d'une hétérogénéité croissante... la géologie ajoute une série nombreuse de faits constatés inductivement. La structure de la terre est devenue plus complète d'âge en âge par la multiplication des couches qui forment sa croûte ; elle est devenue ainsi d'âge en âge plus compliquée par la complexité des combinaisons qui composent les couches [1]. »

C'est encore une fois, nous regrettons de devoir l'observer, à condition que nous envisagions la formation de la terre de la façon la plus enfantine, qu'elle nous apparait comme une transition de l'homogène à l'hétérogène ; nos croyances un peu sérieuses sont absolument opposées. La terre, sortant de l'état nébuleux, forma une masse en fusion, dans laquelle chaque molécule roula en désordre et avec une indépendance complète, mais moindre déjà que dans la nébuleuse. Les parties qui eurent les plus grandes affinités les unes pour les autres, les granits, les basaltes, se groupèrent en masses plus homogènes et se séparèrent des autres plus hétérogènes ; insensiblement les vapeurs se condensèrent, l'eau se sépara de l'atmosphère et laissa à l'air une pureté et une homogénéité telles, qu'il n'est plus composé que de quelques corps fort simples. En même temps, toutes les couches terrestres, leurs soulèvements et affaissements successifs, les continents et les océans se formaient d'après des lois d'une régularité admirable, et en allant toujours de l'hétérogène vers l'homogène. « Peu de pays offrent autant de variété dans leur constitution géologique que la France, dit un de nos géographes les plus distingués, et pourtant on ne retrouve dans aucun autre plus d'harmonie dans le groupement de ses éléments divers [2]. »

« Les exemples, reprend M. Herbert Spencer, les plus

[1] *Premiers Principes* (trad. E. Gazelles), p. 354-355.
[2] *Géographie militaire* (France), p. 3.

nombreux et les plus variés de la multiformité croissante qui accompagne le progrès de l'intégration sont formés par les corps organisés vivants... L'histoire d'une plante et celle d'un animal, en nous racontant comment leur volume s'accroît, nous racontent aussi comment leurs parties deviennent en même temps plus différentes... La composition chimique est presque uniforme dans la substance d'un germe végétal ou animal; peu à peu elle cesse de l'être. Les divers composés azotés ou non azotés, d'abord mêlés d'une façon homogène, se séparent graduellement, s'amoncèlent en certains points en proportions différentes et produisent, par transformation ou modification, de nouvelles combinaisons... En même temps il se fait des contrastes de fine structure. Des tissus distincts prennent la place d'une substance qui ne présentait autrefois aucune différence de parties, et chaque tissu primitif produit des modifications secondaires qui donnent lieu à des sous-espèces de tissus[1]. »

C'est encore une fois le contraire qui est plus probable.

Parmi les corps organiques dont la constitution chimique élémentaire est chez tous la même, l'œuf parait le plus hétérogène. Il se compose de deux parties, l'ovule et le spermatozoaire, qui appartenaient à deux êtres complétement différents. Les deux parties s'unissent et s'assimilent de nouveaux éléments hétérogènes; l'organisme se développe, et, en se développant, devient de plus en plus homogène. Les premiers vestiges des organes se dessinent dans les néoplasmes, qui leur sont étrangers; ils croissent, et les organes prennent des caractères de plus en plus réguliers et homogènes dans leurs fonctions et dans leurs formes. Simul-

[1] *Premiers Principes* (trad. E. Gazelles), p. 356-357.

tanément une dépendance plus grande s'établit entre chaque organe et l'ensemble de l'être vivant; enfin, plus celui-ci est élevé dans l'échelle des êtres organisés, plus cette dépendance devient grande et l'homogénéité profonde. Dans les êtres inférieurs, les plus hétérogènes, chaque partie reste douée d'une vie propre.

« Si nous passons, poursuit M. Herbert Spencer, des divers animaux vivants à la vie en général, et que nous demandions si les plantes et les animaux modernes sont plus hétérogènes que les flores et les faunes passées, nous ne trouvons que des lambeaux de preuves, et la conclusion reste sujette à contestation [1]. » En effet, les flores et les faunes des époques reculées de la vie sur le globe terrestre sont infiniment plus monstrueuses et hétérogènes que les flores et les faunes si harmonieuses et si homogènes de l'âge actuel; le moindre débris fossile nous le démontre, et prouve combien le conte de M. Herbert Spencer est loin de la réalité.

Mais M. Herbert Spencer a son idée fixe et continue : « Les exemples les plus nombreux de la loi générale du changement de l'homogène à l'hétérogène, nous les trouvons dans les progrès de la civilisation considérée comme tout, comme dans les progrès de chaque tribu ou nation... Les tribus barbares nous montrent que la société dans sa forme primitive et inférieure est une agrégation homogène d'individus qui ont des facultés semblables et des fonctions semblables; la seule différence tranchée des fonctions est celle qui accompagne la différence des sexes [2]... L'autorité du plus fort s'impose ensuite à un corps de sauvages, comme dans une troupe d'animaux ou une bande d'écoliers... A mesure

[1] *Premiers Principes* (trad. E. Gazelles), p. 360.
[2] *Ibidem*, p. 365.

que la tribu marche dans la voie du progrès, le contraste entre les gouvernants et les gouvernés paraît plus tranché... En même temps il se forme une autre espèce de gouvernement... le gouvernement de la religion... et la masse sociale, originellement homogène, se différencie et présente des gouvernants et des gouvernés; les premiers se différencient de leur côté en religieux et séculiers... Ainsi s'est développée dans le cours des siècles, en Angleterre par exemple, une organisation politique très-complexe, composée d'un monarque, de ministres, de lords et de communes, avec les départements administratifs subordonnés, les cours de justice, le trésor public, etc., et dans les provinces, les administrations de communes, de comtés, de paroisses ou d'associations, toutes plus ou moins compliquées[1]. »

Si nous voyons de loin, en descendant sur les côtes américaines, une tribu de sauvages, ils paraissent se ressembler les uns aux autres : ils ont les mêmes coiffures, la même couleur de la peau; à peine distinguons-nous les sexes. Mais si nous faisons davantage la connaissance de la tribu, rien ne nous paraît plus hétérogène que sa composition; chacun agit selon ses caprices et ses fantaisies; aucun ne reconnaît la supériorité de l'autre; la moindre dispute dissout l'état social commençant. Quand la bande de sauvages est soumise à un chef auquel elle obéit dans la paix comme dans la guerre, elle nous apparaît comme ayant déjà acquis une homogénéité plus grande, laquelle nous semble plus forte quand des croyances et un culte religieux commun les unissent plus profondément encore dans leurs pensées et dans leurs espérances. Enfin, si l'Angleterre, par exemple,

[1] *Premiers Principes* (trad. E. Gazelles), p. 366-368.

nous paraît, dans sa constitution politique et sociale, la chose la plus hétérogène du monde, ce n'est encore une fois que parce que nous nous arrêtons aux apparences les plus superficielles. Un examen plus approfondi nous démontre que son organisation politique est telle, que chaque citoyen concourt au maintien de l'État, que le souverain, comme le moindre sujet, sont soumis aux mêmes lois et aux mêmes institutions. Homogénéité qui s'étend à chaque commune, à chaque paroisse, à chaque comté, jusqu'à la moindre association. Partout, les citoyens sont animés du même sentiment de la grandeur de la commune patrie et de la même conscience de lui devoir tous les sacrifices et tous les efforts. Ce n'est qu'en devenant de plus en plus homogènes que les États se forment, se développent et se maintiennent.

M. Herbert Spencer termine cet épisode de son conte en citant le développement des arts et des langues comme une dernière preuve de l'universalité du passage de l'homogène à l'hétorogène. Mais le contraire est tellement éclatant que nous ne nous arrêtons pas même à transcrire les passages. Lorsque, chez les hommes, chaque son exprimait une chose, les langues furent certainement plus hétérogènes que lorsqu'ils parvinrent à les grouper suivant des notions générales et abstraites; et les formes de leur langage furent infiniment plus complexes dans les langues primitives qu'elles ne le sont dans les langues dérivées; que l'on compare le sanscrit, l'allemand ou le russe, le grec, le latin même, au français, à l'anglais, à l'italien, à l'espagnol. Dans les arts, les dessins des sauvages, présentant des têtes de profil avec des yeux de face, des troncs droits sur des jambes de travers, sont certainement plus hétérogènes que les statues de la Grèce et les tableaux modernes, où chaque ligne s'harmonise avec l'ensemble, où chaque forme se tient et se fond dans les autres. C'est l'histoire de la pensée humaine, qui a reçu dans les sciences son expression la plus haute ; elles ne se sont formées, et elles ne progressent que par la découverte de principes et de lois qui unissent et coordonnent des connaissances isolées et hétérogènes. M. Herbert Spencer ne cite point les sciences : il ne pénètre point jusque-là.

En général, le second épisode du conte ne prend des semblants de vérité qu'en s'arrêtant à nos impressions les plus superficielles, à nos croyances les moins justifiées. Du moment que nous pénétrons un peu plus avant, c'est le contraire qui nous apparaît comme infiniment plus vraisemblable. Mais lorsqu'une histoire arrive jusqu'à un tel degré de conception relâchée que, pour lui conserver quelque semblant de réalité, on doit la prendre à l'envers, alors le décousu se double de l'absurde. Perrault racontant que la grand'mère dévora loup, et qu'elle a été mangée à son tour par le petit chaperon rouge, paraîtrait incroyable même aux plus petits enfants.

Nous ne suivrons pas plus loin M. Herbert Spencer. L'indéterminé et le déterminé [1] remplacent l'homogène et l'hétérogène, lequel hétérogène devient l'instable [2], qui retourne à l'homogène [3], d'où provient l'équilibre, qui est la mort [4], laquelle est la dissolution, qui est la désintégration, le retour du corps à ses éléments constitutifs et de la terre à l'état de nébuleuse, où recommence l'évolution ; et c'est ce qu'on appelle conduire une histoire de l'imperceptible à l'imperceptible !

[1] *Premiers Principes* (trad. E. Gazelles), p. 386.
[2] *Ibidem*, p. 427.
[3] *Ibidem*, p. 518.
[4] *Ibidem*, p. 535.

L'évolutionisme n'a pas même les mérites d'un conte bien fait. Les données se transforment sans raison, les épisodes se suivent sans lien, le pour est moins probable que le contre. En revanche, il a pris dès le commencement, et il a conservé jusqu'à la fin tous les caractères d'un rêve. Rêve immense, gigantesque, qui par sa grandeur devait écraser le sentiment de la réalité en conciliant toutes nos croyances, et qui n'arrive même pas, après avoir recherché les mérites d'un conte des *Mille et une nuits,* à avoir les charmes du *Songe d'une nuit d'été.* Des figures innomées, indécises, sortent de la nuit sombre, se dessinent, grandissent, s'avancent, pour reculer, s'effacer, retomber dans la nuit sombre, et revenir sous d'autres formes, pour s'éteindre encore. Ces sortes de rêves s'appellent des cauchemars. Celui de M. Herbert Spencer a trouvé ses croyants, comme tous les contes et rêves du monde, comme l'alchimie et l'astrologie.

XI

LES PRINCIPES DE BIOLOGIE ET DE PSYCHOLOGIE

Les antinomies ont conduit M. Herbert Spencer aux hypothèses, les hypothèses se sont confondues avec les croyances, les croyances et les hypothèses sont devenues contradictoires entre elles, et la méthode pour atteindre la vérité s'est transformée en rêve. Rêve persistant qui prend, perd et reprend toujours les mêmes formes, et poursuivra M. Herbert Spencer dans ses autres travaux.

Dans la préface des *Principes de biologie,* qui succèdent aux *Premiers Principes,* il nous dit en termes formels : « Je remercie beaucoup le professeur Huxley et le docteur Hooker pour les secours qu'ils m'ont prêtés. Ils m'ont fourni des renseignements quand mon savoir était en défaut; ils ont revu les épreuves de mon livre et m'ont signalé les erreurs de détails où j'étais tombé. Mais le concours précieux qu'ils ont bien voulu m'accorder ne doit pas leur faire encourir la responsabilité des doctrines exprimées dans mon ouvrage, et qui ne sont pas des vérités reconnues de la biologie. » Nous sommes donc prévenus; M. Herbert Spencer ne veut pas nous tromper. Il va établir « des principes de biologie qui ne sont pas des vérités reconnues en biologie ».

Quels sont donc ces principes? Il ne connaît pas les raisons véritables de la circulation dans les êtres organisés: « bien que le courant de la séve dans l'arbre soit principalement causé par une action *probablement osmotique*, nous dit-il, accomplie dans les racines[1]. » Il ne sait pas en quoi consiste la force nerveuse. « Saurons-nous jamais autre chose de cette force nerveuse que ceci, à savoir que c'est un genre de dérangement moléculaire propagé d'un bout à l'autre d'un nerf? Il est impossible de le dire[2]. » Il ignore comment le mouvement musculaire s'accomplit : « Nous ne sommes pas mieux en état de dire comment le mouvement insensible transmis par un nerf donne naissance à du mouvement sensible dans un muscle[3]. » Et cependant, tout en ignorant en quoi consiste la circulation, l'innervation et le mouvement, il va établir les premiers principes de la biologie, dont précisément la circulation, l'innervation et le mouvement sont les premiers principes.

[1] *Principes de biologie* (trad. E. Gazelles), vol. I, p. 31.
[2] *Ibidem*, p. 61.
[3] *Ibidem*, p. 66.

La définition qu'il nous donne de la vie répond à ces commencements : « C'est la combinaison définie de changements hétérogènes, à la fois simultanés et successifs[1]. » Que peut être la combinaison de changements hétérogènes? Cela nous est parfaitement incompréhensible. Il nous semble que des changements ne sont hétérogènes que parce qu'ils sont sans combinaison possible ; mais que des changements hétérogènes puissent être à la fois simultanés et successifs, cela dépasse les bornes permises même en sophistique. Un même changement ne peut être à la fois simultané et successif à un autre, et si deux changements hétérogènes peuvent être tantôt simultanés, tantôt successifs, c'est qu'ils sont sans rapports entre eux, et ne peuvent concourir à une combinaison quelconque, pas même à la formation d'un cristal.

M. Herbert Spencer complète sa définition et ajoute, deux pages plus loin, ce caractère, selon lui « d'une importance extrême, que la combinaison définie de changements hétérogènes à la fois simultanés et successifs est en correspondance avec la coexistence et les séquences externes[2] ». Ce caractère est en effet tellement général, que jamais quelqu'un ne s'est donné la peine de le relever dans la définition de quoi que ce soit; car toutes choses indistinctement dépendent de coexistences et de séquences externes, voire la terre, le soleil et Sirius lui-même. Mais l'importance extrême qu'attribue M. Herbert Spencer à ce caractère pour la définition de la vie a sa raison. La correspondance des coexistences et des séquences est tellement importante, « que pour fournir la preuve la plus simple et la plus concluante que le degré de vie varie avec le degré de correspondance, il reste à faire voir que la

[1] *Principes de biologie* (trad. E. Gazelles), p. 85.

[2] *Ibidem*, p. 88 et 89.

correspondance parfaite serait la vie parfaite : s'il n'existait dans le milieu d'autres changements que ceux auxquels l'organisme a à opposer des changements accommodés, et s'il ne lui arrivait jamais d'en opposer d'insuffisants, l'existence éternelle et la connaissance universelle seraient réalisées[1]. » M. Herbert Spencer nous a fait entrevoir la transmutation des substances et le mouvement perpétuel; nous voilà un présence d'une nouvelle formule de la pierre philosophale. Cherchez un milieu tel que les changements que nous lui opposerons lui soient toujours accommodés, et notre jeunesse sera éternelle, notre science infinie. Si M. Herbert Spencer avait un peu pénétré la biologie, il aurait vu que les mêmes phénomènes qui concourent à la croissance des êtres vivants en entraînent aussi l'arrêt, et causent la mort.

Dans les *Principes de psychologie,* ses illusions se concentrent; mais quand les illusions se concentrent, les rêves se précisent et se transforment en sophismes. « Il semble que le fait de recevoir des excitations ou des troubles ne peut être compris, ni sous le chef de libérer des mouvements, ni sous le chef de les coordonner. Mais en réduisant les faits à leurs derniers termes, à ces termes que la *physiologie pure* peut seule connaître, la difficulté disparait[2]. » A nous, il semble que cette physiologie pure est un produit non moins pur de l'imagination de M. Herbert Spencer, et que les difficultés vont au contraire s'accroître.

« Tous les stimulus nerveux, continue notre auteur, sont des mouvements de masses ou de molécules, et la fonction qui a rapport à la coordination des mouvements comprend

[1] *Principes de biologie* (trad. E. Gazelles), p. 107.
Principes de psychologie (trad. Ribot et Espinasse), vol I, p. 47.

non-seulement la combinaison et la répartition des mouvements produits, mais aussi la combinaison des mouvements reçus et l'ajustement, la mise en harmonie des uns et des autres[1]. » « Les rapports entre l'état nerveux et l'état mental forment un sujet distinct, que nous aurons à traiter prochainement. Ici nous nous occupons des actions survenues sous leur aspect physiologique, et nous devons ignorer leur aspect psychologique. Pour cela, nous n'avons qu'à les traduire en termes de mouvement[2]. » « Or, si l'on compare les mouvements des *protozoaires* ou des zoophytes à ceux de ces oiseaux qui peuvent suivre un train, ou de ces mammifères qui font un mille en une minute, les facultés locomotrices des premiers sont à peine appréciables. Les masses étant supposées égales, la quantité de mouvement engendré dans le dernier cas est presque un million de fois celle engendrée dans le premier[3]. » Certains insectes cependant, qui sont bien inférieurs à ces oiseaux et à ces mammifères, exécutent des mouvements, les masses étant supposées égales, infiniment plus prodigieux que ceux des oiseaux et des mammifères. Aussi, reprend M. Herbert Spencer, « un examen plus serré des faits nous révèle l'insuffisance de la généralisation précédente. Si profonde que soit la connexion entre le développement nerveux et l'activité locomotrice, d'autres comparaisons montrent qu'elles se compliquent d'une connexion qui est à peine moins essentielle[4]. » « Les mouvements des animaux inférieurs diffèrent, non-seulement par leur faiblesse relative, mais ils diffèrent aussi par leur *hétérogénéité*

[1] *Principes de psychologie* (trad. Ribot et Espinasse), vol. I, p. 47.
[2] *Ibidem*, vol. I, p. 48.
[3] *Ibidem*, p. 1.
[4] *Ibidem*, p. 6.

relative[1]. » Nous pouvions nous attendre au retour de cette malheureuse expression, mais dans le cas présent elle prend un sens plus convenable et signifie la complexité. « Il y a un rapport entre la quantité de tissu nerveux et la complexité du mouvement. Ainsi nous sommes conduits à attendre chez l'homme un système nerveux exceptionnellement grand, et à comprendre pourquoi il en a un plus grand que le cheval[2]. » En troisième lieu, « une moyenne plus élevée de changement moléculaire rend, comme chez les oiseaux, un système nerveux plus petit capable de produire une quantité de mouvement qui, dans le cas contraire, demanderait un plus grand système nerveux ». Enfin, « un dernier fait à remarquer, c'est que, toutes autres choses égales, la puissance d'un système nerveux ne varie pas exactement comme sa masse..... Mais toutes ces causes modifiantes admises, le rapport fondamental énoncé reste en substance le même, à savoir que partout où il y a beaucoup de mouvement produit, il existe un système nerveux relativement grand. » A ce titre, toutes choses égales d'ailleurs, comme dit M. Herbert Spencer, l'hirondelle aurait le système nerveux relativement le plus grand, et serait l'être le plus parfait de l'univers. Elle boit, mange, construit son nid, nourrit ses petits en volant; poursuit par bandes l'épervier au haut des airs, l'insecte au ras des eaux; fait au retour des saisons des centaines de lieues et revient fidèle à son lieu de naissance. Elle a ses amours, ses haines, ses passions, ses ruses, s'assemble en conseil avec ses camarades, tout en accomplissant les mouvements les plus capricieux, les plus élégants et les plus rapides. Son système nerveux n'est

[1] *Principes de psychologie* (trad. Ribot et Espinasse), vol. I, p. 8.
[2] *Ibidem*, p. 11.

cependant guère plus grand que celui du serin ou du moineau. Le mouton a les mêmes poids et volume relatifs du cerveau que le chien, qui lui est si supérieur par la rapidité et la complexité des mouvements; sans parler des fourmis, des abeilles et de tant d'autres insectes, si étonnants par les actes qu'ils accomplissent, et qui sont cependant inférieurs par le développement du système nerveux à tant d'oiseaux et de mammifères. Mais tous ces faits n'existent pas pour M. Herbert Spencer. Il choisit ceux qui lui conviennent, passe des protozoaires aux mammifères, d'un némitien à l'araignée, et de la chenille au papillon, qui est la même bête, selon le besoin de la cause et la nécessité de l'argumentation. Dans la *sociologie,* il se souviendra de l'intelligence des abeilles et des termites[1]; ici il n'en a que faire. Les mouvements purement mécaniques restent sans mention, la différence des organes sans valeur, la variété de nourriture sans importance, et, élevant quelques faits isolés à la hauteur d'une loi générale, il exagère non plus la portée des termes, mais celle des faits même, les force dans leur évidence propre, tombe à chaque exemple qu'il cite dans le sophisme, et de propos délibéré. « C'est de propos délibéré que j'ai commencé par présenter les faits de cette manière inaccoutumée, peut-être un peu étrange aux yeux de quelques-uns. J'ai diverses raisons pour le faire. La première, c'est que nous nous occupons ici d'abord des phénomènes psychologiques comme phénomènes d'évolution[2] ».

De la physiologie *pure* passons donc à cette évolution. Et d'abord il y a les mouvements réflexes. « Sous sa forme la

[1] *Principes de sociologie* (trad. E. Gazelles), vol. I, p. 8.
[2] *Principes de psychologie* (trad. Ribot et Espinasse), vol. I, p. 11.

plus simple et la plus générale, l'action réflexe est la séquence d'une simple contraction par une simple irritation.... C'est la forme la plus inférieure de la vie psychique, — celle dans laquelle nous voyons commencer la différence entre la vie psychique et la vie physique [1]. » Soit, les mots ne font rien à l'affaire ; au-dessus de l'action réflexe, il y a l'instinct. « L'instinct est évidemment plus éloigné de la vie purement physique que la simple action réflexe. Tandis que l'action réflexe simple est commune, et aux fonctions internes des viscères, et aux fonctions externes de la vie animale, l'instinct proprement dit ne l'est pas. Les reins, le poumon, le foie, n'ont pas leurs instincts : l'instinct est restreint aux actions de l'appareil nervoso-musculaire, qui est l'agent spécial de la vie psychique [2]. » « On a vu, dit Capentier, un gobe-mouches, aussitôt après sa sortie de l'œuf, attraper avec le bec un insecte, — action qui requiert non-seulement une appréciation très-exacte de la distance, mais le pouvoir de régler d'une manière très-précise les mouvements musculaires selon les distances [3]. » C'est donc là l'instinct : « une action réflexe composée ». Mais si le gobe-mouches, à la sortie de son œuf, avait trouvé une personne charitable qui lui aurait mis un insecte dans le bec, et si la personne avait continué à le nourrir toute sa vie de cette façon, il n'aurait jamais trouvé l'occasion d'exercer son « action réflexe composée » ; aurait-il moins eu l'instinct de prendre les insectes au vol ? Tout à l'heure, quelques faits triés avec soin sont devenus une loi générale ; maintenant un fait, et un fait mal interprété, devient une définition générale. L'animal vient au

[1] *Principes de psychologie* (trad. Ribot et Espinasse), vol. I, p. 455-455.
[2] *Ibidem*, vol. I, p. 464.
[3] *Ibidem*, vol. I, p. 462.

monde avec ses instincts ; quelles que soient les impressions qui l'attendent, définir ses instincts par ses impressions et l'action réflexe simple ou composée qui les suit, c'est prendre l'effet pour la cause et ne rien définir du tout.

Ce qui n'empêche que M. Herbert Spencer va nous définir par ce procédé ingénieux la raison elle-même. « Les actions réflexes composées, à mesure qu'elles deviennent plus composées, deviennent aussi moins déterminées ; il s'ensuit qu'elles deviendront aussi comparativement indéterminées[1] ! » Le tour est joué ; il n'était pas plus difficile. « L'abîme qu'on place communément entre la raison et l'instinct n'existe pas[2]. » « Il y a une immense différence de complexité et d'abstraction entre les raisonnements des aborigènes bretons, saxons et scandinaves, et les raisonnements des Newton et des Bacon, leurs descendants ; c'est une remarque vulgaire. Que le Papou de la Nouvelle-Guinée ne tire et ne puisse tirer d'inférences qui approchent en complexité de celles des savants de l'Europe, c'est encore là un lieu commun. Cependant personne ne prétend qu'il y ait une distance absolue entre nos facultés et celles de nos lointains ancêtres, ou entre celles de l'homme civilisé et celles du sauvage... La simple numération existait avant l'arithmétique, l'arithmétique avant l'algèbre, l'algèbre avant le calcul infinitésimal, et les formes les plus spéciales du calcul infinitésimal avant ses formes les plus générales... Le progrès humain va d'un ordre inférieur de généralités à un ordre supérieur de généralités produit seulement par une accumulation d'expériences ; si le progrès ainsi produit est aussi grand que celui qui va des plus hautes formes de la raison de la

[1] *Principes de psychologie* (trad. Ribot et Espinasse), vol. I, p. 476.
[2] *Ibidem*, vol. I, p. 488.

brute aux plus basses formes de la raison humaine, — ce que nul homme comparant les généralisations d'un Hottentot et celles de Laplace ne voudra nier, — alors... la généralité des inférences est entièrement une question de degrés, et à moins de soutenir que la raison de l'Européen cultivé est spécifiquement différente de celle de l'enfant ou du sauvage, on ne peut conséquemment soutenir qu'il y a une différence spécifique entre la raison de la brute et celle de l'homme [1]. » Depuis Zénon d'Élée, nous n'avons pas encore rencontré un sophisme de cette importance. Le sophisme *elenchi* répond à ce qui n'est pas en question ; les arguments éristiques considèrent le général au lieu du particulier : dans les antinomies on confond tour à tour l'abstrait et le concret, mais M. Herbert Spencer trouve moyen de transformer le rêve en raison, et le zéro en chiffre. Les ancêtres bretons, saxons et scandinaves ont eu des descendants, comme Newton et Bacon, par suite de l'accumulation des expériences ; mais les abeilles construisent aujourd'hui leurs cellules comme il y a six mille ans : les instincts des bêtes restent éternellement les mêmes ; nulle part ils n'accumulent à travers leurs générations leurs expériences. Il en résulte qu'il n'y a aucune différence spécifique entre l'homme et la bête, que ce n'est qu'une question de degrés, que zéro progrès devint cent, mille, la brute un Papou, et le Papou un Newton. Nous ne demandons pas mieux ; c'est une nouvelle forme de la pierre philosophale. M. Herbert Spencer, après l'avoir trouvée pour les hommes, la découvre encore pour la brute. En suivant cette méthode, nous nous chargeons de découvrir et de démontrer ce qu'il voudra au monde : que la terre n'est pas

[1] *Principes de psychologie* (trad. Ribot et Espinasse), vol, I, p. 498-499.

une planète, mais un soleil ; que le soleil n'est pas un astre, mais un satellite. Tout est le même, et le même est tout, absolument comme chez les sophistes grecs.

M. Herbert Spencer admet cependant les vérités nécessaires sous le nom de postulat universel. « Si la négation d'une connaissance est concevable, cela équivaut à dire que nous pouvons l'accepter ou ne pas l'accepter comme vraie. — Si sa négation est inconcevable, nous sommes obligés de l'accepter. Et une connaissance que nous sommes ainsi obligés d'accepter, nous la regardons comme ayant le plus haut degré possible de certitude [1]. » « C'est le postulat universel, la seule garantie de nos connaissances dernières dont toutes les autres dépendent[2]. » Cependant, continue-t-il, « nous regardons comme plus certain que 2 et 2 font 4, que 7 + 6 + 9 + 8 font 30. Nous trouvons que chaque nouvelle supposition du postulat implique quelque chance d'erreur ; et, à la vérité, quand le calcul est compliqué, et que par suite les suppositions sont nombreuses, l'expérience nous apprend que la probabilité qu'il y ait une fausse supposition faite est plus grande que la probabilité contraire[3]... » « Il en est de même dans le raisonnement... La possibilité d'erreur augmente en raison directe de la longueur d'un raisonnement [4]. » Ce qui donne, selon M. Herbert Spencer, « un critérium rigoureux de la validité relative des conclusions qui sont en présence. Non-seulement le jugement intuitif, mais aussi le jugement fondé sur une logique sévère, nous montrent que *cette conclusion doit être la plus certaine qui implique*

[1] *Principes de psychologie* (trad. Ribot et Espinasse), vol. II, p. 425.
[2] *Ibidem*, vol. II, p. 447.
[3] *Ibidem*, vol. II, p. 450.
[4] *Ibidem*, vol. II, p. 454.

le moins souvent le postulat[1]. » Que dire alors de la doctrine de l'évolutionisme et de l'œuvre de M. Herbert Spencer, qui à chaque page implique le même postulat : l'axiome de l'intégration et de la désintégration concomitante de la matière et du mouvement? Il vient de nous donner la mesure exacte du degré d'erreur où il l'a portée. En parlant de rêve et de cauchemar, nous sommes resté bien en deçà. C'est de plus un sophisme : la formule la plus compliquée de la trigonométrie sphérique est aussi évidente et nécessaire pour le mathématicien que l'axiome que deux parallèles ne peuvent se rencontrer; mais quand j'affirme que 2 et 3 font 9, je n'ai pas réfléchi à ce que je disais, et la non-réflexion dans nos raisonnements les plus simples, comme dans les plus compliqués, est toujours une cause d'erreur. M. Herbert Spencer confond cette fois, non plus zéro avec cent, mais plus cent avec moins cent. Il y a des vérités nécessaires et évidentes; mais plus elles sont impliquées dans nos raisonnements, moins elles sont nécessaires et évidentes. Il n'a pas songé à sa propre doctrine, mais aux raisonnements *à priori* des idéalistes, qui ont fait dire une fois de plus une sottise à un sensualiste.

Nous nous arrêtons à ces principes de la psychologie, comme nous nous sommes arrêté à ceux de la biologie, abandonnant au lecteur de juger ce qu'ils deviennent dans la suite des quatre in-octavo de M. Herbert Spencer. La méthode reste invariablement la même : les faits sont groupés selon les exigences du moment, les termes interprétés selon les besoins de la cause; à chaque page les mêmes illusions, les mêmes erreurs reviennent. Dans les

[1] *Principes de psychologie* (trad. Ribot et Espinasse), vol. II, p. 454.

sciences, nous pouvons passer d'un ordre de faits à un autre, nous tromper dans celui-ci, trouver juste dans celui-là ; en philosophie tout s'enchaîne et dépend des principes.

XII

LES PRINCIPES DE SOCIOLOGIE

« Les facteurs originels internes de la sociologie sont l'homme primitif-physique..., l'homme primitif-émotionnel... et l'homme primitif-intellectuel [1]. » Un autre aurait dit que l'organisme, les sentiments et les pensées des hommes primitifs furent les causes de la civilisation.

« A la vue d'ossements humains et d'objets qui décèlent des actions humaines, que l'on a découverts dans les formations géologiques et dans les dépôts des cavernes, et qui remontent à des époques antérieures, depuis lesquelles il s'est opéré de grands changements dans le climat et dans la distribution des terres et des mers, nous sommes obligés de conclure que les habitants du genre humain n'ont jamais cessé de subir des modifications, sans pouvoir pourtant former que des conjectures vagues sur la nature de ces modifications [2]. » « Nous devons donc nous borner à compléter la conception générale de l'homme primitif par l'étude des races existantes qui, à en juger par leurs caractères physiques et leurs instruments, se rapprochent le plus de l'homme primitif [3]. »

M. Herbert Spencer n'observe pas qu'il bouleverse d'un

[1] *Principes de sociologie* (trad. E. Gazelles), vol. I, p. 55 et suivantes.
[2] *Ibidem*, vol. I, p. 55.
[3] *Ibidem*, vol. I, p. 58.

trait, de fond en comble, sa doctrine. Il s'agit d'établir l'évolution sociale, et pour y arriver, il va s'adresser à des races qui sont restées à l'état sauvage. Il avoue qu'il ne peut pas démontrer comment la civilisation est dérivée de la race des hommes primitifs, et il veut le démontrer par celles qui n'ont donné naissance à aucune civilisation. Si ces races sont nées d'hier, depuis que les hommes primitifs ont fondé les civilisations, le procédé est faux, et si elles ne sont pas nées d'hier, il n'y a pas d'évolution, et c'est la doctrine qui est fausse. Mais il plait à M. Herbert Spencer de suivre une fois, malgré sa doctrine, un procédé scientifique. Voyons ce qu'il en fait.

« L'homme primitif, en moyenne, était un peu moins grand que l'homme civilisé en moyenne... Il a été caractérisé par un développement relativement défectueux des membres inférieurs... Les Ostiaks ont les jambes minces et grêles; deux auteurs parlent des jambes courtes et grêles des Kamtschadales; les Chinouks ont les jambes courtes et torses; les Guaranis ont les bras et les jambes relativement courts et épais... et les vestiges de races éteintes semblent venir en aide à la croyance que l'homme primitif avait les membres inférieurs plus petits que les nôtres... caractère légèrement simien qui se trouve reproduit par l'enfant de l'homme civilisé[1]... Le grand volume des mâchoires et des dents est un autre caractère de l'homme primitif. On n'aperçoit pas seulement la forme prognathe qui caractérise les races inférieures... on la reconnait chez les races qui présentent d'autres types[2]... L'homme primitif avait, en outre, un ventre considérable, un estomac et les intestins volumineux... Le

[1] *Principes de sociologie* (trad. E. Gazelles), vol. I, p. 63, 64.
[2] *Ibidem*, vol. I, p. 65.

développement abdominal de l'Akka, si grand qu'il rappelle un caractère simien, peut passer pour un trait de l'homme primitif[1]. »

Les jambes courtes et grêles, les mâchoires prognathes, le ventre volumineux, c'est la description parfaite du singe ; il n'y manque que les poils. Mais l'homme primitif de M. Herbert Spencer est encore moins que le singe. Il est plus faible. « Il y a des faits qui montrent qu'indépendamment de la taille et même du développement musculaire, l'homme non civilisé est moins fort que l'homme civilisé[2] », tandis que les singes supérieurs sont beaucoup plus forts. « Il y a probablement deux causes de cette différence entre le sauvage et l'homme civilisé, un défaut relatif de nutrition et un développement relativement plus faible du système nerveux[5]. » « Le sauvage est plus capable de supporter les maux, mais il fait preuve d'une indifférence relative aux sensations désagréables et douloureuses... Cette indifférence à la douleur est un caractère que nous aurions pu prévoir *à priori*[4] ! » Enfin l'homme primitif-physique a été précoce. « Sans en rechercher la cause, il est certain que sous les mêmes conditions, climat et autres, les races inférieures arrivent à la puberté plus tôt que les races supérieures[3]. »

Ce serait cet être précoce, insensible, faible, ventru et difforme qui aurait traversé l'époque glaciaire, lutté avec les mastodontes et l'ours des cavernes, vaincu les climats, dompté les bêtes féroces, surmonté toutes les difficultés, et fondé les civilisations ! Écoutons les savants sérieux. Voici ce que dit

[1] *Principes de sociologie* (trad. E. Gazelles), vol. I, p. 69.
[2] *Ibidem*, vol. I, p. 69.
[3] *Ibidem*, vol. I, p. 70.
[4] *Ibidem*, vol. I, p. 74.
[5] *Ibidem*, vol. I, p. 75.

M. Virchow, qui, par ses découvertes en médecine, nous donne du moins la garantie qu'il sait suivre un procédé scientifique : « Nous sommes obligés de reconnaître qu'il manque le moindre type fossile d'un état inférieur du développement humain. Il y a mieux : quand nous faisons le total des hommes fossiles connus jusqu'à présent, et que nous les mettons en parallèle avec ce que nous offre l'époque actuelle, nous pouvons affirmer hardiment que parmi les hommes vivants, il se rencontre des individus marqués du caractère d'infériorité relative en bien plus grand nombre que parmi les hommes fossiles jusqu'à présent découverts... Il n'a encore été trouvé aucun crâne fossile de singe ou d'homme-singe qui ait réellement pu appartenir à un possesseur humain[1]. »

Écoutons les voyageurs : Livingstone et Stanley nous parlent des Apollons que l'on rencontre dans le centre de l'Afrique. M. Herbert Spencer n'en trouverait pas un dans toute la cité de Londres. Les Sioux sont admirables de force et de structure. Des tribus tartares sont merveilleusement bâties, et sur tous les continents on trouve parmi les sauvages, depuis la Terre de Feu jusqu'au Kamtchatka, des races et des types favorisés sous tous les rapports. M. Herbert Spencer ne s'est donc pas souvenu d'une seule page des Germains de Tacite?

Mais écoutons-le lui-même, dans un autre chapitre où la thèse a changé, et par suite les faits également : « Presque tous les témoins qui nous parlent des sauvages nous attestent l'acuité de leurs sens et la rapidité de leurs perceptions[2]... Les Indiens voient et entendent des choses imperceptibles

[1] Cf. *Revue scientifique*, 1877, le discours de M. Virchow au Congrès de Munich.

[2] *Principes de sociologie* (trad. E. Gazelles), vol. I, p. 115.

pour nous... Cette faculté, déclare Schomburgh, touche à la magie[1]. » Et ce sont ces sauvages dont le système nerveux serait si faible et si peu développé ! — « En même temps que cette finesse de perception, le sauvage possède naturellement une très-grande adresse... Les Fuigiens sont d'une adresse remarquable à la fronde. L'Andamine lance son épieu ou son bâton avec une précision remarquable : tout le monde a entendu parler des tours de force qu'il exécute avec son boumirang... Les Cantals tuent avec leurs arcs les oiseaux au vol, et les lièvres à la course[2]. » Et ces êtres faibles, ventrus et insensibles, aurait pu encore ajouter M. Herbert Spencer, poursuivent en courant le chevreuil et les sangliers, et la tribu force le cerf.

Enfin, dans le chapitre même de l'homme primitif-physique, M. Herbert Spencer « oppose l'épreuve que la grossesse et la parturition font subir à la constitution d'une femme civilisée, à l'insignifiance des troubles que cette fonction entraîne chez les femmes sauvages[3] » ; et il cite la facilité avec laquelle les Australiens se rétablissent et guérissent de blessures qui amèneraient promptement la mort d'un Européen[4]. « Les Yakoutes, appelés hommes de fer, dorment sans abri, à peine vêtus, et le corps couvert d'une épaisse couche de givre... L'aptitude à respirer la malaria, comme si c'était de l'air ordinaire, est le caractère de tous les indigènes de race tamoule dans l'Inde... et il en est de même des nègres[5]. » Il est vrai qu'il explique ces preuves de force et de santé des races sauvages, non plus par leurs rapports avec

[1] *Principes de sociologie* (trad. E. Gazelles), vol. I, p. 115.
[2] *Ibidem*, vol. I, p. 115.
[3] *Ibidem*, vol. I, p. 72.
[4] *Ibidem*, vol. I, p. 72.
[5] *Ibidem*, vol. I, p. 72.

le singe, mais par les causes finales! « Demandez-vous ce qui arriverait à la mère et à l'enfant au milieu des conditions de la vie sauvage, s'ils n'avaient pas plus de dureté physique que la mère et l'enfant civilisés [1]. » S'il ajoute « qu'inévitablement la loi de survie des plus aptes a dû produire et conserver une constitution capable de supporter la misère et les souffrances, cortége nécessaire d'une vie livrée à la merci du milieu, puisqu'il faut admettre que les constitutions qui n'étaient pas assez fortes pour les supporter ont été détruites », il oublie qu'il s'agit non-seulement des sauvages, mais encore de l'homme primitif-physique, et que s'il y avait eu des générations antérieures plus faibles encore de constitution, il n'y aurait jamais eu d'humanité.

Passons au second facteur de la sociologie, à l'homme primitif-émotionnel. « L'évolution mentale, tant intellectuelle qu'émotionnelle, peut se mesurer d'après le degré d'éloignement de l'action réflexe primitive [2]. » C'est un commencement qui promet. « Pour concevoir l'homme primitif, tel qu'il existait au moment où l'agrégation sociale — pourquoi pas l'intégration sociale? — a pris naissance, il faut que nous généralisions aussi bien que nous pourrons les faits embrouillés et en partie contradictoires que nous possédons, nous attachant surtout aux traits communs aux races inférieures, et en nous laissant guider par les conclusions *à priori* que nous venons de formuler [3]. » Cette suite promet encore davantage; nous allons entrer dans le vif de la méthode de M. Herbert Spencer.

« Nous pouvons nous faire la meilleure idée de ce qu'était

[1] *Principes de sociologie* (trad. E. Gazelles), vol. I, p 72.
[2] *Ibidem*, vol. I, p. 80.
[3] *Ibidem*, vol. I, p. 82.

le caractère de l'homme primitif en lisant la description suivante, où nous trouvons un portrait vivant d'un Boschiman. Lichtenstein, qui en est l'auteur, affirme qu'il ressemble au singe, et continue en ces termes : « Ce qui donne le plus de « vérité à cette comparaison, c'est la vivacité de ses yeux et « la mobilité de ses sourcils, qu'il faisait mouvoir en haut et « en bas chaque fois qu'il changeait d'attitude; même ses « narines, et les coins de sa bouche, même ses oreilles, re- « muaient involontairement, exprimant le passage rapide qui « le portait d'un désir ardent à une méfiance soupçonneuse... « Quand on lui donnait un morceau d'un aliment, il se levait « à demi, étendait une main défiante, s'en emparait en hâte, « et le jetait dans le feu, promenant autour de lui ses petits « yeux perçants, comme s'il craignait qu'on ne le lui enlevât « de nouveau : tout cela accompagné de regards et de gestes « qu'on aurait juré copiés absolument sur un singe [1]. » Il est à regretter que M. Herbert Spencer ait découvert cette description de Lichtenstein. Grâce à son point de vue, *à priori,* il aurait pu la faire encore bien plus saisissante en allant simplement dans le *Zoological Garden.* Mais il ne connaît pas les émotions de l'homme primitif : il n'en peut juger que par les sauvages actuels, il nous l'a dit; et quoique son idée de l'homme primitif soit en réalité l'idée qu'il a du singe, que nous rapporte-t-il, dans les deux pages qui précèdent, des sauvages actuels? — « Les aborigènes du nouveau monde semblent impassibles auprès de ceux de l'ancien [2]... Les Dacotahs supportent patiemment les douleurs physiques et morales... Les Criks montrent une froideur et une indifférence phlegmatiques... L'Indien de la Guyane, quoiqu'il témoigne de

[1] *Principes de sociologie* (trad. E. Gazelles), vol. I, p. 86.
[2] *Ibidem,* vol. I, p. 82.

fortes affections, perdra les parents les plus chers, comme il supporte les douleurs les plus cruelles, avec une insensibilité stoïque apparente[1]. » « Si nous passons d'Amérique en Asie, nous rencontrons les Kamtschadales, qui, à ce qu'on rapporte, sont irritables, pour ne pas dire hystériques (il s'agit des hommes). Un rien les rend fous ou leur fait commettre un suicide. Puis nous trouvons les Kirguises qui, dit-on, sont volages et inconstants. Passons aux Asiatiques du sud, et nous trouvons les Bédouins, dont Burton nous dit qu'ils ont la nature variable et inconstante ». Et tout cela pour arriver à la description du singe de Lichtenstein. Mais nous connaissons les Kirguises. Le vénérable auteur de la *Réforme sociale,* M. Le Play, qui a vécu au milieu d'eux, ne peut assez vanter leur dignité, leur honnêteté, leur bravoure. Nous voyons tous les jours des Bédouins au milieu de nous ; ils nous frappent par leur calme et la noblesse de leurs allures. Les voyageurs qui ont vu les sauvages du nouveau monde parlent de leur dignité extraordinaire, de leur calme, de leur réserve. La mission des Sioux à Washington frappa les plus indifférents. Mais il fallait arriver à la définition du singe; de là ces transformations insensibles, une évolution dans l'évolution, et un sophisme de plus en philosophie.

« Cette impétuosité relative, cet état plus rapproché de l'action réflexe primitive, ce défaut d'émotions représentatives qui tiennent les émotions plus simples en échec, s'accompagne d'imprévoyance. Les Australiens sont, dit-on, incapables de tout travail persévérant qui ne doit avoir sa récompense que dans l'avenir. Selon Kolben, les Hottentots

[1] *Principes de sociologie* (trad. E. Gazelles), vol. I, p. 84.

sont les gens les plus paresseux qu'éclaire le soleil; et on nous raconte que chez les Boschimans, c'est toujours régal ou famine[1]. » Et page suivante : « Il est vrai qu'on trouve souvent chez les sauvages de la persévérance en vue d'un profit éloigné. Ils consacrent beaucoup de temps et de travail à leurs armes, etc. : six mois pour faire autant de flèches, une année pour creuser une tasse, et plusieurs pour creuser un trou dans une pierre[2]! »

Plus loin, les sauvages éprouvent toutes les joies enfantines; il n'est plus question du singe. « Il y a des voyageurs qui disent qu'il y a des races sauvages pleines d'une gaieté folle et d'allégresse, pleines de vie et d'ardeur, joyeusement bavardes, folâtres, d'une gaieté bruyante, riant sans mesure de rien[3]. » Plus bas, M. Herbert Spencer leur reconnaît même un sentiment rudimentaire de la propriété, et constate leur amour de l'indépendance. « La liberté est une condition d'existence pour les indigènes de Malacca... le Mapuché ne peut souffrir la contradiction et ne supporte point le commandement... le Bodo, le Dhinal résistent avec une opiniâtreté bourrue aux ordres qui ne sont pas donnés d'une manière *judicieuse*[4]! » Et quelques pages plus loin, il rapporte les paroles de M. Wallace : « J'ai vécu dans les sociétés de sauvages de l'Amérique du Sud et de l'Orient, où n'existe aucune loi, aucun tribunal autre que l'opinion publique du village qui s'exprime librement. Chacun respecte scrupuleusement les droits de son compagnon, et il est rare, si jamais, qu'une infraction soit faite à ces droits. Dans ces sociétés,

[1] *Principes de biologie* (trad. E. Gazelles), vol. I, p. 87.
[2] *Ibidem*, vol. I, p. 88.
[3] *Ibidem*, vol. I, p. 89.
[4] *Ibidem*, vol. I, p 91.

tous les hommes sont égaux[1]. » Ces sauvages seraient donc plus civilisés que nous !

« C'est une chose difficile, continue M. Herbert Spencer, de dégager un fait et de le généraliser[2]. » C'est qu'on ne dégage et qu'on ne généralise jamais un fait ; mais on constate un grand nombre de faits, et quand on ne peut les généraliser dans leurs rapports communs, on tombe dans les contradictions et dans le sophisme ; on fait de la mouche un éléphant, et du singe l'homme primitif. Nous devons toutefois rendre justice aux efforts de M. Herbert Spencer; il constate les difficultés de son entreprise, et voit les contradictions dans lesquelles il tombe. Il poursuit un double but, veut démontrer que l'homme primitif fut le singe (c'est le côté *à priori* qui dérive de sa doctrine), et il veut établir les principes de la sociologie, montrer les sources du progrès des affections et de l'intelligence humaine, dont il constate l'existence, au moins à l'état rudimentaire, chez les races sauvages ; ce qui n'est plus du tout le point de vue du singe. On pardonne son illusion à l'anthropologiste qui ne sort pas de la contemplation des tibias et des mâchoires ; mais le philosophe qui prétend le suivre trouve des faits qui dépassent la science de l'anthropologiste, et tombe dans des difficultés qui deviennent de plus en plus insurmontables à mesure que l'insuffisance de sa méthode s'accuse et que la coordination des faits lui échappe.

Dans le chapitre du troisième facteur originel de la sociologie, M. Herbert Spencer fait un parallèle remarquable entre le sauvage et l'enfant de l'homme civilisé. « Dans la première et la seconde enfance, il se fait une absorption de sensations

[1] *Principes de sociologie* (trad. E. Gazelles), vol. I, p. 96.
[2] *Ibidem*, vol. I, p. 97.

et de perceptions semblable à celle qui caractérise le sauvage. L'enfant qui casse ses joujoux, qui fait des pâtés de terre, qui porte les yeux sur toutes les choses et toutes les personnes qui s'offrent à lui, fait preuve de beaucoup de perceptivité et d'une réflectivité relativement faible. Même analogie dans la tendance à l'imitation. Les enfants répètent dans leurs jeux des scènes de la vie des adultes, et les sauvages, entre autres actes d'imitation, répètent les actions de leurs hôtes civilisés. L'esprit de l'enfant manque de la faculté de distinguer entre les faits inutiles et ceux qui sont utiles, de même que l'esprit du sauvage. Bien plus, quand on remarque que l'enfant n'apprend les faits, soit sous forme de leçon, soit sous forme d'observation spontanée, que pour eux-mêmes, sans se douter de la valeur qu'ils peuvent avoir comme matériaux d'une généralisation, il devient évident que cette incapacité de faire le triage est un caractère d'un développement inférieur... En outre, nous voyons que l'enfant de notre race est, comme le sauvage, incapable de concentrer son attention sur quelque chose de complexe ou d'abstrait. L'esprit de l'enfant, comme celui du sauvage, ne tarde pas à divaguer par pur épuisement, quand il a à s'occuper de généralités et de propositions compliquées... L'enfant, comme le sauvage, a dans sa langue quelques mots de l'abstraction la moins relevée. De bonne heure, il sait fort bien ce qu'est le chat, le chien, le cheval, mais il n'a aucune idée de l'animal indépendant de l'espèce; il se passe des années avant que les mots en *ion* ou en *té* entrent dans son vocabulaire. Ainsi, chez l'enfant comme chez le sauvage, les instruments même d'une pensée développée manquent. Avec un esprit qui n'est pas approvisionné d'idées générales, et qui manque de conception de l'ordre naturel, l'enfant civilisé, tant qu'il est encore tout jeune, et le sauvage, durant toute sa vie, ne montrent pas beaucoup de surprise ni de curiosité rationnelles. Une chose qui réveille les sens, l'éclair soudain d'une explosion, lui fait ouvrir de grands yeux hagards, ou peut-être lui arrache un cri; mais montrez-lui une expérience de chimie, ou attirez son attention sur un gyroscope, et l'intérêt qu'il y prendra ne sera pas plus grand que celui qu'il pourrait montrer en apercevant un joujou... Enfin, l'extrême crédulité de l'enfant civilisé, comme celle du sauvage, nous fait voir ce que peuvent produire des idées grossières de cause et de loi. Il croit tout ce qu'on lui raconte, quelque absurde que ce soit; toute explication, si simple qu'elle soit, il l'accepte comme satisfaisante. Faute de connaissance généralisée, rien ne parait impossible; la critique et le scepticisme font défaut[1]. »

Quelles preuves redoublées contre l'évolutionnisme! L'enfant civilisé, après des milliers d'années de progrès, ressemble à l'homme primitif! L'auteur de l'évolutionnisme n'en conviendra naturellement pas. Son explication est bien simple. Il nous la donne en quelques lignes : « Quelque temps plus tard, sans doute quand les facultés intellectuelles supérieures que l'enfant civilisé a héritées de ses ancêtres commencent à agir... la surprise et la curiosité rationnelle des causes se montrent en lui pour la première fois[2]. » « Le sauvage n'a pas d'idée de causation naturelle; donc pas de surprise fondée en raison... Quand nous voyons un jeune sauvage prendre pour totem, et ensuite tenir pour sacré, le premier animal qui s'offre à lui en rêve pendant qu'il jeûne; quand nous voyons le nègre engagé dans une importante entre-

[1] *Principes de biologie* (trad. E. Gazelles), vol. I, p. 134, 135.
[2] *Ibidem*, vol. I, p. 134, 135.

prise choisir pour dieu et pour aide le premier objet qu'il aperçoit au moment où il sort... il faut que nous tenions les conceptions que ces actes et ces idées supposent pour les conséquences d'un état mental où l'organisation des expériences n'est pas assez avancée pour que l'idée de causation naturelle puisse se dégager[1]. »

Nous pouvons faire identiquement le même raisonnement sur le mouvement perpétuel, la transmutation des substances, la pierre philosophale et le portrait du singe de M. Herbert Spencer; tout cela manque absolument de l'idée de « causation naturelle ». Mais M. Herbert Spencer a, aussi bien que le sauvage et l'enfant, nous ne disons pas l'idée, ce serait tomber dans les erreurs de l'école qui lui est opposée, mais le sentiment, il nous l'a dit lui-même, « qu'au delà de la cause définie il y a une cause indéfinie ». Le nègre croit que le premier objet qu'il rencontre à sa sortie le protégera pendant la journée ; le jeune sauvage s'imagine que l'animal qu'il a vu en rêve exercera une action sur sa vie, et M. Herbert Spencer se figure qu'au delà de l'homme primitif il y a le singe, sans avoir la moindre idée plus précise que le jeune sauvage ou le nègre, de la cause véritable de l'homme primitif. Un tibia et une mâchoire ne sont pas des causes.

Mais M. Herbert Spencer se trompe encore bien davantage quand il s'imagine que l'enfant civilisé manifestera plus tard des facultés intellectuelles supérieures qu'il aurait héritées de ses ancêtres, et qui feraient défaut au pauvre sauvage. Ces facultés sont pour le moins un produit aussi pur de son imagination que l'animal vu en rêve et adoré par

[1] *Principes de biologie* (trad. E. Gazelles), vol. I, p. 128.

son sauvage. Quand le nègre nous affirme que sa peau est aussi noire que celle de ses camarades, il jouit déjà de toutes les facultés dont héritera plus tard Newton ou Kepler. Il a perçu un rapport d'identité entre la couleur de sa peau et celle de ses semblables ; il l'appelle noire ; Newton et Kepler ne feront pas autre chose quand ils s'immortaliseront par leurs découvertes. L'un trouvera un rapport d'identité entre les sections coniques d'Eudoxe et les mouvements planétaires ; l'autre, un rapport d'identité entre la pesanteur et les ellipses de Kepler. Avec le temps et la civilisation, les données et les connaissances se sont multipliées, mais la faculté de juger est restée absolument la même. Si les uns ont une mémoire plus vaste, les autres une faculté d'observation plus grande, ou plus de facilité d'assimilation, ces différences se rencontrent déjà chez l'enfant comme chez le nègre et l'Indien. Nos plus grandes découvertes valent-elles celles du premier sauvage qui se servit du feu et fondit le bronze, ou de celui qui recueillit le premier le grain, le sema et attendit la récolte ?

La pensée et les facultés de l'enfant changent aussi peu que son corps et ses organes. Il ne lui surgit pas plus un cœur et un poumon nouveau qu'il ne lui naît une faculté quelconque. Si dans sa croissance les proportions de son corps et de ses traits se modifient, si quelques-unes de ses facultés prennent, selon son éducation ou sa carrière, le pas sur d'autres, la possibilité de ces transformations subsiste déjà tout entière, dès sa naissance, dans le caractère de ses organes et de son esprit. Voilà l'idée de causation naturelle.

Mais que devient en ce cas l'évolutionnisme ? Il faut de toute nécessité que des facultés nouvelles surgissent dans la suite des générations, fût-ce sans motif. Ce qui nous conduit, non pas à la doctrine de l'évolutionnisme, mais à celle d'un phénoménalisme pur ; les facultés apparaissent chez l'enfant, comme les phénomènes dans la nature, comme l'homogène et l'hétérogène, comme les idées chez M. Herbert Spencer, sans loi, sans principe et sans terme. C'est moins qu'un rêve, dont nous conservons du moins le souvenir. Tout est emporté dans un flux continuel. L'histoire des choses ne commence pas par l'imperceptible, et ne finit pas par l'imperceptible, mais elle est imperceptible du commencement à la fin. Les facultés que j'ai reçues de mon père ne sont plus les mêmes facultés que celles que je léguerai à mon fils et qu'il transmettra à son tour à ses enfants ; le phénomène que j'ai observé hier n'est plus le même qu'aujourd'hui : c'est le monde insaisissable et toujours autre d'Héraclite ; et il a fallu plus de deux mille ans d'efforts, de science et de progrès, pour revenir à ce point !

XIII

LA PENSÉE DE M. HERBERT SPENCER

Zénon d'Élée contesta la possibilité du mouvement, la divisibilité de l'étendue, la multiplicité des choses, et cependant il écrivit une cosmographie. M. Herbert Spencer nie la certitude dernière dans la religion comme dans les sciences, et il prétend établir la genèse du monde. Il ne voit pas plus que Zénon le point aveugle de sa pensée, ni les sophismes et les contradictions incessantes dans lesquels il tombe. S'il n'y a pas de certitude dernière, il n'y a pas de certitude du tout ; sa doctrine se transforme en un phénoménalisme sans consistance, qui se détruit lui-même.

Nous l'avons exposé en suivant pas à pas les principes de ses *Principes*, et du commencement à la fin, nous l'avons vu prendre le caractère étrange d'une fantaisie qui ne se soutient que par l'arbitraire, par l'abus du sens des mots et de la portée des termes. C'est que M. Herbert Spencer ne soupçonne pas plus que Zénon ce que c'est que la méthode dans les sciences et la philosophie. Il répète bien la formule de Stuart Mill, que la déduction se compose d'une induction, d'un raisonnement et d'une vérification ; mais nous avons vu ce que valait cette règle, et M. Herbert Spencer vient de nous montrer jusqu'où elle pouvait conduire. Les faits lui paraissent inconciliables, il l'avoue ; ses inductions lui sont inspirées par la nécessité du moment ; les raisonnements et les vérifications se plient aux besoins de la cause ; il invente la physiologie *pure;* partout l'*à priori* domine, et les illusions, les contradictions, les sophismes deviennent éclatants, à tel point que ce n'est qu'un jeu d'enfant de les relever.

Dans ses deux ouvrages les plus sérieux : l'*Introduction à la science sociale,* et la *Classification des sciences*[1], dans lesquels il s'occupe particulièrement de méthode, il nous montre combien il est éloigné de se douter de la gravité de la question. Dans le premier, il nous signale, par exemple, les erreurs auxquelles nous exposent, dans l'interprétation des faits de l'histoire et de la politique, les excès de l'esprit national et de l'esprit antinational ; mais il ne s'arrête pas un instant à nous montrer comment il faudrait considérer

[1] *Classification des sciences* (trad. Rethoré), p. 6.

en réalité ces faits, quelles que soient nos préférences ou nos antipathies nationales. L'énumération des difficultés de la science historique et sociale n'en est pas la méthode.

Dans le second ouvrage, il rappelle sa critique de la hiérarchie des sciences d'Auguste Comte, la « genèse des sciences », où il a prouvé que toutes les sciences, dans leur développement, se soutenaient mutuellement. Mais quand il établit sa propre classification, quand il divise les sciences en abstraites, abstraites et concrètes, et en concrètes, quand il met l'astronomie à côté de la sociologie, la géologie près de la psychologie, il ne s'aperçoit pas qu'il tombe, sous une autre forme, dans le vice même qu'il reproche à Comte. Le degré relatif d'abstraction prend chez lui la place du degré relatif de dépendance. Toutes les sciences ne se forment que parce qu'elles sont à la fois concrètes et abstraites : sans le tableau et la craie, le mathématicien ne démontrerait aucun de ses problèmes, et la science de toutes les plantes du monde ne nous enseignerait, sans abstraction, aucun caractère de genre et de famille. Aujourd'hui une science est plus concrète, demain plus abstraite, selon l'importance d'une découverte nouvelle et l'état mobile de nos connaissances.

Du point de vue d'Auguste Comte et de M. Herbert Spencer la classification de Bacon et de Condorcet, qui distinguèrent les sciences d'après nos facultés : la mémoire, la raison, l'expérience, l'analyse, serait de beaucoup la plus juste. Mais si toutes les sciences dépendent les unes des autres dans leur développement, et si toutes nécessitent l'expérience et l'abstraction, chacune d'elles suppose l'ensemble de nos facultés. Si Jussieu eût divisé les plantes selon ses moyens d'observation et d'analyse, en microscopiques et en visibles, ou selon les divers degrés d'abstraction qu'il lui a fallu appliquer pour établir les caractères des différentes familles, ou bien encore selon que la connaissance d'une famille l'a conduit à la connaissance d'une autre, sa classification, loin d'être naturelle, eût été absurde.

Toutes nos connaissances se distinguent d'après leur objet, et non d'après nous-mêmes, et de ce point de vue, leur classification est tellement simple qu'elle nous étonne et nous déroute par cette simplicité même. Les sciences se divisent en sciences de la nature et en sciences de l'homme; les sciences de la nature se distinguent en science du ciel, de la terre, des plantes et des animaux : en astronomie, géologie, botanique, zoologie; les sciences de l'homme se subdivisent en sciences du corps, des actions, des sentiments et de la pensée : en médecine, politique, morale, philosophie. Quant à toutes les autres sciences, quels que soient leurs noms ou leurs formes, elles ne sont que des fragments de ces huit grandes sciences. En réalité, elles constituent des groupes de connaissances que nous ne distinguons entre elles que parce que nous ne connaissons point entièrement leur objet. Nous distinguons, par exemple, la science des phénomènes des masses de la matière, de la science des phénomènes que nous révèle l'analyse de la composition de ces masses, la physique de la chimie, parce que nous ne connaissons point les rapports qui unissent les phénomènes généraux et les phénomènes moléculaires de la matière. Mais notre ignorance n'est pas plus un principe de classification que l'abstraction ou la dépendance. Si nous possédions vraiment la science entière des plantes et des animaux, la physiologie animale et végétale, l'anatomie comparée, générale, descriptive, microscopique, etc., n'existeraient plus

De même, si nous connaissions bien les lois de notre intelligence, la grammaire, la logique, les mathématiques et la métaphysique se fondraient en une seule science, qui serait la vraie philosophie, la science de la pensée humaine.

Chaque jour de nouvelles découvertes, de nouveaux groupes de connaissances surgissent ; nous les divisons ou nous les unissons, selon nos besoins intellectuels et notre curiosité scientifique, d'une façon différente dans nos classes élémentaires, d'une façon différente encore dans notre enseignement supérieur. S'il plaît à un professeur d'imaginer une science de l'acoustique ou de l'hydrostatique, ces groupes de connaissances ne deviendront pas pour cela des sciences par elles-mêmes, pas plus que la connaissance des fonctions de la respiration ou des fonctions de la déglutition. On n'a recherché une méthode dans la classification des sciences, dans leurs rapports et leurs différences, que parce qu'on a été impuissant de la découvrir dans les sciences mêmes [1].

[1] On croit souvent qu'une bonne classification des sciences aurait du moins l'utilité d'indiquer à celui qui veut étudier une science, celles dont la connaissance lui serait également nécessaire. La microscopie végétale ne peut être étudiée sans l'anatomie végétale. Mais celle-ci est vaine sans l'anatomie végétale comparée, laquelle suppose la connaissance, non-seulement de la botanique entière, mais encore de la physiologie végétale, qui est impossible sans l'étude de la chimie organique, qui est liée à la chimie ordinaire, laquelle est inintelligible sans l'étude des phénomènes généraux de la physique et de l'astronomie. Où commencer ? où s'arrêter ? Bien des esprits ont suivi cette voie et se sont perdus. Du point de vue de l'étude des sciences, la meilleure division est celle qui procède de nos connaissances les plus simples et les plus nécessaires, pour s'élever de là aux plus générales et aux plus difficiles, sans s'inquiéter autrement des classifications systématiques : c'est celle que l'on suit instinctivement dans les études secondaires. Les sciences y sont divisées et subdivisées à l'infini, sans autres règles fixes que la capacité des professeurs, les préférences et les carrières des élèves ; tout au plus un programme officiel peut-il entraver l'essor de la pensée de tous.

La question de la classification des sciences ressemble par trop à celle que Socrate adressait à Protagoras : « Les vertus se distinguent-elles entre elles comme les parties de l'or, par exemple, ou comme les parties du visage, chacune étant différente de l'autre, le nez, les yeux, la bouche, quoiqu'elles appartiennent à un ensemble ? » M. Herbert Spencer répond à la façon du sophiste grec ; il sépare les sciences concrètes des sciences abstraites, place l'astronomie, la géologie, la biologie, la psychologie et la sociologie au même titre dans les sciences concrètes, et subdivise la science abstraite concrète en science des lois universelles des forces (tension et pression) comme se déduisant de la persistance de la force, et en science « des lois des forces telles qu'elles se manifestent dans la matière [1] ». Que veut-il dire par là ? Les lois que nous déduisons de la persistance de la force, en dehors des lois des forces qui se manifestent dans la matière, sont de pures chimères, qui n'existent que dans l'imagination de M. Herbert Spencer. Comme les parties de l'or sont toujours les mêmes, ainsi la pensée dans ses différentes investigations est toujours la même ; les lois qui la régissent dans ses découvertes ne varient point selon leur objet : l'homme pense toujours de même quand il pense juste. Notre auteur n'a touché à cette question que pour se fortifier dans ses illusions. De sitôt les philosophes de son école ne comprendront pas qu'il n'y a qu'une façon de faire de la bonne philosophie dans les sciences, c'est de s'y signaler par des découvertes comme les Virchow, les Helmholz, les Bunsen, les Claude Bernard. En sophistique, les faits scientifiques sont comme les osselets avec lesquels jouent les

[1] *Classification des sciences* (trad. Réthoré), p. 27.

petites filles : les unes prennent les noirs, les autres les blancs, et la plus adroite est celle qui en conserve le plus dans la main ; c'est un jeu d'enfants, ce n'est pas de la science.

Nous avons poursuivi la doctrine de M. Herbert Spencer jusqu'au bout, et de quelque côté que nous l'ayons examinée, nous l'avons trouvée également dépourvue de valeur scientifique ; son œuvre n'en abonde pas moins en pages remarquables. Nous avons cité son interprétation des caractères de la certitude, son parallèle entre le sauvage et l'enfant civilisé. Nous transcrivons une dernière page qui nous révélera le fond de sa pensée. Il s'agit de démontrer que la puissance de la matière est non moins merveilleuse que celle de l'esprit humain. « Vous voyez un morceau d'acier, — froid, immobile et (vous le croyez du moins) insensible à tout ce qui se passe autour de lui. Un ouvrier en emploie une partie à faire la roue de rencontre d'une montre. Aussitôt cette roue devient sensible à des variations de température que nos sens obtus ne sauraient apprécier. Bien que, par aucune mesure directe, nous ne puissions découvrir aucune altération dans la longueur de son battement, nous obtenons cependant la preuve, en remarquant qu'elle perd un battement sur mille, qu'un accroissement imperceptible de l'agitation moléculaire qui lui est communiquée par les objets environnants, a augmenté son diamètre et dilaté toutes ses parties suivant la même proportion. Prenez un autre morceau de cette même substance, inerte en apparence, faites-lui subir un travail convenable, mettez-le sous l'influence d'un aimant rapproché, et voilà que dans sa masse s'est opéré d'une manière incompréhensible un changement insensible qui le rend capable de quoi ? De montrer le nord et le sud, dites-vous ? Oui ; mais de bien plus encore. Les perturbations indiquent maintenant à un œil exercé la naissance et le progrès d'un cyclone dans le soleil. Et quelle est la constitution de cette matière qui paraît si simple et qui vous instruit de choses proches et éloignées qui vous resteraient autrement inconnues? Dans le plus petit de ces fragments visibles, il y a des millions d'éléments associés qui oscillent chacun à part avec une vitesse inconcevable, et les physiciens nous montrent que l'amplitude de leurs oscillations varie de moment en moment suivant les variations de température des objets environnants[1]. » Ce sont ces merveilles de la science qui ont entraîné et aveuglé le philosophe dont nous venons de signaler les erreurs.

Nous en sommes d'autant plus libre pour rendre justice à la grandeur de ses aspirations. Étant donné la foi dans les antinomies, qui par elles-mêmes impliquaient la négation de toute méthode, nous avons vu à quelles illusions, à quels sophismes il s'est laissé entrainer; mais nous devons reconnaitre aussi qu'on ne pouvait se tirer avec plus de vigueur des difficultés qui résultaient de la grandeur même de sa conception de la matière. Aucun effort, aucune recherche ne lui a coûté, et si finalement il se voit impuissant devant les faits qu'il invoque, encore fallait-il arriver à les invoquer. Il n'a pas la foi religieuse, comme il n'a pas la foi dans les vérités dernières de la science, et il n'a pas désespéré de la pensée humaine; c'est à nos yeux un immense mérite. Il n'a pas la puissance de critique, ni le sentiment de la vérité des sciences positives de Stuart Mill; mais il a des vues plus élevées, des rapprochements d'une originalité plus heureuse, des remarques plus fines; son but est plus grand, quoiqu'il

[1] *Principes de psychologie* (trad. Ribot et Espinasse), vol. I, p. 671.

ne l'ait point atteint; son rêve plus vaste, si chimérique qu'il soit. Enfin, jusqu'au bout, il reste fidèle à lui-même, et appelle l'évolutionnisme une doctrine « philosophico-religieuse » ; il ne veut pas nous imposer ; et s'il a trouvé des adversaires qui en ont fait un matérialisme grossier, il s'en plaint amèrement. « Si, au lieu de dire que je rabaisse l'esprit au niveau de la matière, vous disiez que j'élève la matière à la hauteur de l'esprit, vous exprimeriez le fait avec plus de justesse[1]. »

Pour nous, à qui il est complétement indifférent qu'il rabaisse l'esprit ou qu'il élève la matière, et qui ne nous demandons qu'une chose : par quelle série de confusions il a dû passer pour pouvoir soutenir sa thèse au nom de la science et de la vérité, nous pouvons rendre justice à son talent et à ses efforts, sans nous laisser aveugler par aucune de ses erreurs. Pour soulever ce poids énorme des sciences sous lequel il a succombé, pour se retrouver dans ce labyrinthe inextricable des faits et des détails où il s'est perdu, il faut, ce qui lui a manqué, une méthode rigoureusement scientifique.

Par lui-même, le rêve de M. Herbert Spencer est parfaitement inoffensif; ce qui lui a donné de l'importance, ce qui a fait son succès, c'est bien moins le mérite de son auteur et la foi aveugle de ses disciples, que les passions dont il se plaint, et qui se sont attachées malgré lui à sa doctrine. Phénomène infiniment plus triste que tous les rêves du monde !

Les uns, entraînés par leur animosité contre les croyances religieuses, virent dans son système une révélation nouvelle

[1] *Principes de psychologie* (trad. Ribot et Espinasse), vol. I, p. 675.

et s'y précipitèrent avec une ardeur de néophytes. Si les grandes croyances des peuples prennent leur source dans la puissance de leurs traditions, cimentent leur état moral et fondent la grandeur des nations, les petites croyances d'écoles ne dérivent jamais que des illusions d'un moment, révèlent la faiblesse d'esprit et préparent l'anarchie intellectuelle.

Par contre, les partisans de l'école idéaliste, voyant ces excès et ces dangers de l'évolutionnisme sans en reconnaître les causes, l'attaquèrent avec d'autant plus de véhémence, opposèrent sophismes à sophismes, exagérèrent leurs propres illusions, et au lieu de diminuer le désordre, ne firent que l'aggraver. Rien ne dévoile mieux les abîmes de la doctrine de M. Herbert Spencer. Elle repose uniquement, en sociologie, sur la grandeur des traditions intellectuelles et morales, l'accumulation des expériences, comme il l'appelle, et il ruine de fond en comble ces traditions et ces expériences ; dernière antinomie, qui résume toutes les autres.

Il a insisté sur le caractère indestructible de nos certitudes élémentaires ; mais en cherchant un point d'appui dans les antinomies, loin de justifier son rêve, il ouvre la porte à tous les scepticismes, car pour chaque esprit logique ses antinomies se retrouveront dans chaque fait qu'il cite et jusque dans les dernières conséquences de sa doctrine.

Il a proclamé la nécessité de mettre nos croyances d'accord entre elles ; mais sans principe et sans méthode, il ne laisse d'autre issue aux esprits incapables de le suivre dans ses antinomies, que la recherche de la matière devenant esprit dans leur pensée, et de leur esprit devenant matière en toutes choses, l'hallucination continue d'un nouveau mysticisme philosophique.

Ce qui restera de l'œuvre de Stuart Mill, c'est la nécessité de définir l'induction scientifique : le premier, il en a montré l'importance à travers ses sophismes ; ce qui subsistera de celle de M. Herbert Spencer, c'est la dépendance des sciences les unes par rapport aux autres : le premier, il en a dévoilé la profondeur à travers son rêve. Ce n'est pas peu de chose, fût-on sophiste, d'être parvenu à compter dans l'histoire de la pensée humaine. Les Polus, les Thrasymaque, les Antiphon, ne comptent que dans l'histoire de la décadence intellectuelle de leur pays. L'art le plus difficile est de savoir penser.

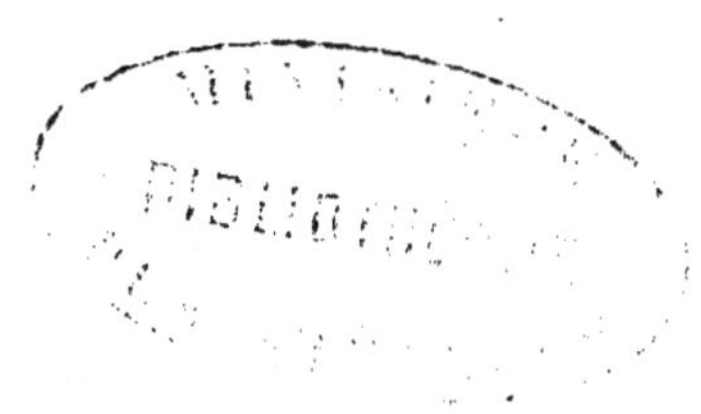

TABLE DES MATIÈRES

INTRODUCTION

Paris. — Typographie de E. Plon et Cie, rue Garancière, 8.

www.ingramcontent.com/pod-product-compliance
Lightning Source LLC
LaVergne TN
LVHW020552230826
846091LV00002B/458
* 9 7 8 2 0 1 9 7 2 0 4 0 7 *